宋　书

〔南朝梁〕沈约　撰

刘枫　主编

黄河出版传媒集团
阳光出版社

图书在版编目（CIP）数据

宋书 / 刘枫主编 .–– 银川：阳光
出版社，2016.8（2022.05重印）
（中国古典名著精华）
ISBN 978-7-5525-2896-1

Ⅰ.①宋… Ⅱ.①刘… Ⅲ.①中国历史 – 宋国
（420–479）– 纪传体 Ⅳ.① K239.110.42

中国版本图书馆 CIP 数据核字 (2016) 第 208394 号

中国古典名著精华　宋书　　　　〔南朝梁〕沈约 撰　刘枫 主编

责任编辑　金小燕
封面设计　瑞知堂文化
责任印制　岳建宁

　黄河出版传媒集团
　阳 光 出 版 社　出版发行

地　　址　宁夏银川市北京东路139号出版大厦（750001）
网　　址　http：//www.ygchbs.com
网上书店　http：//shop129132959.taobao.com
电子信箱　yangguangchubanshe@163.com
邮购电话　0951–5047283
经　　销　全国新华书店
印刷装订　天津兴湘印务有限公司
印刷委托书号　（宁）0020209

开　　本　710 mm×1000 mm　1/16
印　　张　12
字　　数　144千字
版　　次　2016年11月第1版
印　　次　2022年5月第2次印刷
书　　号　ISBN 978-7-5525-2896-1
定　　价　30.00元

宋书

目　录

明恭王皇后传

——《宋书》卷四一

【原文】

　　明恭王皇后讳贞风，琅邪临沂人也。元嘉二十五年，拜淮阳王妃。太宗改封，又为湘东王妃。生晋陵长公主伯姒，建安长公主伯媛。太宗即位，立为皇后。

　　上尝宫内大集，而裸妇人观之，以为欢笑。后为扇障面，独无所言。帝怒曰："外舍家寒乞，今共为笑乐，何独不视？"后曰："为乐之事，其方自多。岂有姑姊妹集聚，而裸妇人形体，以此为乐？外舍之为欢适，实与此不同。"帝大怒，遣后令起。后兄扬州刺史景文以此事语从舅陈郡谢纬曰："后在家为懦弱妇人，不知遂能刚正如此。"

　　废帝即位，尊为皇太后，宫曰弘训。废帝失德，太后每加劝譬，始者犹见顺从，后狂愆转甚，渐不悦。元徽五年五月五日，太后赐帝玉柄毛扇，帝嫌其毛柄不华，因此欲加鸩害，已令太医煮药，左右人止之曰："若行此事，官便应作孝子，岂复得出入狡狯。"帝曰："汝语大有理。"乃止。

　　顺帝即位，齐王秉权，宗室刘晃、刘绰、卜伯兴等有异志，太后颇与相关。顺帝禅位，太后与帝逊于东邸，因迁居丹阳宫，拜汝阳王太妃。顺帝殂于丹阳，更立第京邑。建元元年，薨于第，时年四十四。追加号谥，葬以宋后礼。父僧朗，事别见《景文传》。

【译文】

　　明恭王皇后名叫贞风，是琅邪郡临沂人。元嘉二十五年，拜为淮阳王妃。太宗改封，又作为湘东王妃。她生了晋陵长公主伯姒、建安长公主伯媛。太宗即位后,被立为皇后。

明帝曾经在宫中举行大集会,而让妇女们裸体,大家观看取乐。王皇后用扇子挡住脸,独自一言不发。明帝发怒说:"你的亲戚们家中也举行乞寒活动,现在我和你们一同搞乞寒的活动取乐,怎么只有你不看呢?"皇后说:"取乐的事,有很多种方法。那里有姑表姐妹们聚集在一起,却让妇女裸露身体,以此为乐的?我们亲戚家中开心取乐的作法,与这些实在不同。"明帝大怒,命令皇后起身离开。皇后的哥哥扬州刺史王景文把这件事告诉堂舅陈郡人谢纬,说:"皇后在家是那样一个软弱的女子,想不到今天竟能如此刚强正直。"

废帝即位后,尊王皇后为皇太后,寝宫名叫弘训宫。废帝缺乏德行,太后经常加以劝谕。开始时废帝还表现出顺从来,以后就越来越变得狂妄阴险,逐渐不高兴了。元徽五年五月五日,太后赐给废帝有玉柄的羽毛扇。废帝嫌扇子的玉柄粗糙不华丽,因此想要毒害太后,已经命令太医去煮毒药了。废帝身边的近侍们劝阻他说:"如果做了这种事,您就应该当孝子了,还怎么能出入宫中到处玩闹嬉戏呢?"废帝说:"你们的话很有道理。"这才停止下毒。

顺帝即位后,齐王执掌政权,宗室刘晃、刘绰、卜伯兴等人有造反的意向,太后和这件事颇有关联。顺帝禅让出帝位后,太后和顺帝退居东邸,接着迁居丹阳宫,被拜为汝阳王太妃。顺帝在丹阳去世后,又在京城给王皇后再设了府第。建元元年,她在府第中去世,当时四十四岁。追加了谥号,用宋皇后的礼仪下葬。她的父亲王僧朗,事迹另见于《景文传》。

后废帝江皇后传

——《宋书》卷四一

【原文】

后废帝江皇后讳简珪，济阳考城人，北中郎长史智渊孙女。泰始五年，太宗访求太子妃，而雅信小数，名家女多不合。后弱小，门无强荫，以卜筮最吉，故为太子纳之。讽朝士州郡令献物，多者将直百金。始兴太守孙奉伯止献琴书，其外无余物。上大怒，封药赐死，既而原之。太子即帝位，立为皇后。帝既废，降为苍梧王妃。智渊自有传。

【译文】

后废帝的江皇后名叫简珪，是济阳郡考城人，北中郎长史江智渊的孙女。泰始五年，太宗寻求太子妃，太宗很相信术数占卜，名家大族的女子占卜多不合适。江皇后年幼体弱，家里又没有有力的依靠，由于卜筮的结果最好，所以太宗替太子娶了她作妃子。太宗暗示朝廷官员和州郡长官献财物给太子妃，多的送价值百金的礼品。始兴太守孙奉伯只献了琴和书籍，此外没有多余的东西，皇帝大怒就装了毒药给他，赐他一死，过后不久又宽恕了他。太子即皇帝位，立江氏为皇后。皇帝被废黜后，江氏降为苍梧王妃。江智渊自己有传记。

中国古典名著精华

明帝陈昭华传

——《宋书》卷四一

【原文】

明帝陈昭华讳法容,丹阳建康人也。太宗晚年,痿疾不能内御,诸弟姬人有怀孕者,辄取以入宫,及生男,皆杀其母,而以与六宫所爱者养之。顺帝,桂阳王休范子也,以昭华为母焉。明帝崩,昭华拜安成王太妃。顺帝即位,进为皇太妃。顺帝禅位,去皇太妃之号。

【译文】

明帝的陈昭华名叫法容。丹阳郡建康人。太宗晚年,得了阳痿的病,不能与嫔妃同房,他各个弟弟的姬妾中有人怀孕了,他就把她们收入宫中,到她们生了男孩后,就把孩子的母亲全杀死,而把孩子交给后宫中自己宠爱的妃子抚养。顺帝就是桂阳王刘休范的儿子,以陈昭华为母亲。明帝去世后,陈昭华被拜为安成王太妃。顺帝即位,进封陈昭华为皇太妃。顺帝将皇帝位禅让后,陈昭华被取消了皇太妃的称号。

檀道济传

——《宋书》卷四三

【原文】

檀道济，高平金乡人，左将军韶少弟也。少孤，居丧备礼。奉姊事兄，以和谨致称。

高祖创义，道济从入京城，参高祖建武军事，转征西。讨平鲁山，禽桓振，除辅国参军、南阳太守。以建义勋，封吴兴县五等侯。卢循寇逆，群盗互起，郭寄生等聚作唐，以道济为扬武将军、天门太守讨平之。又从刘道规讨桓谦、苟林等，率厉文武，身先士卒，所向摧破。及徐道覆来逼，道规亲出拒战，道济战功居多。迁安远护军、武陵内史。复为太尉参军，拜中书侍郎，转宁朔将军，参太尉军事。以前后功封作唐县男，食邑四百户。补太尉主簿、谘议参军。豫章公世子为征虏将军镇京口，道济为司马、临淮太守。又为世子西中郎司马、梁国内史。复为世子征虏将军司马，加冠军将军。

义熙十二年，高祖北伐，以道济为前锋出淮、肥，所至诸城戍望风降服。进克许昌，获伪宁朔将军、颍川太守姚坦，及大将杨业。至成皋，伪兖州刺史韦华降。迳进洛阳，伪平南将军陈留公姚洸归顺。凡拔城破垒，俘四千余人，议者谓应悉戮以为京观。道济曰："伐罪吊民，正在今日。"皆释而遣之。于是戎夷感悦，相率归之者甚众。进据潼关，与诸军共破姚绍。长安既平，以为征虏将军、琅邪内史。世子当镇江陵，复以道济为西中郎司马、持节、南蛮校尉。又加征虏将军。迁宋国侍中，领世子中庶子，兖州大中正。

高祖受命，转护军，加散骑常侍，领石头戍事。听直入殿省。以佐命功，改封永修县公，食邑二千户。徙为丹阳尹，护军如故。高祖不豫，给班剑二十人。

出监南徐兖之江北淮南诸郡军事、镇北将军、南兖州刺史。景平元年，虏围青州刺史竺夔于东阳城，夔告急。加道济使持节、监征讨诸军事，与王仲德救东阳。未及至，虏烧营，焚攻具遁走。将追之，城内无食，乃开窖取久谷，窖深数丈，出谷作米，已经再宿，虏去已远，不复可追。乃止。还镇广陵。

徐羡之将废庐陵王义真，以告道济，道济意不同，屡陈不可，不见纳。羡之等谋欲废立，讽道济入朝，既至，以谋告之。将废之夜，道济入领军府就谢晦宿。晦其夕辣动不得眠，道济就寝便熟，晦以此服之。太祖未至，道济入守朝堂。上即位，进号征北将军，加散骑常侍，给鼓吹一部。进封武陵郡公，食邑四千户，固辞进封。又增督青州、徐州之淮阳、下邳、琅邪、东莞五郡诸军事。

及讨谢晦，道济率军继到彦之。彦之战败，退保隐圻，会道济至。晦本谓道济与羡之等同诛，忽闻来上，人情凶惧，遂不战自溃。事平，迁都督江州荆州之江夏、豫州之西阳、新蔡、晋熙四郡诸军事、征南大将军、开府仪同三司、江州刺史，持节、常侍如故。增封千户。

元嘉八年，到彦之伐索虏，已平河南，寻复失之，金墉、虎牢并没，虏逼滑台。加道济都督征讨诸军事。率众北讨。军至东平寿张县，值虏安平公乙旃眷。道济率宁朔将军王仲德、骁骑将军段宏奋击，大破之。转战至高梁亭，虏宁南将军、济州刺史寿昌公悉颊库结前后邀战，道济分遣段宏及台队主沈虔之等奇兵击之，即斩悉颊库结。道济进至济上，连战二十余日，前后数十交，虏众盛，遂陷滑台。道济于历城全军而反。进位司空、持节、常侍、都督、刺史并如故。还镇寻阳。

道济立功前朝，威名甚重，左右腹心，并经百战，诸子又有才气，朝廷疑畏之。太祖寝疾累年，屡经危殆，彭城王义康虑宫车晏驾，道济不可复制。十二年，上疾笃，会索虏为边寇，召道济入朝。既至，上间。十三年春，将遣道济还镇，已下船矣，会上疾动，召入祖道，收付廷尉。诏曰："檀道济阶缘时幸,荷恩在昔,宠灵优渥,莫与为比。曾不感佩殊遇,思答万分,乃空怀疑贰,履霜日久。元嘉以来,猜阻滋结,不义不昵之心,附下罔上之事,固已暴之民听,彰于退迹。谢灵运志凶辞丑,不臣显著,纳受邪说,每相容隐。又潜散金货,招诱剽猾,逋逃必至,实繁弥广,日夜伺隙,希冀非望。镇军将军仲德往年入朝,屡陈此迹。朕以其位居台铉,豫班河岳,弥缝容养,庶或能革。而长恶不悛,凶慝遂遘,因朕寝疾,规肆祸心。前南蛮行参军庞延祖具悉奸状,密以启闻。夫君亲无将,刑兹罔赦。况罪衅深重,若斯之甚。便可收付廷尉,肃正刑书。事止元恶,余无所问。"于是收道济及其子给事黄门侍郎植、司徒从事中郎粲、太子舍人隰、征北主簿承伯、秘书郎遵等八人,并于廷尉伏诛。又收司空参军薛彤,付建康伏法。又遣尚书库部郎顾仲文、建武将军茅亨至寻阳,收道济子夷、邕、演及司空参军高进之诛之。薛彤、进之并道济腹心,有勇力,时以比张飞、关羽。初,道济见收,脱帻投地曰:"乃复坏汝万里之长城!"邕子孺乃被宥,世祖世,为奉朝请。

【译文】

檀道济,高平金乡人,左将军檀韶的小弟。从小父母双亡,在居丧期间十分重礼。事奉兄姊以和蔼谨慎闻名。

宋武帝刘裕开始创业时,檀道济随从他进入京城建康,成为刘裕的建武将军参军事、转官征西将军参军事。后讨平鲁山,擒获桓振,授官为辅国参军、南阳太守。因为有帮助刘裕扩大势力的功勋,封为吴兴县五等侯。卢循继续造反,群盗纷纷起事,郭寄生等聚集在作唐,任命道济为扬武将军、天门太守讨伐平定了他。又随从刘道规讨伐桓谦、荀林等,率领督厉文武官员,身先士卒,所到之处敌人多被打败。后徐道覆来攻,刘道规亲自出来抗拒作战,檀道济的战功居多。升迁为安远护军、武陵内史。又任太尉参军,拜为中书侍郎,转官宁朔将军,参太尉军事,因前后的功劳封爵为作唐县男,食邑四百户。补官太尉主簿、咨议参军。豫章公刘裕长子刘义符为征虏将军镇守京口,檀道济为他的司马、临淮太守,又任他为西中郎司马、梁国内史,后又任他为征虏将军司马,加号冠军将军。

东晋安帝义熙十二年,刘裕北伐,以檀道济为前锋从淮河、肥水出发,所到各城戍都纷纷投降。进而攻克许昌,俘获后秦宁朔将军、颍川主守姚坦,以及大将杨业。到成皋,南燕兖州刺史韦华投降。直进洛阳,南燕平南将军陈留公姚洸归顺。拔城破垒,共俘获四千余人,有人建议应该都处死后把尸体堆在一起成为京观。檀道济说:"讨伐罪人,哀愍百姓,正在今日。"全部释放遣散回家。于是各少数民族十分感激和欢悦,相聚前来投奔的人很多。进而占据潼关,与其他军队一起攻破姚绍。长安平定后,檀道济被任为征虏将军、琅琊内史。刘义符将去镇守江陵,又任檀道济为他的西中郎司马、持节、南蛮校尉,又加号征虏将军。升迁为宋国侍中,兼任世子中庶子,兖州大中正。

刘裕受天命称皇帝,檀道济转官护军,加散骑常侍,兼领石头戍事,准许他直入殿省。因辅佐创业的功劳,改封永修县公,食邑二千户,徙官为丹阳尹,护军不变。刘裕患病时,给他称为班剑的仪仗队二十人。

出任为监南徐、兖之江北、淮南诸郡军事、镇北将军、南兖州刺史。宋文帝景平元年,北魏鲜卑军队在东阳城包围了青州刺史竺夔,竺夔告急。朝廷下诏加官檀道济为使持节、监征讨诸军事,与王仲德一起去救东阳。未到东阳时,鲜卑军队已烧掉营房、攻具逃走。檀道济正要出追,因城内无粮食,于是开粮窖取陈年的谷,窖深数丈,出谷作米,已经过了一夜,鲜卑兵逃去已远,不再可追,于是只得作罢。回军后仍镇守广陵。

徐羡之将废庐陵王刘义真为平民,以此先告知檀道济,檀道济不同意,多次陈说不可,但不见采纳。徐羡之等人打算废少帝刘义符,立刘义隆,托辞让檀道济入朝,到建康后,把这计谋告诉他。将实行废立的前夜,檀道济到领军府谢晦处住宿。这一夜谢晦辗转不能入睡,而檀道济则上床便睡着,谢晦十分佩服他。废刘义符后,太祖刘义隆还未到,檀道济入内守朝堂。宋文帝即位,进号征北将军、加散骑常侍,给鼓吹乐队一部。晋封为武陵郡公,食邑四千户,檀道济坚决辞去。又增加督青州、徐州的淮阳、下邳、琅玡、东莞五郡诸军事。

在讨伐谢晦时,檀道济率领军队继到彦之部队之后,到彦之战败,退保隐圻,刚好道济来到。谢晦本来以为檀道济与徐羡之一起被杀,忽然听到他上来,人心更加动荡害怕,于是不战自溃。谢晦事平定后,升为都督江州、荆州的江夏、豫州的西阳、新蔡、晋熙四郡诸军事、征南大将军、开府仪同之司、江州刺史,持节、常侍不变。增封食邑千户。

宋文帝元嘉八年,到彦之北伐鲜卑,已平定黄河以南,不久重新失去,洛阳金墉、虎牢都被敌人占领,北魏军逼近滑台。朝廷加檀道济都督征讨诸军事,率军北讨。军队到达东平寿张县,遇到鲜卑的将领安平公乙旃眷。檀道济统率宁朔将军王仲德、骁骑将军段宏奋起进击,大败北魏军。转战到高粱亭,鲜卑宁南将军、济州刺史寿昌公悉颇库结前后迎战,檀道济分别派遣段宏及台队主沈虔之等设奇兵出击,当即斩杀悉颇库结。檀道济进军到济水上,连战二十余日,前后数十次交战,鲜卑军队人数众多,结果滑台被北魏占领。檀道济在历城保全了军队而返回。加官为司空,持节、常侍、都督、刺史都不变。回来后镇守寻阳。

檀道济立功在前面刘裕一朝,威信名望特别高,左右及心腹,都身经百战,几个儿子有才气,因而朝廷怀疑,对他不放心。宋文帝生病多年,屡次病危,彭城王刘义康怕皇帝驾崩后,檀道济不可控制。元嘉十二年,宋文帝病更重,刚好鲜卑在边境上进犯,就召檀道济入朝。檀道济到来时,宋文帝病已好转。元嘉十三年春,将要派檀道济回镇,已经下船了,突然宋文帝又发病,再召檀道济回到伐行的道路上,于是把他逮捕交给掌刑狱的廷尉。诏书说:"檀道济遇到了时机和幸运,在过去受到了皇恩,他得到的宠幸和厚爱,没有人能与他相比。但他不对这特殊的恩遇有所感动,想报答其万分之一,反而凭空怀疑和存在反心,而且在危险的道路上越滑越远。元嘉以来,猜疑多结,不义不亲的心,附下欺上的事,已经为大家所知道,暴露无遗。谢灵运居心险恶语言丑恶,叛逆已很明显,但他却赞同他的邪说,每每为他隐瞒。还要偷偷散发财宝货币,招诱狡猾之徒。逃亡的人前来投奔得越来越多,日夜窥测方向,想要达到这非望的目的。镇军将军王仲德去年入朝,多次陈说此事。朕因为他位居台鼎高位,预先班赐他封土,希望弥补互相的缝隙,使他或许能革面洗心。可是他怙恶不悛,凶邪奸谋,终于发动,因为朕生病,就规划实现其阴谋。前南蛮行参军庞延祖了解了他的全部阴谋,向我密报。对天子和父母的叛变,刑罚不能赦免。何况罪孽之深,像他这样的严重。便可逮捕交付廷尉,按刑处斩。此事只限于首恶,其余都无所追究。"于是逮捕檀道济和他的儿子给事黄门侍郎檀植、司徒从事中郎檀粲、太子舍人檀隰、征北主簿檀承伯、秘书郎檀遵等八人,都在廷尉处斩首。又收捕司空参军薛彤到建康处死。又派遣尚书库部郎顾仲文、建武将军茅亨到寻阳,收捕檀道济的儿子檀夷、檀邕、檀演及司空参军高进之斩首。薛彤、高进之都是檀道济心腹,勇敢而有武力,当时人把他们比作张飞、关羽。起初,檀道济见人来逮捕,脱下头巾掷到地上说:"这是破坏你的万里长城!"檀邕之子檀孺被宽宥,到孝武帝时,任官奉朝请。

王镇恶传

——《宋书》卷四五

【原文】

王镇恶,北海剧人也。祖猛,字景略,苻坚僭号关中,猛为将相,有文武才,北土重之。父休,伪河东太守。

镇恶以五月五日生,家人以俗忌,俗令出继疏宗。猛见奇之,曰:"此非常儿,昔孟尝君恶月生而相齐,是儿亦将兴吾门矣。"故名之为镇恶。年十三而苻氏败亡,关中扰乱,流寓崤、渑之间。尝寄食渑池人李方家,方善遇之。谓方曰:"若遭遇英雄主,要取万户侯,当厚相报。"方答曰:"君丞相孙,人才如此,何患不富贵。至时愿见用为本县令足矣。"后随叔父曜归晋,客居荆州。颇读诸子兵书,论军国大事,骑乘非所长,关弓甚弱,而意略纵横,果决能断。

广固之役,或荐镇恶于高祖,时镇恶为天门临澧令,即遣召之。既至与语,甚异焉。因留宿。明旦谓诸佐曰:"镇恶,王猛之孙,所谓将门有将也。"即以为青州治中从事史,行参中军太尉军事,署前部贼曹。拒卢循于查浦,屡战有功,封博陆县五等正。

高祖谋讨刘毅,镇恶曰:"公若有事西楚,请赐给百舸为前驱。"义熙八年,刘毅有疾,求遣从弟兖州刺史藩为副贰,高祖伪许之。九月,大军西讨,转镇恶参军事,加振武将军。高祖至姑孰,遣镇恶率龙骧将军蒯恩百舸前发,其月二十九日也。戒之曰:"若贼知吾上,此军至,亦当少日耳。政当岸上作军,未办便下船也。卿至彼,深加筹量,可击,便烧其船舰,且浮舸水侧,以待吾至。尉劳百姓,宣扬诏旨并赦文、及吾与卫军府文武书。罪止一人,其作一无所问。若贼都不知消息，未有备防，可袭便袭。今去，但云刘兖州上。"镇恶受命，便书夜兼行，于鹊洲、寻阳、河口、巴陵守风凡四日，十月二十二日，至豫章口，去江陵城二十里。

自镇恶进路，扬声刘兖州上，毅谓为倍然，不知见袭。镇恶自豫章口舍船步上，蒯恩军在前，镇恶次之。舸留一二人，对舸岩上竖六七旗，下辄安一鼓。语所留人："计我将至城，便长严，令如后有大军状。"又分队在后，令烧江津船舰。镇恶迳前袭城，语前军："若有问者，但云刘兖州至。"津戍及百姓皆言刘藩实上，晏然不疑。

未至城五六里，逢毅要将朱显之，与十许骑，步从者数十，欲出江津。问是何人，答云："刘兖州至。"显之驰前问藩在所，答云："在后。"显之既见军不见藩，而见军人担彭排战具，望见江津船舰已被烧，烟焰张天，而鼓严之声甚盛，知非藩上，便跃马驰去告毅："外有大军，似从下上，垂已至城，江津船悉被火烧矣。"行令闭诸城门。镇恶亦驰进，军人缘城得入，门犹未及下关，因得开大城东门。大城内，毅凡有八队，带甲千作，已得戒严，蒯恩入东门，便北回南射堂，前攻金城东门。镇恶入东门，便直击金城西门。军分攻金城南门。毅金城内东从旧将，犹有六队千余人，西将及能细直吏快手，复有二千余人。食时就斗，至中晡，西人退散及归降略尽。镇恶入城，便因风放火，烧大城南门及东门。又遣人以诏及赦文并高祖手书凡三函示毅，毅皆烧不视。金城内亦未信高祖自来。有王桓者，家在江陵，昔手斩桓谦，为高祖所赏拔，常在左右。求还四还家，至是率十余人助镇恶战。下晡间，于金城东门北三十步凿城作一穴，桓便先众入穴，镇恶自后继之，随者稍多，因短兵接战。镇恶军人与毅东来将士，或有是父兄子弟中表亲亲者，镇恶令且斗且共语，众并知高祖自来，人情离懈。一更许，听事前阵散溃，斩毅勇将赵蔡。毅左右兵犹闭东西阁拒战。镇恶虑暗夜自相伤犯，乃引军出，绕金城，开其南面，以为退路。毅虑南有伏兵，三更中，率左右三百许人开北门突出。初，毅常所乘马在城外不得主，仓卒无马，毅便就子肃民取马，肃民不与。朱显之谓曰：

"人取汝父,而惜马不与,汝今自走,欲何之?"夺马以授毅。初出,政值镇恶军,冲之不得去;回冲蒯恩军,军人斗斗争已一日,疲倦,毅得从大城东门出奔牛牧佛寺,自缢死。镇恶身被五箭,射镇恶手所执矛,于手中破折。江陵平后二十日,大军方至。

署中兵,出为安远护军、武陵内史。以讨刘毅功,封汉寿县子,食邑五百户。蛮帅向博抵根据阮头,屡为凶暴,镇恶讨平之。初行,告刺史司马休之,求遣军以为声援,休之遣其将襄领众助镇恶。会高祖西讨休之,镇恶乃告诸将曰:"百姓皆知官军已上,朱襄等复是一贼,丧里受敌,吾事败矣。"乃率军夜下,江水迅急,倏忽行数百里,直据都尉治。既至,乃以竹笼盛石,堙塞水道,襄军下,夹岸击之,斩襄首,杀千余人。镇恶性贪,既破襄,因停军抄掠诸蛮,不时反。及至江陵,休之已乎,高祖怒,不时见之。镇恶笑曰:"但令我一见会,无忧矣。"高祖寻登城唤镇恶,镇恶为人强辩,有口机,随宜酬应,高祖乃释,休之及鲁宗之奔襄阳,镇恶统蒯恩诸军水路追之。体之等奔羌,镇恶追蹑,尽境而远。除游击将军。

十二年,高祖将北代,转镇恶为谘议参军,行龙骧将军,领前锋。将发,前将军刘穆之见镇恶于积弩堂,谓之曰:"公愍此遗黎,志荡逋逆。昔晋文王委伐蜀于邓艾,今亦委卿以关中,相勉建大功,勿孤此授。"镇恶曰:"不克咸阳,誓不复济江而还也!"

镇恶入贼境,战无不捷,邵陵、许昌、望风奔散,破虎牢及柏谷坞,斩贼师赵玄。军次洛阳,伪陈留公姚洸归顺。进次渑池,造故人李方家,升堂见母,厚加酬赉,即版授方为渑池令。遣司马毛德祖攻伪弘农太守尹雅于蠡城,生擒。仍行经农太守。方轨长驱,径据潼头。伪大将军姚绍率大众拒险,深沟高垒以自固。镇恶悬军远入,转输不充,与贼相持久,将士乏食,用亲到弘农督上民租,百姓竞送义粟,军食复振。初,高祖与镇恶等期,若克洛阳,须大军至,未可轻前。既而镇恶等迳向潼关,为绍拒不得进,而军又乏食,驰告高祖,求遣粮援。时高祖沿河,索瞒屯据河岩,军不得前,高祖呼所遣人开舫北户,指河上虏示之曰:"我语令勿进,而轻佻深入。岸上如此,何由得遣军?"镇恶既得义租,绍又病死,伪抚军姚赞代绍守险,众力犹盛。高祖至湖城,赞引退。

大军次潼关,谋进取之计,镇恶请率水军自河入渭。伪镇北将军姚强屯兵泾上,镇恶遣毛德祖击破之,直至渭桥。镇恶所乘皆蒙冲小舰,行船者悉在舰内,羌见舰泝渭而进,舰外不见有乘行船人,北土素无舟楫,莫不惊愧,咸谓为神。镇恶既至,令将士食毕,便弃船登岸。渭水流急,倏忽间,诸舰悉逐流去。时姚泓屯军在长军城下,犹数万人。镇恶抚尉士卒曰:"卿诸人并家在江南,此是长安城北门外,去家万里,而舫乘衣粮,并已逐流去,岂复有求生之计邪!唯宜死战,可以立大功,不然,则无遗类矣。"乃身先士卒,众并知无复退路,莫不胜踊争先,泓众一时奔溃,即陷长安城。泓挺身逃走,明日,率妻子归降。城内夷、晋六万余户,镇恶宣扬国恩,抚慰初附,号令严肃,百姓安堵。

高祖将至,镇恶于灞上奉迎,高祖迎劳之曰:"成吾霸业者,真卿也。"镇恶再拜谢曰:"此明公之威,诸将之力,镇恶何功之有焉!"高祖笑曰:"卿欲学冯异也。"是时吴中丰全,仓库殷积,镇恶极意收敛,子女玉帛,不可胜计。高祖以其功大,不问也。进号征虏将军。时有白高祖以镇恶既克长安,藏姚泓伪辇,为有异志。高祖密遣人觇辇所在,泓辇饰以金银,镇恶悉剔取,而弃辇于垣侧。高祖闻之,乃安。

高祖留第二子桂阳公义真为安西将军、雍秦二州刺史,镇长安。镇恶以本号领安西司马,冯翊太守,委以捍御之任。时西虏佛佛强盛,姚兴世侵扰北边,破军杀将非一。高祖既至长安,佛佛畏惮不敢动。及大军东还,便寇逼北地。义真遣中兵参军沈田子距之。虏甚盛,田子屯刘回堡,遣使还报镇恶。镇恶对田子使,谓长史王修曰:"公以十岁几付吾等,当各思竭力,而拥兵不进,寇虏何由得平。"使还,具说镇恶言,田子素与镇恶不协,至是益激怒。二人常有相图志,彼此每相防疑。镇恶率军出北地,为田子所杀,事在序传。时年四十六,田子又于镇恶营内,杀镇恶兄基、弟鸿、遵、渊及从弟昭、朗、弘,凡七人。是岁,十四岁正月十五日也。

高祖表曰:"故安西司马、征虏将军王镇恶,志节亮直,机略明举。自策名州府,屡著诚绩。荆南进衅,势据上流,难兴强蕃,忧兼内侮。镇恶轻舟先迈,神兵电临,旰食之虞,一朝雾散。及王师西伐,有事中原,长驱洛阳,肃清湖、陕。入渭之捷,指麾无前,遂廓定咸阳,俘执伪后,克成之后,莫与为畴,实拜城所寄,国之方邵也。近北虏游魂,寇掠渭北,统率众军,曜威扑讨。贼既还奔,还次泾上,故龙骧将军沈田子忽发狂易,奄加刃害,忠勋未究,受祸不图,痛惜兼至,悯悼无已,伏惟圣怀,为之伤恻。田子狂悖,即已备宪。镇恶诚著艰难,勋参前烈,殊绩未酬,宜蒙追宠,愿敕有司,议其褒赠。"于是追赠左将军、青州刺史。高祖受命,追封龙阳县侯,食邑千五百户,谥曰壮侯。配食高祖庙廷。

子灵福嗣,位至南平王铄右军谘议参军。灵福卒,子述祖嗣,述祖卒,子睿嗣。齐受禅,国除。

【译文】

王镇恶,北海剧县人。祖父王猛,字景略,前秦苻坚在关中称帝,王猛兼任将相,有文武两方面的才能,北方人都很看重他。父王休,任前秦河东太守。

王镇恶出生在五月初五,家里人因为传统禁忌有朝一日生男害父,生女害母的说法,想把他过继给远房族人。王猛见到王镇恶后感到他不同一般,说:"这是个并非寻常的孩子,过去孟尝君也生于恶月而后来成为齐国的相,这个孩儿将来也会光宗耀祖,振兴我们的门庭。"故而取名为镇恶。在王镇恶十三岁那年苻坚失败而灭亡,关中地区一片混乱,因而他逃亡到崤山、渑池之间。曾经在渑池人李方家中暂时居住,李方对他很好。王镇恶对李方说:"我如果遇到英雄的主子,成为万户侯,一定好好报答你。"李方答道:"你是相的孙子,人才如此出众,还怕不富贵。到时候我的愿望是当一个本县县令就足够了。"王镇恶后来随叔父王曜到南方东晋境内,客居在荆州。他常读诸子百家和兵书,议论国家政治军事方面的大事,骑马不是他的长处,弯弓射箭也很差,但是谋略很多,做事果断。

在刘裕征伐南燕都城广固的战斗中,有人把王镇恶推荐给他,当时镇恶是天门临澧县令,刘裕立即派人召他来见。与他谈话后,感到他确实不一般,于是留他住宿。次晨对下属官员说:"镇恶是王猛的孙子,真所谓将门有将呀。"当即任命他为青州治中从事史,暂任参中军太尉军事,署前部贼曹。镇恶在建康城外的查浦抗击卢循,多次战斗有功,被封博陆县五等正。

刘裕谋划讨伐占据荆州的刘毅,王镇恶说:"您如果想在西楚地区发动征伐刘毅的大事,请赐给我一百条大船作为前锋。"晋安帝义熙八年,刘毅有病,请求派遣堂弟兖州刺史刘藩为副手,刘裕假意答应他。九月,大军向西讨伐,王镇恶转官为参军事,加号振武将军。刘裕到达姑孰,派王镇恶率领龙骧将军蒯恩百条大船向前进发,这是在这一月的二十九日,刘裕告诫说:"如果刘毅得知我军向上游进发,等到我军抵达时,他们得知这消息也不过几天。他们先要在岩上集结军队,还来不及把军队部署在战船上。你到了那里,按情况筹划一下,如可以出击,便烧掉他们的战船,而且把我们的船停在江边,等待我的到来。同时慰劳百姓,宣扬诏书意旨和大赦的文告,以及我给刘毅军府中文武官员的信。我们只对刘毅一人加罪,其余一无所闻。如果刘毅都不知消息,没有防备,可袭击就袭击。今天去,只说是刘兖州来到。"王镇恶受命后,便昼夜兼行,在鹊洲、寻阳、河口、巴陵等候顺风共四天,十月二十二日,到豫章口。离开江陵二十里。

自从王镇恶出发,声称是刘兖州到来,刘毅信以为真,不知道会被袭击。王镇恶从豫章口舍船步行而上,蒯恩的军队在前面,王镇恶军随后。每只船中留一二人,船对岸上竖立六七面旗帜,下安放一只战鼓。王镇恶对留下的人说:"你们估计我将到城下时,便大擂军鼓,好像后面还有大军的样子。"又分出一部分部队在后面,命他们烧掉江边渡口的战船。王镇恶径直往前攻袭江陵城,对前面的军队说:"如果有问话,只说是刘兖州来到。"沿岸戍所及百姓都说是刘藩到来,安定而没有怀疑。

到离城五六里处,遇到刘毅的重要将领朱显之与十余骑兵和数十步兵,想要出江边渡口。他问:"是何人?"答道:"刘兖州来到。"朱显之驰马到前面问刘藩在哪里,答道:"在后面。"朱显之只见到军队不见刘藩,而且看见军人抬着一种可御矛、箭的护卫战具"彭排",又望见江边渡口的战船已被烧,烟焰满天,后面战鼓声很响,知道不是刘藩到来,便立即跳上马奔驰而去报告刘毅说:"城外有大军,好像从下游而来,现在已快到城下,江边渡口的船已都被火烧掉了。"于是传达命令关闭所有城门。王镇恶也加速前进,军士们攀登城墙进入城内,城门还未来得及下门闩,因此这大城的东门被打开。大城内刘毅的军队共有八队,披甲的兵有千余人,已经戒严。蒯恩进入东门后,便向北攻击射堂(即室内射靶场),向前又攻城中坚固的牙城"金城"的东门。王镇恶入东门后,便直接攻击金城的西门。又分派一部分军队攻金城南门。刘毅金城内有从东方长江下游带来的旧部将,还有六队共千余人,荆州本地军官能干细心的吏员和士卒,还有两千余人。从中午开始战斗,一直到下午傍晚,荆州士兵逃散和投降得差不多了。王镇恶入江陵城后,便趁风放火,烧大城的南门和东门。又派人拿了诏书、赦文和刘裕的亲笔信共三份文书送给刘毅看,刘毅都烧掉了,表示不屑一顾。金城内的人也不相信刘裕的军队到来。有个叫王桓的人,家住在江陵,过去曾亲手杀死桓谦,被刘裕所赞赏提拔,常在刘裕左右。他向刘裕要求到荆州迎接家眷,刘裕同意。这时就率领十余人来帮助王镇恶战斗。约晚饭时,他在金城东门北三十步处的城墙中凿开了个洞穴,首先进入,王镇恶跟在后面也进入,以后不少人跟入,于是发生短兵接战,王镇恶的战士与刘毅从东部带到荆州的将士之间,或者有父子兄弟关系,或者有中表亲关系,王镇恶命令战士一边战斗一边与他们交谈,于是荆士将士都知道刘裕的军队到来,人心离异斗志松懈。到一更时分公堂前阵势溃散,斩了刘毅的勇将赵蔡。刘毅左右的士兵又关闭东西阁抗拒战斗，王镇恶怕黑夜中自相伤害，就引兵退出，包围金城，敞开南面，以作为退路。刘毅怕南部有埋伏士兵，三更时，就率左右三百来人开北门冲出去逃走。起初，刘毅平常所骑的马在城外没能进入。现仓卒无马，刘毅就向儿子刘肃民要马，肃民不肯，朱显之对他说："人家要抓你父亲，而你不肯给马，你今天自己逃跑，想到何处去呢？"然后夺过马给刘毅。刘毅冲出去，正遇上王镇恶军，冲不过去；回头冲到蒯恩军中，军人们已战斗一日一夜，十分疲倦，于是刘毅得以从大城东门出去逃奔到牛牧佛寺，然后在那里上吊而死。王镇恶身上中了五箭，有的箭射到王镇恶手中的长矛，矛折断了。平定江陵后二十天，刘裕大军才到达江陵。

王镇恶被任命为统领首都内军队。又离开京城，出任安远护军、武陵内史。因讨伐刘毅的功劳，封汉寿县子、食邑五百户。蛮族首领向博抵根占据阮头，屡次凶暴残害百姓，王镇恶讨伐平定了他。初出军时，王镇恶要求荆州刺史司马休之派遣军队支援，休之派其将领朱襄率领军队前来助战，刚好刘裕出兵西讨司马休之，王镇恶告诉各位将领说："百姓都知道官军已西上，朱襄等已变成了我们的敌人，如果表里受敌，我们的事就完了。"于是连夜率军沿江而下，江水湍急，一会儿就行了数百里，直接占据了都尉的治地。到了那里，就马上用竹笼盛石，扔到江中，堵塞水道，朱襄的水军下来，王镇恶对他两岸夹击，斩了朱襄、杀死士兵千余人。镇恶性格贪婪，打败朱襄后，停军侵扰掠夺蛮族人民，没有按时返回军队，等到了江陵，司马休之已经被平定，刘裕大怒，不及时接见他。王镇恶笑道："只要让我一见主公，就不用再担忧了。"不久刘裕登城楼时传唤王镇恶，王镇恶为人善于强辩，有口才，能随机应变，此后刘裕才消除了怒气。司马休之和鲁宗之逃奔襄阳，王镇恶率领蒯恩诸军从水路追他们，司马休之奔至羌人建立的后秦，王镇恶紧紧追赶，直到边境才撤回。朝廷任命他为游击将军。

义熙十二年，刘裕准备北伐，王镇恶被转官为咨议参军，代行龙骧将军，兼前锋。在出发前，前将军刘穆之在积弩堂召见王镇恶，对他说："主公怜悯姚秦统治下的北方汉族遗民,他的想法是讨平这伙叛贼。过去晋文王委托邓艾征伐蜀地,今天主公委任你伐征关中,你想建立大功勋,不要辜负这次授命。"王镇恶说:"不攻克咸阳,誓不渡江而回!"

王镇恶进入敌境后,战无不胜,邵陵、许昌敌军望风逃散,攻破虎牢和柏谷坞,斩敌统帅赵玄。军队到洛阳,后秦陈留公姚洸前来投降。王镇恶到渑池,访问熟人李方家,在堂上拜见了他的母亲,送了许多东西,当即写公文授予李方为渑池县令。派遣司马毛德祖进攻由后秦弘农太守尹雅镇守的蠡城,活捉了他,但仍让他代理弘农太守。部队沿着大路长驱直入,占领了潼关。后秦大将军姚绍率领大军据险抵抗,修筑了深沟高垒来巩固阵地。王镇恶孤军深入敌境,后勤供应不足,与敌兵对阵时间久了,将士们缺乏粮食,于是他亲自到弘农监督征收百姓租赋,百姓们争着送来米粟,军粮重新充足了。起初,刘裕与王镇恶等约定,如果攻克洛阳,就必须等大军到后再前进,不可轻易向前。后来王镇恶等径直向潼关进发,被姚绍所阻挡不得前进,而军队又缺少粮食,于是驰报刘裕,要求派人送粮。当时刘裕沿黄河而行,北魏军队屯据黄河筑垒设防,军队不能顺利前进。刘裕叫被派来的人打开船的北窗,指着河北岸的鲜卑军队说:"我早就命令说不要前进,而你们却轻易深入。岸上这般情状,怎么能派军队去?"后来王镇恶得到了粮食,姚绍又病死,后秦派抚军姚赞替代姚绍守险,兵力仍很强大。刘裕到湖城,姚赞引军撤退。

大军到了潼关,谋划进取的方案,王镇恶请求率领水军从黄河入渭水。后秦镇北将军姚强屯兵在泾水岸上,王镇恶派毛德祖打败了他,直到长安城北的渭桥。王镇恶所乘坐的都是蒙着生牛皮的小战船,划船的人都在船内,后秦的羌人看到战船逆流而上,船外不见划船的人,北方平素没有船只,没有一个不感到惊奇的,都认为这是神。王镇恶到达后,命将士们吃完饭,便弃船登岸。渭水水流湍急,一忽儿船都随水漂去。当时姚泓的军队在长安城下还有数万人。王镇恶抚慰士兵说:"你们这些人家都在江南,这里是长安城的北门外,离开家有万里路,而船和衣粮,都已经随渭水流走,哪里还有求生的路呀!只有拼死战斗,可以立大功,不然的话,我们都没有命了。"于是身先士卒带头攻城,士兵们知道已经没有退路,没有一个不奋勇争先地作战,姚泓的军队一下子就溃败奔散了,长安城被攻克。姚泓孤身逃走,第二天,带着夫人和孩子来投降。城内有少数民族和汉族六万余户,王镇恶宣扬朝廷的恩泽,安抚慰问刚刚归降的人,号令严明,百姓安定。

刘裕快要来到,王镇恶在长安东北郊的坝上迎接,刘裕慰劳他说:"帮助我成就霸业的人,真的是你呀。"王镇恶再拜感谢说:"这是您明公的威望,各位将士的努力,我王镇恶哪里有什么功劳呀!"刘裕笑道:"你是想学东汉逃避论功的冯异吧。"当时关中连年丰收,仓库里堆满了各类物资,王镇恶竭力收拢,男奴女奴和玉器丝帛,不可胜数。刘裕因为他的功劳大,也不去追究。进号为征虏将军。有人报告刘裕,王镇恶攻克长安后,收藏了姚泓的皇帝用的车子,有想称帝的野心,刘裕秘密派人去看这部车,原来姚泓装饰在车上的金银都被王镇恶剥取,而车子则扔弃在城墙边。刘裕知道后,才安下心来。

刘裕留下次子桂阳公刘义真为安西将军、雍秦二州刺史,镇守长安。王镇恶以本号将军兼安西司马、冯翊太守,委任防卫的重任。当时西部匈奴族夏国君主赫连佛佛强盛,姚兴在世时他们常侵扰北部边境,不止一次打败后秦军队和杀死将领。刘裕到长安后,赫连佛佛害怕不敢妄动。等到刘裕大军东归,他们便侵扰北地。刘义真派中兵参军沈田子去抵挡,匈奴族军队很强大,沈田子屯军在刘回堡,派使者回来报告王镇恶。王镇恶面对着沈田子的使者,对长史王修说:"主公把十岁的儿子托付给我等人,我们应当各自想怎样尽心竭力,而拥兵不进,敌寇如何才能平定?"使者回去,把王镇恶的话都传达了,沈田子一向与王镇恶不和,听了这番话更加激动愤怒。于是两人常常有吞并对方的想法,也因此互相防范猜疑。王镇恶率领军队离开北地时,被沈田子杀害,这事记载在《序传》里。当时年龄四十六岁。沈田子又在王镇恶营房内，杀死王镇恶的哥哥王基、弟王鸿、王遵、王渊和堂弟王昭、王朗、王弘，共七人。这一年，是义熙十四年正月十五日。

刘裕上表说："已故的安西司马、征虏将军王镇恶，有崇高的志向节操，善于谋略。自从在州府任职，屡次显示出忠诚和功绩。荆州方面制造祸端，其势力控制了上流，在边地兴起了灾难，朝廷内部也因此忧愁。王镇恶带领战船率先出发，神兵像闪电一般降临到荆州，使皇帝不能按时进餐的忧患，立即像雾一样散开。后来王师西伐，在中原作战，军队长驱进入洛阳，肃清了湖、陕一带敌人。在渭水上的胜利战斗，所向无敌，于是攻克了咸阳，俘获了后秦的君主，攻克成功的业绩，是没有人可以与他相比的，实在是捍卫城池所依托的人，是国家的方叔和召虎呀。近日北方少数民族像游魂般又进犯渭北，镇恶统率大军，耀武扬威讨伐它，贼军退逃后，回军行在泾水边。原龙骧将军沈田子竟然丧心病狂，忽然用刀加害，忠良事业未完，意外受祸，悲痛和惋惜的心情相交织，悼念不已。我想到圣上的心中也一定为他悲伤。沈田子猖狂悖逆，已经依法论处。王镇恶的忠诚在艰难中显现，功勋可与前朝的忠烈相比，特殊的功绩没有奖酬，应该受到追加的荣宠，要求命令有关部门，议论对他的褒赠。"于是追赠王镇恶为左将军、青州刺史。刘裕称帝，追封他为龙阳县侯。食邑一千五百户，谥号为"壮侯"。刘裕死后，王镇恶的灵位在刘裕庙中享受陪祭。

儿子灵福继承爵位，他官位做到南平王铄的右军咨议参军。灵福死，儿子述祖继承爵位。述祖死，儿子睿继承爵位。齐朝建立后，撤除了龙阳县侯。

刘义恭传

——《宋书》卷六一

【原文】

江夏文献王义恭,幼而明颖,资颜美丽,高祖特所钟爱,诸子莫及也。饮食寝卧,常不离于侧。高祖为性俭约,诸子食不过五盏盘,而义恭爱宠异常,求须果食,日中无算,得未尝啖,悉以乞与旁人。庐陵诸王未尝敢求,求亦不得。景平二年,监南豫、豫、司、雍、秦、并六州诸军事、冠军将军、南豫州刺史,代庐陵王义真镇历阳,时年十二。元嘉元年,封江夏王,食邑五千户。加使持节,进号抚军将军,给鼓吹一部。三年,监南徐、兖二州、扬州之晋陵诸军事、徐州刺史,持节、将军如故。进监为都督,未之任,太宜征谢晦,义恭还镇京口。

六年,改授散骑常侍、都督荆、湘、雍、益、梁、宁、南、北秦八州诸军事、荆州刺史,持节、将军如故。义恭涉猎文义,而骄奢不节,既出镇,太祖与书诚之曰:"汝以弱冠,便亲方任。天下艰难,家国事重,虽曰守成,实亦未易。隆替安危,在吾曹耳,岂可不感寻王业,大惧负荷。今既分张,言集无日,无由复得动相规诲,宜深自砥砺,思而后行。开布诚心,厝怀平当,亲礼国士,友接佳流,识别贤愚,鉴察邪正,然后能尽量君子之心,收小人之力。"

"汝神意爽悟,有日新之美,而进德修业,未有可称,吾所以恨之而不能已已者也。汝性褊急,袁太妃亦说如此。性之所滞,其欲必行,意所不在,从物回改,此最弊事。宜应慨然立志,念自裁抑。何至丈夫方欲赞世成名而无断者哉!今粗疏十数事,汝别时可省也。远大者岂可具言,细碎复非笔可尽。"

"礼贤下士,圣人垂训;骄侈矜尚,先哲所去。豁达大度,汉祖之德;猜忌褊急,魏武之累。《汉书》称卫青云:大将军遇士大无以礼,与小人有恩。西门、安于、矫性齐美;关羽、张飞,任偏同弊。行已举事,深宜鉴此。"

"若事异今,嗣于幼蒙,司徒便当周公之事,汝不可不尽祗顺之理。苟有所怀,密,自书陈。若形迹之间深宜。至于尔时安危,天下决汝二人耳,勿忘吾言。"

"今既进袁太妃供给,计足充诸用,此外一不须复有求取,近亦具白此意。唯脱应大饷致,而当时遇有所乏,汝自可少多供奉耳。汝一月日自用不可过三十万,若能省此,益美。"

"西楚殷旷,常宜早起,接对宾侣,勿使留滞。判急务讫,然后可入问讯,既睹颜色,审起居,便应即出,不须久停,以废庶事。下日及夜,自有余闲。"

"府舍住止,园池堂观,略所谙究,计当无须改作。司徒亦云尔。若脱于左右之宜,须小小回易,当以始至一治为限,不须烦纭,日求新异。"

"凡讯狱多决,当时难可逆虑,此实为难,汝复不习,殊当未有次第。讯前一二日,取讯簿密与刘湛辈共详,大不同也。至讯日,虚怀博尽,慎无以喜怒加人。能择善者而从之,美自归已。不可专意自决,以矜独断之明也。万一如此,必有大咎,非唯讯狱,君子用心,自不应尔。刑狱不可拥滞,一月可再讯。"

"凡事皆应慎密亦宜豫敕左右,人有至诚,所陈不可漏泄,以负忠信之款也。古人言君不密则失臣,臣不密则失身。或相谗构,勿轻信受,每有此事,当善察之。"

"名器深宜慎惜,不可妄以假人。昵近爵赐,尤应裁量。吾于左右虽为少恩,如闻外论,不以为非也。"

"以贵陵物物不服,以威加人人不厌,此易达事耳。"

"声乐嬉游,不宜令过,搏酒渔猎,一切绝为。供用奉身,皆有节废,奇服异器,不宜兴长。汝嫔侍左右,已有数人,既始至西,未可忽包复有所纳。"

又诫之曰："宜数引见佐史,非唯臣主自应相见,不数则彼我不亲,不亲则无因得尽人,人不尽,复何由知其众事。广引视听,既益开博,于言事者,又善有地也。"

九年,征为都督南兖、徐、兖、青、冀、幽六州、豫州之梁郡诸军事、征北将军、开府仪同三司、南兖州刺史,镇广陵。时诏内外百官举才,义恭上表曰:

"臣闻云和备乐,则繁会克谐,骅骝骖服,则致远斯效。陛下顺简膺化,文明在躬,玉衡既正,泰阶载一,而犹发虑英髦,垂情仄陋,幽谷空同,显著扬历。是以潜虬耸鳞,伫俪见之期;翔凤弭翼,应来仪之感。"

"窃见南阳宗炳,操履闲远,思业贞纯,砥节丘园,息宾盛世,贫约而居,内无改情,轩冕屡招,确尔不拨。若以蒲帛之聘,感以大伦之美,庶投竿释褐,翻然来仪,必能毗燮九官,宣赞百揆。尚书金部郎臣徐森之,臣府中直兵参军事臣王天宝,并局力充济,忠谅款诚。往年逆臣叛逸,华阳失守,森之全境宁民,绩章危棘。前者经略伊、澧元戎表族,天宝北勤河朔,东据营丘,勋勇既昭,心事兼竭。虽蒙褒叙,未尽才宜,并可授以边藩,展其志力。交趾辽邈,累丧藩将,政刑每阙,抚莅惟艰。南中复远,风谣迥隔,蛮、獠狡窃,边氓荼炭,实须练实,以缓其难。谓森之可交州刺史,天宝可宁州刺史,庶足威怀荒表,肃清遐服。昔魏戊之贤,功存荐士;赵武之明,事彰管库。臣识愧前良,理谢先哲,率举所知,仰酬采访,退惧警言,无足甄奖。"

十六年,进位司空。明年,大将军彭成王义康有罪出藩,征义恭为侍中、都督扬、南徐、兖三州诸军事、司徒、录尚书,领太子太傅,持节如故,给班剑二十人,置仗加兵。明年,解督南兖。二十一年,进太尉,领司徒,余如故。义恭既小心恭慎,且戒义康之失,虽为总录,奉行文书而已,故太祖安之。相府年给钱二千万,它物倍此,而义恭性奢,用常不足,太祖又别给钱年千万。二十六年,领国子祭酒。时有献五百里马者,以赐义恭。

二十七年春,索虏豫州,太祖因此欲开定河、洛。其秋,以义恭总统群帅,出镇彭城。解国子祭酒。虏遂深入,径至瓜步,义恭与世祖闭彭城自守。

二十八年春,虏退走,自彭城北过,义恭震惧不敢追。其日,民有告:"虏驱广陵民万余口,夕应宿安王陂,去城数十里。今追之,可悉得。"诸将并请,义恭又禁不许。经宿,太祖遣驿至,使悉力急追。义恭乃遣镇军司马檀和之向萧城。虏先已闻知,乃尽杀所驱广陵民,轻骑引去。初虏深入,上虑义恭不能固彭城,备加诚勤,义恭答曰:"臣未能临翰海,济居廷,庶免刘仲奔逃之耻。"及虏至,义恭果欲走,赖众义得停。事在《张畅传》。降义恭号骠骑将军、开府仪同三司,余悉如故。鲁郡孔子旧庭有柏树二十四株,经历汉、晋,其大连抱。有二株先折倒,士人崇敬,莫之敢犯,义恭悉遣人伐取,父老莫不叹息。又以本官领南兖州刺史,增督南兖、豫、徐、兖、青、冀、司、雍、秦、幽并十一州诸军事,并前十三州,移镇盱眙。修治馆宇,拟制东城。

二十九年冬,还朝,上以御所乘苍鹰船上迎之。遭太妃忧,改授大将军、都督扬、南徐二州诸军事、南徐州刺史,持节、侍中、录尚书、太子傅如故,还镇东府。辞侍中未拜。值元凶肆逆,其日劭召义恭。先是,诏召太子及诸王,各有常人,虑有诈妄致害者。至是义恭求常所遣传诏,劭遣之而后入。义恭请罢兵,凡府内兵仗,并送还台。进位太保,进督会州诸军事,服侍中服,又领大宗师。

世祖入讨,劭疑义恭有异志,使入住尚书下省,分诸子并住神虎门外侍中下省。劭闻世祖已次近路,欲悉力逆之,决战中道。义恭虑世祖船乘陋小,劭豕突中流,容能为患,乃进说曰:"割弃南岸,栅断石头,此先朝旧法,以逸待劳,不忧不破也。"劭从之。世祖前锋至新亭,劭挟义恭出战,恒录在左右,故不能自拔。战败,使义恭于东堂简将。义恭先使人具船于东冶渚,因单马南奔。始济淮,追骑已至北岸,仅然得免。劭大怒,遣始兴王就西省杀义恭十二子。

世祖时在新林浦,义恭既至,上表劝世祖即位,曰:"臣闻治乱无兆,倚伏相因,乾灵降祸,二凶极逆,深酷巨痛,终古未有。陛下忠孝自天,赫然电发,投袂泣血,四海顺轨,是以诸候云赴,数均八百,义奋之旅,其会如林。神祚明德,有所底止,而冲居或耀,未登天祚。非所以严重宗社,绍延七百。昔张武抗辞,代王顺请,耿纯陈款,光武正位。况今罪道无亲,恶盈衅满,阻兵安忍,戮善崇奸,履地戴天,毕命俄顷,宜早定尊号,以固社稷。景平之季,实惟乐推,王室之乱,天命有在,故抱拜兆于厌壁,赤龙表于霄征。伏惟大明无私,远存家国七庙之灵,近哀黔首荼一炭之切,时陟帝祚,永慰群心。臣负衅婴罚,偷生人壤,幸及宽政,待有司,敢以漏刻视息,披露肝胆。"世祖即祚,授使持节、侍中、都督扬、南徐二州诸军事、太尉、录尚书六条事、南徐、兖二州刺史,给鼓吹一部,班剑二十人,又假黄钺。事宁,进位太傅,领大司马,增班剑为三十人。以在藩所服玉环大绶赐之,增封二千户。

上不欲敬礼太傅,讽有司奏曰:"圣旨谦光,尊师重道,欲致拜太傅,斯诚弘兹远风,敦阐盛则。然周之师保,实称三吏,晋因于魏,特加其礼。帝道严极,既有常尊,考之史载,未见兹典。故卞壶、孙楚并谓人君无降尊之义。远稽圣典,近即群心,臣等参仪谓不应有加拜之礼。"诏曰:"暗薄纂统,实凭师范,思尽虚慕,以承道训。所奏稽诸往代,谓无拜礼,据文既明,便从所执。"世祖立太子,东宫文案,使先经义恭。

孝建元年,南郡王义宣、臧质、鲁爽等反,加黄钺,白直百人入六门。事平,以臧质七百里马赐义恭,又增封二千户。世祖以义宣乱逆,由于强盛,至是欲削弱王候。义恭希旨,乃上表省录尚书,曰:"臣闻天地设位,三极同序,皇王化则,九官咸事。时亮之绩,昭于《虞典》;论道之风,宣于周载。台辅之设,坐调阴位,元、凯之置,起厘百揆。所以栾针矢言,侵官是诫,陈平抗辞,匪职罔答。汉承秦后,庶僚稍改。爵因时变,任与世移,总录之制,本非旧典,列代相沿,兹仍未革。今皇家中造,事遵前文,宜宪章先代,证文古则,停省条录,以依昔典。使物竟思存,人怀勤壹,则名实靡愆,庸节必纪。臣谬国重,虚荷崇位,兴替宜知,敢不谕尽。"上从其议。

又与骠骑大将军竞陵王诞奏曰:"臣闻佾悬有数,等级仪,佩笏有制,卑高殊序。斯盖上哲之洪谟,范世之明训。而时至弥流,物无不弊,僭侈由俗,轨度非古。晋代东徙，旧法沦落，候牧典章，稍与事广，名实一差，难以卒变，章服崇滥，多历年所。今枢机更造，皇风载新，耗弊未充，百用思约，宜备品式之律，以定损厌之条。臣等地居枝昵，位居参台辅，遵正之首，请以爵先，致贬之端，宜从戚始。辄因暇日，共参愚怀，应加省易，谨陈九事。虽惧匪衰，庶竭微疑，伏愿陛下所览之余，薄垂昭纳，则上下相安，表里和穆矣。诏付外详。"

有司奏曰："车服以庸，《虞书》茂典；名器慎假，《春秋》明诫。是以尚方所制，汉有严律，诸候窃服，虽亲必罪。降于顷世，下僭滋极。器服装饰，乐舞音容，通于王公，达于众庶。上下无辨，民志靡一。义恭所陈，实允礼度。九条之格，犹有未尽，谨共附益，凡二十四条。"

"所事不得南面坐，施帐并沓。藩国官，正冬不得跣登国殿，及夹侍国师傅令及油戟。公主王妃传令，不得朱服。舆不得重枫，郭扇不得雉尾。剑不得鹿卢形。橐耗不得孔雀白鹭。夹毂队不得绛袄。平乘诞马不得过二匹。胡会不得彩衣。舞伎正冬著褌衣，不得装面蔽花。正冬会不得铎舞，杯拌舞。长㡇伎、透狭、舒丸剑、博山、缘大幢伎、升五案，自非正冬会奏舞曲，不得舞。诸妃主不得著绲带。信幡非台省官悉用绛。郡县内史相及封内官长，于甚封君，既非在三，罢官则不复追敬，不合称臣，宜止下官而已。诸镇常行，车前后不得过六队，白直夹毂，不在其限。刀不得过银铜为饰。诸王女封县主，诸王子孙袭封之王妃及封候者夫人行，并不得卤簿。诸王子继体为王者，婚葬吉凶，悉依诸国公候之礼，不得同皇弟皇子。车非轺车，不得油幢。平乘船皆下两头作露平形，不得拟象龙舟，悉不得朱油。帐钩不得作五花及竖笋形。"诏可。

是岁十一月，还镇京口。二年春进督东、南兖二州。其冬，征为扬州刺史，余如故。加入朝不趋，赞拜不名，剑履上殿，固辞殊礼。又解持节都督并侍中。

义恭撰《要记》五卷，起前汉讫晋太元，表上之，诏付秘阁。时西阳王子尚有盛宠，义恭解扬州以避之，乃进位太宰，领司徒。义恭常虑为世祖所疑，及海陵王休茂于襄阳为乱，乃上表曰：

"古先哲王，莫不广植周亲，以屏帝宇，诸侯受爵，亦愿永固邦家。至有管、蔡、梁、燕，致祸周、汉，上乖显授之恩，下亡血食之业。夫善积庆深，宜享长外，而历代侯王，甚乎匹庶。岂异姓皆贤，宗室悉不贤。由生于深宫，不睹稼穑，左右近习，未值田苏，富贵骄奢，自然而至，聚毛折轴，遂乃危祸。汉之诸王，并置傅相，犹不得禁逆，七国连谋，实由强盛，晋氏列封，正足成永嘉之祸。尾大不掉，终古同疾，不有更张，则其源莫救。"

"日者庶人恃亲，殆倾王业。去岁西寇藉宠，几败皇基。不图襄、楚，复生今衅，良以地胜兵勇，奖成凶恶，前事不忘，后事之明兆。陛下大明绍祚，垂法万叶。臣年衰意塞，无所知解，忝皇族耆长，惭愧内深，思表管见，裨崇万一。窃谓诸王贵重，不应居边，至于华州优地，时可暂出。既以有州，不须置府。若位登三事，止乎长史掾属。若宜镇御，别差扞诚大将。若情乐冲虚，不宜逼以戎事。若舍文好武，尤宜禁塞。僚佐文学，足充话言，游业之徒，一概勿许。文武从镇，以时休止，妻子室累，不烦自随。百僚修诣，宜遵晋令，悉须宣令齐到，备列宾主之则。衡泌之士，亦无烦干燥贵王。器甲地私，为用产寡，自金银装刀剑战具之服，皆应输送还本。曲突徙薪，防之有素，庶善者无惧，恶者止奸。"

时世祖严暴，义恭虑不见容，乃卑辞曲意，尽礼祗奉，且便辩善附会，俯仰承接，皆有容仪。每有符瑞，辄献上赋颂，陈咏美德。大明元年，有三脊茅生石头西岸，累表劝封禅，上大悦。三年，省兵佐，加领中书监，以崇艺、昭武、永化三营合四百三十七户给府，更增吏僮千七百人，合为二千九百人。六年，解司徒府太宰府，依旧辞召。又年给三千匹布。

七年，从巡，兼尚书令，解中书监。八年闰月，又领太尉。其月，世祖崩，遗诏："义恭解尚书令，加中书监；柳元景领尚书令，入住城内。事无巨细，悉关二公。大事与沈庆之参决，若有军旅，可为总统。尚书中事委颜师伯。外监所统委王玄谟。"前废帝即位,诏曰:"总录之典,著自前代,孝建始年,虽暂并省,而因革有宜,理存济务。朕茕独在躬,未涉政道,百揆庶务,允归尊德。太宰江夏王义恭新除中书监、太尉,地居宗重,受遗阿衡,实深凭倚,用康庶绩,可录尚书事,本官监、太宰、王如故。侍中、骠骑大将军、南兖州刺史、巴东郡开国公、新除尚书令无景,同禀顾誓,翼辅皇家,赞业宣风,惟公是赖。可即本号天府仪同三司,领兵置佐,一依旧准,领丹阳尹、侍中、领公如故。"又增义恭班剑四十人,更申殊礼之命。固辞殊礼。

义恭性嗜不恒,日时移变,自始至终,屡迁第宅。与人游款,意好亦多不终。而奢侈无度,不爱财宝,左右亲幸者,一日乞与,或至一、二百万,小有忤意,趣追夺之。大明时,资供丰厚,而用常不足,赊市百姓物,无钱可还,民有通辞求钱者,辄题后作"原"字。善骑马,解音律,游行或三五百里,世祖恣其所之。东至吴郡,登虎丘山,又登无锡县乌山以望太湖。大明中撰国史,世祖自为义恭作传。及永光中,虽任宰辅,而承事近臣戴法兴筹,常若不及。

前废帝狂悖无道,义恭、元景等谋欲废立。永光元年八月,废帝率羽林兵于第害之,并其四子,时年五十三。断析义恭支体,分裂肠胃,挑取眼精,以蜜渍之,以为鬼目粽。

太宗定乱,令书曰:"故中书监、太宰、领太尉、录尚书事江夏王道性渊深,睿览通远,树声列藩,宣风铉德,位隆姬辅,任属负图,勤劳国家,方熙托付之重,尽心毗导,永融雍穆之化。而凶丑忌威,奄加冤害,夷戮有暴,殡殓无闻,愤达幽明,痛贯朝野。朕蒙险在难,含哀莫申,幸赖宗佑之灵,克纂祈天之祚,仰惟勋戚,震恸于厥心。昔梁王征庸,警跸备礼;东平好善,黄屋在建。况公德猷弘懋,彝典未殊者哉。可追崇使特节、侍中、都督中外诸军事、丞相、领太尉,中书监、录尚书事,王如故。给九旒銮辂,虎贲班剑百人,前后部羽葆、鼓吹、辒辌车。"

泰始三年,又下诏曰:"皇基崇建,《屯》《剥》维难,弘启熙载,底绩忠果,故从飨世祀,勒勋崇彝。世祖宁乱定业,实资翼亮。故使持节、侍中、都督中外诸军事、丞相、领太尉、中书监、一尚书事江夏文献王义恭，故使持节、侍中、都督南豫、江、豫三州军事、太尉、南豫州刺史巴东郡开国忠烈公元景，故侍中、司空始兴郡开国襄公庆之，故持节、征西将军、雍州刺史洮阳县开国萧侯悫，或体道冲玄，爕化康世，或尽诚致效，庚难兔逆，宜式遵国典，陪祭庙庭。"

义恭长子朗，字元明，出继少帝，封南丰县王，食邑千户。为湘州刺史持节、侍中、领射声校尉。为元凶所杀。世祖即位，追赠前将军、江州刺史。孝建元年，以宗室祗长子歆继封。祗伏诛，歆还本。泰始三年，更以宗室韫第二子铣继封。为秘书郎，与韫俱死。顺帝升明二年，复以宗室琨子绩继封。三年，薨，会齐受禅，国除。

朗弟睿，字元秀，太子舍人。为元凶所害。追赠侍中，谥宣世子。大明二年，追封安陆王。以第四皇子子绥、字宝孙继封，食邑二千户。追谥睿曰宣王。以子绥为都督郢州诸军事、冠军将军、郢州刺史。进号后军将军，加持节。太宗泰始元年，进号征南将军，改封江夏王，食邑五千户。改睿为江夏宣王。子绥未受命，与晋安王子勋同逆，赐死。七年，太宗以第八子跻、字仲升，继义恭为孙，封江夏王，食邑五千户。后废帝即位，督会稽、东阳、新安、临海、永嘉五郡诸军事、东中郎将、会稽太守，进号左将军。齐受禅，降为沙阳县公，食邑一千五百户。谋反，赐死。

睿弟韶，字元和，封新吴县候，官至步兵校尉。追赠中书侍郎，谥曰烈候。韶弟坦，字无度，平都怀候。坦弟元谅，江都愍候。元谅弟元粹，兴平悼候。坦、元谅、元粹弟元仁、元方、元旒、元淑、元胤与朗等凡十二人，并为元凶所杀。

元胤弟伯禽，孝建三年生。义恭诸子既遇害，为朝廷所哀，至是世祖名之曰伯禽，以拟鲁公伯禽，周公旦之子也。官至辅国将军、湘州刺史。又为前废帝所杀。谥曰哀世子。又追赠江夏王，改谥曰愍。

伯禽弟仲容，封永修县候，为宁朔将军、临淮、济阳二郡太守。伸容弟叔子，封永阳县候。叔子弟叔宝，及仲容、叔子，并为前废帝所杀。谥仲容、叔子并曰殇候。

【译文】

江夏文献王刘义恭，幼年时聪明颖悟，姿态容颜美丽，高祖特别钟爱，所有儿子都不及他。高祖饮食起居，经常不离左右。高祖生性省俭节约，所有儿子食不超过五杯酒食。而刘义恭受爱宠不同寻常，求取水果吃，每天到了中午，所吃的水果已经不可计数。捡到他不曾吃尽的残果，都要在人乞讨时才给别的人。庐陵王等诸王不曾敢于求取，即使要求也不能得到。

景平二年，兼任南豫州、豫州、司州、雍州、秦州、兰州六州诸军事、冠军将军、南豫州刺史，代庐陵王刘义真坐镇历阳，这时年龄十二岁。元嘉元年，册封为江夏王，食邑五千户。加使持节，进升封号抚军将军，赐给鼓吹一部。元嘉三年，监南徐州、兖州二州、扬州晋陵诸军事、徐州刺史，持节、将军封号与以前相同。进任为都督，还没到任，太宜征伐谢晦，刘义恭又还坐镇京口。元嘉六年，改授散骑常侍、都督荆州、雍州、益州、梁州、宁州、南秦州、北秦州八州诸军事、荆州刺史，持节、将军职与以前相同。

刘义恭涉猎文学和道义，骄奢不事节俭。临出任镇抚职时，太祖给他书告诫他说："你年少仅及弱冠，便亲自赴就一方的责任。天下时事艰难，家与国的事情重大，虽说你是去守已有的成业，实际也不容易。朝代的兴废，国家的安危，就在我和你们这些皇子身上，难道能够没有感想，不思考谨守国家的基业吗，要像大为恐惧的样子那样小心负起政治的责任。今天，既然分别了，各在一方，再在一起说话没有确定的日子，没有机会再当面规划教诲你，你应当深刻地自行砥砺锻炼自己，遇事三思而后行。开诚布公，平心静气，亲自礼遇国内的贤人，以朋友的身份迎接豪杰俊士之辈，识别贤愚，鉴察邪正，然后才能够尽你的君子之心，集中人民的力量，治理好国家。"

"你的精神爽快，意念敏悟，具有日新一业的美德。但是进德修业，还没有达到成熟的程度，我所以可惜，就在于不能完成你的学业。你的性情偏急,袁太妃也说是这样。人的性情要是有所偏急而有所阻滞不通,他的欲望又势在必行,这时候,思想与行动不统一,及至遇事又改变主意。这是最不好的事情。你应该坚定地确立你的志向,思考为实现你的志愿而裁省抑制自己的行为。哪里有大丈夫想要成名为世称赞而不能够自断其事的呢!今天粗粗地给你疏阵十几件事,你别离以后可用来自己省察。事情太大的不可能一一具陈,细小琐碎的事又不是一支笔可以写尽的。"

"礼贤下士,这是圣人留下来的训典;崇尚骄纵奢侈,先哲们对此舍弃。心胸开阔,性情达观,处世大度,这是汉高祖刘邦的美德;猜疑别人,忌恨贤能,处世偏袒,断事急躁,这是魏武帝曹操的弊病。《汉书》称卫青说:'大将军遇士大夫时行之以礼,与下面的人相处时就加之恩'。西门、安于,矫正自己的性情使之趋美;关羽、张飞,任用偏急而趋向了弊端。当自己行动举事的时候,要深入地借鉴这些。"

"假如遇事不同于今天,继承人还很年轻,你将司徒当作是周公旦一样的贤人来对待,你不能不完全尽恭敬之理。即使有你的想法,就秘密地亲自书写陈述告诉他。在情形迹象上,你应当慎重地拥护他。至于有时产生安危,天下就看你们两个人的。不要忘记我的话。"

"今天,既然已经享有了与袁太妃一样的供给,计算起来,足够用了。此外,都不要等待再求什么,近来也都已经说明这意思了。如果碰上大行犒赏,而且当时又碰到了财贸有所不足,你自己可以少给多余的供奉。你在一个月间自己的用度不能超过三十万,倘若能比这还节省些,更好。"

"西楚地方宽广空旷,经常宜于早早地起床。接待宾客和僧侣,不要让他们长期停留阻滞。判断急的事情,要当机立断,如此,随后才可请他进屋问询,观看他的颜色,审察他的起居,有了应答就出来,不要等待和久停,以免耽误了你的政事。太阳落山到夜间,自然还有空余的时间。"

"府舍住址,园庭、池阁、堂馆及观门,略微有所讲究,计议停当了,就不要再行改造。司徒也说了这件事。倘若与手下有个不相统一的时候,必须小心周旋。应当以从开始到终了,都采用一种办法治事为限度。不惮烦难,纷纭变化,每天都要标新立异。"

"凡是审讯案件,断理狱讼,遇上多疑难决的,一时间难于追究事情原委,这也实在是难事,你又不谙习世故,世事多端没有规范。可以审讯前一二天,取审讯的记录簿秘密地与刘湛等人共同详细研究,事情就会大不一样。到审讯那天,要以虚怀为要,博爱尽至为仁,千万不要以个人的喜怒加之于人。能够择善而从,秉公断案,美自然就归你自己了。不能够专一于你个人的意见自选决断,用以显示你独断的明智。万一有这种事出现,一定会大为恨惜。不但只是审理狱案是这样,君子用心于时事,自然也是这样。刑罚狱案的事不可以塞滞,一个月可以再行讯问。"

"凡遇到事情都应该慎密思考,也适宜于提前敕示你的手下。人都有至诚的心,手下所陈述的不能够泄漏出去,因而辜负了忠信的信条。古时候的人说,'君主不守秘密,那么会失去他的臣子;臣子不守秘密,那么会丧失他自己。'有的人互相谗毁以致互相构怨,你不要轻易相信和接受一方而否定另一方。每有这类事情出现,你应当善于观察。"

"名器宜于常深深地加以爱惜,慎重地加以运用。不能够随便假借别人。亲近的人授爵赐封,尤其应该裁减数量。我对我的手下,虽然很少施恩,如果听到外边有议论,不要以为他们不对。"

"以尊贵凌侵于人,那么人就不会服你;以威势强加于人,那么人就不会向你靠拢。这是容易理解的。"

"声乐嬉游娱乐方面的事,不宜过分;赌博喝酒渔猎,一切都要停止不为。供给财用,限于侍奉身体,都要有节度。奇特的服饰,怪异的器具,不宜于时兴滋长。你的左右嫔侍,已经有了几个人,从现在开始直至达到所镇的地方,不能够在匆忙之间再纳取嫔侍。"

又告诫他说:"应当多引荐辅佐你的官吏,不只是君主与臣子自然就应该相见。而且不多见,那么彼此就不亲近,不亲近,那么就不能完全了解人,不完全了解人,又凭什么将许多的事告诉他们便于他们辅佐你决断呢。广泛地引见人,既有益于你广闻博识,对于言事的人,也就有个受差遣用武之地。”

元嘉九年,征任为都督南兖州、徐州、兖州、青州、冀州、幽州六州和豫州梁郡诸军事、征北将军、开府仪同三司、南兖州刺史,坐镇广陵。这时,下诏京师内外的百官举贤荐才,刘义恭上表说:

“我听说以乐器(云和为乐器之代称)制备音乐,要杂会各种声音才会达到和谐;骅骝这样的骏马用于骖服,才能有致远之效。陛下顺成简以治世之理,努力化成天下,自身既有文明之德,正定了国家朝政的大业,皇权集中统一,尚且启用英髦之士,垂青留意于仄陋之间,发幽谷于空同,使之显著发扬光大。由此,潜藏的蛟虬得以能够耸鳞振奋,等待着奋发时期的时机;欲待飞翔的彩凤得以清理它的羽翼,因为有了响应招致来仪的感受。”

“我私自看到南阳的宗炳这个人,节操行事悠闲达观,思想与业绩都贞正而纯洁。在丘园中砥砺自己的节操,在盛世当前,却息而为宾,没有涉足仕途。以贫约自居,心里边没有要改变自己操行的想法。官府屡将去招请他,都坚定不移。倘若用蒲轮之国、锦帛之弊去聘请他,用天地大伦之美业去感化他,或许能让他投竿释褐,高兴地接受招聘供职朝廷,他的才能一定能够光耀九官,受到百官的称道。尚书金部郎徐森之,我府中的直兵参军事王天宝,一并都有能力充任朝廷,忠义宽厚,而且诚实不欺。往年乱臣叛逆,华阳被贼乱占领,徐森之能够保护疆土不受侵犯,安定百姓不受骚扰,他的功劳与才能在危难中得到表现。以前的经略伊、瀍,大行征伐没有成功而丧失了军旅,天宝向北,勤事河朔,在东面据守营丘,他的功勋和勇敢已经得到昭示,他为获得成功尽了心,也尽了力。虽然已经蒙受了褒扬,叙官得到任用,但是还没有尽其所能,可以一并授给边疆藩任之职,使他们施展自己抱负和才能。交趾辽阔,路途遥远,连续丧失官员和将领,政治与刑罚每每受到损害,管理统治很艰难。南中相去京师遥远,王道风化难于到达。蛮、獠人非常狡黠,来去无踪。边境人民备受荼炭,实在等待朝廷去驯化他们,使那里得到充实,用以免除那里的患难。我说徐森可以任交州刺史,天宝可以任宁州刺史,幸许他们足以用威表感化那里的荒蛮,使政治严肃,民风清静,远近臣服。以前魏戊的贤达,他的功劳在于能够推荐隐士于朝廷;赵武的明智,他的勋业在于管理好府库。我的识见自愧不如以前的人好,我的思想只能谢让于先哲的明达。但是我所举荐的,是我了解的人,希望你派人去采访调查,退一步说我也害怕我是胡说八道,不值得甄别嘉许。"

十六年,进位任司空。第二年,大将军彭城王刘义康因为获罪,出任藩辅,刘义恭被征为侍中、都督扬州、南徐州、兖州三州诸军事、司徒、录尚书,领太子太傅,持节还同以前一样,赐给班剑二十人,行置仗加兵礼仪。第二年,解除都督南兖州的职责。二十一年,进任太尉,领司徒,其他任职还和以前一样。刘义恭处事小心、恭敬、慎重,而且借鉴刘义康的过失,所以虽然任职总录,但是只奉行文书而已,因此太祖很放心他。相府每年所接受的俸禄钱二千万,其他的物资加倍。但是刘义恭生性奢侈,用度常常感到不足,太祖又另外每年给钱一千万。二十六年,领国子祭酒。当时有人献给太祖皇帝刘义隆一匹五百里马,太祖赐给了刘义恭。

二十七年春天,索虏骚扰豫州,太祖皇帝因为这件事,想开拓边疆以定河、洛。这年秋天,任命刘义恭统领一群将帅,出师镇守彭城。解除国子祭酒的职务。索虏兵进一步推进,直接到了瓜步。刘义恭与世祖闭守彭城不战。二十八年春,虏寇退兵逃跑,从彭城向北,刘义恭震恐害怕不敢追击索虏。这天,有老百姓来告诉刘义恭说:"虏寇劫持广陵百姓一万多人,晚上驻扎在安王坡,离城几十里。现在追击,可以全部救出他们。"所有将领也一同请求追击。刘义恭禁止他们,不许他们追击。过了一夜,太祖刘义隆派遣来的快马到了,命令他们竭尽全力迅速追击虏寇。刘义恭才派镇军司马檀和之开赴萧城。虏寇已经提前知道檀和之追杀过来,于是全部杀了被劫持的广陵百姓,轻装骑马逃之夭夭。开始,虏寇深入进军到腹地,太祖刘义隆担心刘义恭没有能力固守彭城,多方面地对刘义恭进行告诫限制,刘义恭回答说:"我没有能够身临瀚海,也没有能够镇抚居延,希望不受刘促那样逃窜的耻辱。"等到虏寇进攻彭城,刘义恭果然想临阵脱逃,依靠大家谏争,才得以阻止。把刘义恭降职为骠骑将军、开府仪同三司,其余职位都和以前一样。鲁郡孔子原来的园庭中有二十四棵柏树,经历了汉朝、晋朝几个朝代,长到个要几个人连起来才能包围那么大,有二棵在以前折断倾倒,知书识礼的人出于对孔子的崇尚尊敬,所以没有谁敢去碰它们。刘义恭派人全部砍伐了这些树,地方上的人没有一个不为之叹息。刘义恭又以原来的官职领南兖州刺史,增加都督南兖州、豫州、徐州、兖州、青州、冀州、司州、雍州、秦州、幽州、并州十一州诸军事,加上原来的十三州,共二十四州,迁移坐镇盱眙。在盱眙兴修建造馆舍屋宇,规模和标准都比照东城。

二十九年冬天,从盱眙还朝京师,太祖用皇帝御乘的苍鹰船上水迎接刘义恭。遇上太妃病故,改授给他大将军、都督扬州、南徐州二州诸军事、南徐州刺史的职位,持节、侍中、录尚书、太子太傅职位与以前相同。返回东储镇抚。辞侍中职没有拜授。恰好刘劭发起弑君位的叛乱,这天刘劭召请刘义恭。在这以前,文帝刘义隆下诏唤太子刘劭和诸王,各自派固定的人去,以防有人诈称诏命而害他们。因此,这时刘义恭要求往常受派传诏的人传达诏命。刘劭派遣了平常传达诏命的人传诏给刘义恭。刘义恭才入宫见文帝,刘义恭请示拆掉宫殿内的卫兵,所有府内的卫兵仪仗,都一同返回了台府。刘义恭晋位为太保,都督会州诸军事,穿着侍中的服装,又领任大宗师。

世祖发兵向京师讨伐,刘劭怀疑刘义恭怀有叛逆的心理,让他入宫居住在尚书下省,分开他的所有儿子都居住在神虎门外侍中下省。刘劭听说世祖已经临时驻扎到靠近京师的地方,想竭尽全力抵抗,与他在半路上决战。刘义恭担心世祖的船只简陋规模小,刘劭要是在激流中突袭他,或许有可能给他造成灾祸,于是向刘劭进言说:"割弃南岸江边,造栅以遮断石头城的路,以此作为据守,这是前代固有的老办法,以逸待劳,不怕打不败他。"刘劭依从了刘义恭的建议。世祖刘骏的前锋军抵达新亭,刘劭劫持刘义恭出京师迎战,对刘义恭盯得很紧,因此刘义恭没能够摆脱他们。刘邵战斗失败,命令刘义恭到东堂点将。刘义恭先派人准备船在东冶河渚,因此单兵匹马向南投奔世祖刘骏。刚过秦淮河,追兵已经到达北岸,得以逃脱没有被抓住。刘劭很愤怒,就派始兴王刘睿到西省杀害了刘义恭的十二个儿子。

世祖这时在新林浦,刘义恭已经赶到,上表劝说世祖登皇帝位,说:"我听说治理与混乱,没有什么先兆,而祸与福各自相倚,乾灵降祸,二凶极逆,非常残酷,极为痛心,前所未有。你天生忠心孝顺,赫然如雷电般奋发,投袂泣血,四海顺心归正。因此诸候会风起云涌般投奔你,数量足以当得住八百诸候,尚义而起的军队,他们集结起来就象山林一样多。神灵降福的祚位和明德,总要有一个界限,而你谦逊冲和,不登天子之位,这不是以宗庙社稷为重而使之永远延续,世世代代不穷尽。以前张武抗直而言,代王顺从请求而为汉文帝;耿纯陈述意旨,光武帝刘秀登上了皇位。何况现在是罪臣逆贼不视亲戚,恶贯满盈,依仗手中有军队,安于做残忍的事,杀戮善良无辜的人,宠崇奸邪的人,使顶天立地活生生的人,在顷刻间死于非命。你应当及早确定尊号,用以巩固国家朝政。现在的时事处在少帝刘义符景平那样的年代,实在是应该顺应时势高兴地进取。王室陷入了混乱,也是天意要这样。因此,抱拜兆于圧壁,龙表于霄征。伏着想您正大光明而无私心,在远可以保存宗室国家七庙之灵,在近可以哀念平民百姓遭涂炭的切肤之痛,当及时登位称帝,用以永远安慰大家的心灵。我负担焚身受绞的处罚,苟且偷生于众人之间,有幸得到你宽仁的政治,等待治罪于有司,胆敢置自身于不顾,披露肝胆,告诉你全部的想法。"世祖刘骏登皇帝位,授给刘义恭使持节、侍中、都督扬州、南徐州二州诸军事、太尉、尚书六条事、南兖州两州、徐州刺史,赐给鼓吹一部,班剑二十人,另加赐假黄铖。事情安定,进任太傅职位,领大司马,增加班剑达到三十人。用他在出镇外时所佩戴的玉环大绶带赐给他,增加封邑二千户。

世祖刘骏不想致尊敬礼貌于太傅，因此指使有司上奏议说："圣旨谦逊光明，尊师重道，想要致礼敬拜太傅，这事情诚然是要弘扬王道，使远方都得到风化，阐释朝廷治政的基本规则。劝勉百官躬亲实践。然而，周代太师、太保，与太傅一并称之为官吏，晋朝因袭三国曹魏的办法，唯独只提高了太傅的位置。做皇帝的准则特别严明，太傅既然已有了通常的地位和尊严，又特意提高他的地位，将这件事考察于历史记载，没有这样的规定。因此，卞壶、孙楚都说人民的君主只有授职给人，没有降尊给人的义务。从长远看圣人制定的典章制度，从近看大家的心愿，我们这些臣子参与商议都说不应该再有加拜的礼节。"世祖下诏说："昏庸而薄德的人继承大统，实在要靠师傅的指导和规范，尽心尽意虔诚恭敬，从而承受王道的训诫。你们写的奏章，考察历史上朝代，说没有君主拜见太傅的礼仪。言之有据而文意明白，我就依照你们的意见，不要拜授太傅。"世祖册立太子后，凡是进送东宫的文件案牍，一律先经过刘义恭。孝建元年，南郡王刘义宣、藏质、鲁爽等人造反。世祖加给刘义恭黄钺、白直百人进入六门。叛乱平定，将藏质原来拥有的一匹七百里马赐给刘义恭，又增加封邑二千户。世祖认为刘义宣叛乱悖逆朝廷，是由于势力强盛，因此想削弱王侯的势力。刘义恭观察到了世祖的意思，于是上表省录尚书说："我听说天与地设定万事万物的位置，天、地、人三极都在一个系列上，皇王化则，九官都是共事朝廷。时代所崇尚的功业，昭示在《虞典》上，阐释王道风化已宣行于周代。台、辅的设置，是要与阴、阳相调和，元辅和尚书省的确立，确定百事。所以，栾钺的箭矢之言，有过失的犯官得引以为戒；陈平抗意陈词，不是自己职守便不要回答。汉朝继续在秦朝后面，对前代的东西稍有改变。爵秩因时代的不同而有变化，任职随着世事的发展而迁徙。总录的制度，原本不是古代制度，但是历代相互沿袭，到现在也没有什么变革。今天，我朝创建，凡事都遵循以前的文献，还应该效法前代，征文于古代法典，停止简省条录，使之合乎历史的典章。使万物竞相思虑自己的生存，所有的人都想着勤于国事，那么名义与实际就不会相左，庸人与节士会载记史册。我荒谬地典属国家大事,白白地担荷崇高的位职。应当清楚国事之兴起与停止,因此岂敢不把我所知道的全部告诉孝武帝。"世祖刘骏采纳了他的建议。

刘义恭又与骠骑大将军竟陵王刘诞上奏说:"我听说舞队数目和县磬数目各自有数,上下尊卑的等级仪制不同。佩和笏都依制度进行,卑微与崇高秩序迥然有别。这完全是出自上哲的洪谟,规范世人的明训。而时至今天,沧海横流,万物无不挂疵积弊,僭越奢侈成为风俗,轨度不同于往古。晋代向东迁徙,原有的王法被沦落,诸侯、牧守典章,因事而更为多样。名与实一有差别,难以在短时间内加以改变。章冠与服饰穿着制度很烂,已经有了年头。现在,朝廷的枢机更新改造,君主的风范灿然一新,靡耗积弊未得充实,百用考虑从简,应当修订官品、式样的法律,确定损益的条款。臣等既为皇室宗支,又为陛下所亲近,职官参坐在台、辅之间。遵行正道的首要任务,请以清理爵秩的封赏放在最前面。有所贬斥的,就从皇亲国戚开始。闲暇的日子,共同参研我们愚蠢的想法,还需加以审察变易。谨慎地陈述九件事。虽然还害怕有所言不由衷,但是已经竭尽了我们心意。恳切地希望孝武帝在聆听和阅读奏疏后的闲暇时间里,稍微垂青于我们的愚心,将我们的奏议给予公布或采纳,那么朝廷上下就会相安无事,宗室内外就会和睦共处了。"下诏将刘义恭与刘诞的奏章外放详议。

有司上奏说:"车辆、服饰 的作用,是《虞书》确立的规定;名分、祭器借给别人特别慎重,是《春秋》规定的戒律。因此,尊崇礼法,确定制度,汉代有了严格的法律,诸侯不敢不服从,虽然是皇家宗室亲戚,犯了法也一定要治罪,及至到了当代,下面的人僭越制度更加到了极点,皇帝使用的器具、衣服、装饰、音乐、舞蹈、音容,通达到了王和公卿,及至平民百姓。在上面与在下面没有区别,平民百姓都像王公贵戚一样。刘义恭所陈述的,实在合乎礼制法度。九条的内容,犹尚有没说到的,又谨慎地再作补充,共二十四条。

"听事不能够南面坐,要设帐和答。藩属国的官员,在隆冬不能够赤足登上国殿，以及带上待国太师的传命和油载。公主、王妃派使传令的人，不得穿红色衣服。所用的车子不能有重枫，郭扇不能使用野鸡尾，剑不能文饰鹿卢的形状，槊耗不能采用孔雀的白毛，夹毂队的人不能着绛色袄，平时乘散马不能超过二匹。少数民族的伎人不能穿彩衣，舞会在隆冬时穿褂衣，装饰面容时不能用花，隆冬时会舞，不能演武戈舞、怀抖舞、长高禟、透狭、舒丸剑、博山、缘大橦、升五案，所有不是冬至会奏的舞曲，都不能舞。所有王妃、公主不能着绲带。传命使臣使用的旗号不属于台省官的一律用绛色。郡县的内史相及所有在封内的长官，相对于他受封的君主，已经不在三列之内的，罢官以后就不再受用敬辞，不可以自称臣，宜于自称下官。所有藩镇长官平时出巡，乘车前面和后面的仪仗不能多于六队，夹车毂的白直，不包括在此限。使用的刀不能用比银或铜华贵的东西作装饰。诸王的女儿封为县主，诸王的儿子继承王位者的王妃和各个夫人出行，都不能用卤簿。诸王子继位者，他们的婚丧吉凶之事，一律按诸国公、侯的礼仪，不能与皇帝、皇子相同。车子不是轺车，不能够用油幢，平时乘船都要卸下两头使之成为敞露的平台，不能拟制像龙舟，一律不能用红色油漆。帐钩不能作成五色花和竖笋形。"下诏许可这一奏章。

这年十一月，刘义恭返回京口镇抚。二年春天，进位督东兖州、南兖州二州。这年冬天，被授任扬州刺史，其他职位与以前相同。加赐入朝不小跑，参赞、迎接不称姓名，带剑穿鞋上殿的特殊礼遇，刘义恭坚决辞让不受这种特殊礼遇，又解除了持节、都督和待中的职务。

刘义恭撰写《要记》五卷，上起自西汉，下至晋朝太元年。表奏送给孝武帝，孝武帝下诏付给秘阁。这时，西阳王刘子尚受到特别宠爱，刘义恭解除扬州刺史，用以避免构怨于刘子尚。于是进位任太宰，领司徒。刘义恭经常忧虑他会受到世祖刘骏的猜忌，等到海陵王刘休茂在襄阳作乱时，才上表孝武帝说：

"古代明哲的君王，没有谁不是广泛地任用培植周围的亲戚，用以屏蔽皇权帝基。诸侯得到了爵位,也希望永远巩固国家的宗族的统治。管叔、蔡叔为祸周朝,有梁王刘武、燕王刘旦为祸于汉朝,对上有悖于朝廷给他们显赫封赐的恩泽,对下丧失了宗庙血食之典。善行积累至于深厚,那么就能长久地享有帝王的业绩。而历代的侯王,比平民百姓要好得多。难道异姓公侯士大夫就好,皇族的人就都不行。这是由于他们生长在深宫里面,没有看到过农夫的耕种庄稼,他们的手下和近臣侍卫,没有从事过逐耕,财用富足,地位尊贵,骄奢淫逸,自然就会随之而来,聚众闹事,于是危害嫁祸于朝廷。汉代的诸王,都一并设置了太傅、丞相,犹尚不能够禁止叛逆,七国联合造反,实在都是由于诸王势力强盛造成的。晋代授封太多,恰好足够滋生永嘉之乱。尾巴大了,不好掉头左右它,自古以来都出自同一个毛病,不再有所更改变动,那么到头来就会无可救药。"

"前些时候,庶人刘邵依仗皇室的亲戚关系,几乎倾覆了国家的政权。去年西边的寇贼刘义宣借助于朝廷对他们的恩宠,差点毁掉了皇室的基业。没想到襄、楚之地,又出现了现在的混乱,在很大程度上是因为他们受封拥有疆土过分辽阔,军队过于勇敢,对他们的奖励反而酿成了凶恶。前事不忘,后事之师。孝武帝英明,即位称帝,设王法于万代。我年龄大,精神恍惚,没有什么知识见解,不称职地作为皇族的长辈,惭愧,感慨,内疚,非常深刻,想要上表我的一偏之见,用以辅助你万一。我私下认为诸王显贵重要,不应该让他们居处边境,至于中华州郡的好地方,时或可以让他们暂时出京师到那里去镇抚。既然有个州的设置,就不必要再设置府。倘若用一职位兼有三种职责,可以由长史、掾属等官史供奉。倘若适合到那里去镇抚行使职权,可以另外派守城大将去那里充任职守。倘若他的性情乐于内向软弱,就不宜派他去从事征讨方面的事。倘若舍弃文礼,崇尚武争的事,尤其应该禁止。批属佐吏的文学之士能把话讲清楚就行。像游于梁国那样的文学之士,一律予以排斥。文官武将到方镇任职,应该按时调动,妻子、儿女等家室,不应让他们跟随一道前往镇抚的地方。朝廷命官的文件,送达朝廷,应当遵守晋朝的条令,等待宣令都到齐,都充列在君主两侧的来宾席上。隐居的人,也无须烦扰显赫的侯王和尊贵的君主。私人拥有的兵器甲具,作用很小,凡是金银装饰的刀剑及作战工具和服装,都应该输送朝廷。曲突徙薪防患于未然。这样做了,大概会使行善的人没有了恐惧,凶恶的人停止了为奸犯科"。

这时,世祖严酷暴戾,刘义恭担心不被他所容纳,于是使用谦卑的语言,曲尽其意奉承,而且敏捷辩绘,善于附会,仰俯应承之间,也都十分有容貌威仪。每当有符瑞出现,总是献上自己的赋颂文章,陈述颂赞美德。大明元年,有三脊茅生长在石头城西岸,刘义恭便几次表奏孝武帝封禅,孝武帝大为高兴。三年,省去兵佐的责任,加领中书监职,以崇艺、昭武、永化三个营共四百三十七户充府用,又增加吏僮一千七百人,加上以前的共二千九百人。六年,解职司徒府、太宰府,返同以前一样应召入朝。又每年赐给他三千匹布。

七年,随孝武帝刘骏出巡,兼尚书令职,解除中书监职。八年闰月,又领太尉职。一个月,世祖去世,遗诏说:"义恭解除尚书令,加任中书监。柳元景领尚书令职,搬进城内居住。凡遇事情,不论大小,都要征询刘义恭、柳元景的意见。国家大事请沈庆之参加决定,倘若有军事行动,可以让他作最高统帅。尚书省中的事情委任颜师伯处理,对外监察军事方面的事情委任给王玄谟。"前废帝登皇帝位,下诏说:"总录的典章,确立在前代。孝建元年,虽然暂时合并简省了一些,但是沿袭不变与更新革面都要适合时宜,合理的存在在于能够利于处理时务。我孤独无依,不曾涉及政治,不论大事小事,都依靠遵循德的原则来处理。太宰江夏王刘义恭刚被任命了中书监、太尉的职务,居处在宗室长辈的重要地位,受遗诏秉承朝政要职,是我深深的依靠,使天下平安,万事有功,可以任一尚书事,本官中书监、太宰、江夏王职位如同以前。侍中、骠骑大将军、南兖州刺史、巴东邵开国公、新任尚书令柳元景与刘义恭一道受遗诏安排,作为皇室的辅翼。赞助朝政的事业,宣扬王道风化,就依靠你们二公。可以就本官号开府仪同三司,所领军队、设置的佐吏,都保存以前世祖准许的制度。领丹阳尹、侍中、领公职位和以前一样。"又增拨给刘义恭班剑四十人,再次明确加赐给他特殊礼仪,刘义恭坚持辞让。

刘义恭生性喜欢行动难持之以恒,每天每时都有迁移变化,从开始封王到被前废帝刘子业杀害,多次迁徙居住地。与人交游时,他的兴趣爱好也有许多时候是有始无终。而生活奢侈没有限度,不珍惜爱护财物珍宝,他手下亲近信赖的人,一天向他请示赐予,有时或一次给钱一二百万,稍有不合他的心意,动辄又将赐给人的东西追夺回来。大明年间,资财供应丰富多样,但是支用常常不足,赊账购买百姓货物,没有钱偿还,百姓中有人通过不当途径捎欠条给他,动辄在欠条的后面写"原"字了之。善于骑马,理解音律,浏览行走有时竟远达三五百里。世祖任凭他为所欲为,不加责怪限制。游玩到东面的吴郡,先登上虎丘山,又登上无锡县乌山,用以观望太湖。大明年间撰写国史,世祖皇帝亲自给刘义恭作传记。到永光年中,虽然担任宰相,辅弼朝政,而巴结皇帝的贴身侍臣戴法兴等人,经常像赶不上他们的样子。

前废帝狂妄不循常规,残暴无道,刘义恭、柳元景等人计划想要废除他的皇位。永光元年八月,前废帝率领羽林兵到刘义恭家中杀了他,以及他的四个儿子,刘义恭死时五十三岁。砍断分离了刘义恭的四肢和身体,剖开肠胃,挑出眼珠,用蜂蜜浸泡眼珠,用以制作鬼目粽。

太宗平定混乱登皇帝位,下诏令说:"原中书监、太宰、领太尉录尚书事、江夏王刘义恭的修养道德非常高深,明智判断是非的能力可以通达远方,在列藩时即已声望遍布,宣扬王化风尚建立了自己的德仁。职位显赫隆于周公旦,责任重大有如负图,为国家辛勤劳苦,当他担受辅佐朝政大任的时候,尽心辅佐领导,自始至终保持着和融雍穆的态度。但是凶恶丑陋的人害怕他的威仪,大肆冤枉谋害他,夷族杀身,残暴不忍,殡葬的墓穴都没听说建立。对此愤恨到了极点,连幽冥之界都有愤激的情绪,朝廷内外都为之痛心疾首。我遭受危害,处在险难之中,忍含恶愤,不曾申诉。有幸依赖祖先神灵护佑,能够得到向天祈祷的皇位,上对建立功勋的宗戚,震恐哀悯的心情难于言表。西汉梁王非常平庸,朝廷都加赐给了他行警跸的大礼;东汉东平王刘苍好善乐施,明帝特赐建造黄屋。何况刘义恭的德仁广博、浩大、美妙,与常典相比也没有不同。可以追尊他为使持节、侍中、都督中外诸军事、丞相、领太尉、中书监、录尚书事、江夏王,同生前一样。增赐给九旒鸾辂、虎贲班剑一百人、前后部羽葆、鼓吹、辒辌车。"

泰始三年,又下诏说:"皇室的基业贵在创建,《屯》《剥》两卦说志在守业艰难。轰轰烈烈地开创基业,浩浩荡荡光大开国的成果,造就了大的业绩,厚实的成就。因此,要进行祭祀,世代奉祀,将功勋铭刻在宗族的典制上。世祖皇帝平定混乱,巩固皇室的基业,实在依靠忠达的羽翼和辅弼。原使特节、侍中、都督中外诸军事、丞相、领太尉、中书监、隶尚书事江夏文献王刘义恭,原使持节、侍中、都督南豫州、江州、豫州三州军事、太尉、南豫州刺史、巴东郡开国忠烈公柳元景,原侍中、司空始兴郡开国襄公沈庆之,原持节、征西将军、雍州刺史洮县开国萧侯宗悫,他们或者理喻治道达到了微妙的境地,能够籍以和他康世,有的或者竭尽忠诚,效忠朝廷,更易国难,使之趋向平定,制裁叛逆。应当让他们的享祀等同国典,陪祭在宗庙中间。"

刘义恭长子刘朗,字元明,作为少帝的继嗣,册封为中南丰县王,赐给食邑一千户。任湘州刺史、持节、侍中、领射声校尉。被刘劭杀害。世祖即位称皇帝,追赠为前将军、江州刺史封号。孝建元年,用宗室刘祗的长子刘歆继承封号。刘祗被诛杀,刘歆削职还本。泰始三年,又改用宗室刘韫第二个儿子刘铣继承封号。任职秘书郎,与刘韫一同死。顺帝升明二年,又以宗室刘琨儿子刘绩承袭封号。升明三年,去世。遇上齐朝取代宋朝,封国消除。

刘朗的弟弟刘睿,字元秀,太子舍人,被刘劭杀害。追赠为侍中,谥号称宣世子。大明二年,追封为安陆王。以第四皇子刘子绥、字宝孙继承封赐,食邑二千户。追赠刘睿号称宣王。以刘子绥任都督郢州诸军事、冠军将军、郢州刺史。进封后军将军,加持节。太宗泰始元年,进封征南将军,改封为江夏王,食邑五千户。改赠刘睿江夏宣王。刘子绥尚未受命,与晋安王刘子勋一同叛逆,赐死。七年,太宗以第八子刘跻、字仲升,作刘义恭的继嗣孙,册封为江夏王,食邑五千户。后废帝刘昱登皇帝位,任命他督会稽、东阳、新安、临海、永嘉五郡诸军事、东中郎将、会稽太守,进任左将军。齐朝受禅,刘跻被降为沙阳县公,食邑减至一千五百户。因谋反,被赐死。

刘睿的弟弟刘韶,字元和,册封为新吴县侯,任官至步兵校尉。追赠为中书侍郎,谥号烈侯。刘韶的弟弟刘担,字元度,受封为平都怀侯。刘坦的弟弟刘元谅,受封为江都愍侯。刘元谅的弟弟刘元粹,受封为兴平悼侯。刘坦、刘元谅、刘元粹一并追赠为散骑侍郎。刘元粹的弟弟刘元仁、刘元方、刘元旒、刘元淑、刘元胤与刘朗等一共二十人,一并被刘劭杀害。

刘元胤的弟弟刘伯禽,孝建三年出生。刘义恭十二个儿子被杀害,朝廷为之哀悼,因为这样,世祖皇帝刘骏给他取名叫伯禽,类比鲁公伯禽,周公旦的儿子。任官为辅国将军、湘州刺史。又被前废帝杀害。谥号称哀世子。后追赠为江夏王,改谥号叫愍。

刘伯禽的弟弟刘仲容,受封为永修县侯。任职为宁朔将军、临淮、济阳二郡太守。刘仲容弟弟刘叔子,受封为永阳县侯。刘叔子的弟弟刘叔皇,和刘仲容、刘叔子,一并被前废帝杀害。刘仲容、刘叔子谥号一并称殇侯。

羊欣传

——《宋书》卷六二

【原文】

羊欣字敬元,泰山南城人也。曾祖忱,晋徐州刺史。祖权,黄门郎。父不疑,桂阳太守。

欣少靖默,无竞于人,美言笑,善容止。泛览经籍,尤长隶书。不疑初为乌程令,欣时年十二,时王献之为吴兴太守,甚知受之。献之尝夏月入县,欣著新绢裙昼寝,献之书裙数幅而去。欣本工书,因此弥善。起家辅国参军,府解还家。隆安中,朝廷渐乱,欣优游私门,不复进仕。会稽王世子元显每使欣书,常辞不奉命,元显怒,乃以为其后军府舍人。此职本用寒人,欣意貌恬然,不以高卑见色,论者称焉。欣尝诣领军将军谢混,混拂席改服,然后见之。时混族子灵运在坐,退告族兄瞻曰:"望蔡见羊欣,遂易衣改席。"欣由此益知名。桓玄辅政,领平西将军,以欣为平西参军。仍转主簿,参预机要。欣欲自疏,时漏密事,玄觉其此意,愈重之,以为楚台殿中郎。谓曰:"尚书政事之本,殿中礼乐所出。卿昔处股肱,方此为轻也。"欣拜职少日,称病自免屏居里巷,十余年不出。

义熙中,弟徽被遇于高祖,高祖谓谘议参军郑鲜之曰:"羊徽一时美器,世论犹在兄后,恨不识之。"即拔欣补右将军刘藩司马,转长史,中军将军道邻谘议参军出为新安太守。在郡四年,简惠著称。除临川王义庆辅国长史,庐陵王义真谘议参军,并不就。太祖重之,以为新安太守,前后凡十三年,游玩山水,甚得适性。转在义兴,非其好也。顷之,又称病笃自免归。除中散大夫。

素好黄老,常手自书章,有病不服药,饮符水而已。兼善医术,撰《药方》十卷。欣以不堪拜伏,辞不朝觐,高祖、太祖并恨不识之。自非寻省近亲,不妄行诣,行必由城外,未尝入六关。元嘉十九年,卒,时年七十三。子俊,早卒。

【译文】

羊欣,字敬元,是泰山郡南城县人。他的曾祖羊忱,在晋朝官至徐州刺史。祖父羊权,官至黄门郎。父亲羊不疑,官至桂阳太守。

羊欣少年时,性格沉静,寡言少语,与人无争,谈笑时音容甜美,举止得体。他广览经史图籍,尤其擅长隶书。他的父亲羊不疑起初任乌程县令,当时羊欣才十二岁,那时王献之任吴兴太守,很喜欢羊欣。有一次王献之在大热天来到乌程县衙,这时羊欣正穿着新绢做的裙子睡午觉,王献之就在他的裙幅上写了几行字,就走开了。羊欣本来擅长书法,因此事更加热爱书法艺术。他初任官为辅国参军,因将军府撤消,他就回到家乡。隆安年间,朝政日益昏乱,羊欣便在家闲居,不再出来当官。会稽王司马道子的世子司马元显,多次请羊欣写字,羊欣则推辞不答应,司马元显大为恼火,于是安插他为后军府舍人。这种职务本来只任用下层人士,羊欣对此却心情平静,不把职位的高低放在心上,为此人们对他大加称赞。羊欣曾去拜见领军谢混,谢混马上打扫坐席,换了便服,然后才见羊欣。当时谢混的族侄谢灵运在坐,他退出后告诉本族哥哥谢瞻说:"望蔡(谢混的字)接见羊欣,竟然更衣而且更换坐席。"羊欣从此更加知名。桓玄为辅政大臣,并兼任西平将军,任羊欣为西平参军,后来转为主薄,参与机密要事的处理。羊欣想自行疏远桓玄,不断故意泄露机密,桓玄察觉了他的用意,对他却更加倚重,任他为楚台殿中郎。并对他说:"尚书郎一职关于国家的政事根本,殿中郎一职主持制定政令。过去你处在辅佐地位,比起现在的职务,地位还是轻了些。"羊欣任职没有几天,就称病辞职了,他隐居在普通街巷之中,十几年不出来做官。

东晋义熙年间,羊欣的弟弟羊徽受到宋高祖刘裕的重用,刘裕对咨议参军郑鲜之说："羊徽是一时的美才，声誉还在他哥哥之下，我因不认识羊欣感到遗憾。"当即就荐奏他补为右将军刘藩的司马，又转为长史、中军将军刘道邻的咨议参军。又外任为新安郡太守。在新安任职四年，以简政利民著称。升任他为临川王刘义庆的辅国长史、庐陵王刘义真的车骑咨议参军，他都不去就任。宋太祖刘义隆很敬重他，又任他为新安郡太守。前后在郡十三年，游山玩水，十分得意。又转任他为义兴郡太守，他并不喜欢这个职务，过了不久，就称病辞职回乡了，朝廷给他加中散大夫衔。

羊欣一向爱好黄老学说，常常亲笔书写有关章节。他生了病不吃药，只是饮用道家的神水。他又擅长医术，著有《药方》十卷。羊欣因上朝跪拜不便，就不去朝见皇帝，宋高祖刘裕、太祖刘义隆都因不认识他而感到遗憾。羊欣在家，除非去看望知己的亲戚，不随便去拜访其他人，他出门也必绕城而行，没有走进过城关，元嘉十九年去世，终年七十三年。他的儿子羊俊，很早就死去了。

裴松之传

——《宋书》卷六四

【原文】

裴松之字世期,河东闻喜人也。祖昧,光禄大夫。父珪,正员外郎。松之年八岁,学通《论语》《毛诗》。博览文籍,立身简素。年二十,拜殿中将军。此官直卫左右。晋孝武庆元中革选名家以参顾问,始用琅邪王茂之、会稽谢辅,皆南北之望。舅庚楷在江陵,欲得松之西上除新野太守,以事难不行,拜员外散骑侍郎。义熙初,为吴兴故鄣令。在县有绩,入为尚书祠部郎。

松之以世立私碑,有乖事实,上表陈之曰:"碑铭之作,以明示后昆,自非殊功异德,无以允应兹典。大者道勋光远,世所崇推,其次节行高妙,遗烈可纪。若乃亮采登庸,绩用显著,敷化所莅,惠训融远,述咏所寄,有赖镌勒。非斯族也,则几乎僭黩矣。俗敝伪兴,华烦已久,是以孔悝之铭,行事人非;蔡邕制文,每有愧色。而自时厥后,其流弥多。预有臣吏,必为建立,勒铭寡取信之实,刊石成虚伪之常,真假相蒙,殆使合美者不贵,但论其功费,又不可称。不加禁裁,其敝无已。"以为:"诸欲立碑者,宜悉令言上,为朝议所许,然后听之。庶可以防遏无征,显彰茂实,使百世之下,知其不虚,则义信于仰止,道孚于来叶。"由是并断。

高祖北伐,领司州刺史,以松之为州主簿,转治中从事史。既克洛阳,松之居州行事。宋国初建,毛德祖使洛阳。高祖敕之曰:"裴松之廊庙之才,不宜久尸边务,今召为世子洗马,与殷景仁同,可令知之。"于时议立五庙乐,松之以妃臧氏庙乐亦宜与四庙同。除零陵内史,征为国子博士。

太祖元嘉三年,诛司徒徐羡之等,分遣大使,巡行天下。通直散骑常侍袁渝、司徒左西掾孔邈使扬州；尚书三公郎陆子真、起部甄法崇使荆州；员外散骑常侍范雍、司徒主簿庞遵南兖州；前尚书右丞孔默使南北二豫州；抚军参军王歆之使徐州；冗从仆射车宗使青、兖州；松之使湘州；尚书殿中郎阮长之使雍州；前竟陵太守殷道鸾使益州；员外散骑常侍李耽之使广州；郎中殷斌使梁州、南秦州；前员外散骑侍郎阮园客使交州；驸马都尉、奉朝请潘思先使宁州，并兼散骑常侍。班宣诏书曰："昔王者巡功，群后述职，不然则有存省之礼，聘頫之规。所以观民立政，命事考绩，上下偕通，遐迩咸被，故能功昭长世，道历远年。朕以寡暗，属承洪业，兢畏在位，昧于治道，夕惕惟忧，如临渊谷。惧国俗陵颓，民风凋伪，旹厉违和，水旱伤业。虽躬勤庶事，思弘攸宜，而机务惟殷，顾循多阙，政刑乖谬，未获具闻。岂诚素弗孚，使群心莫尽？纳隍之愧，在予一人。以岁时多难，王道未壹，卜征之礼，废而未修，眷彼氓庶，无忘攸恤。今使兼散骑常侍渝等申令四方，周行郡邑，亲见刺史、二千石官长，申述至诚，广询治要，观察吏政，访求民隐，旌举操行，存问所疾。礼俗得失，一依周典，每各为书，还具条奏，俾朕照然，若亲览焉。大夫君子，其各悉心敬事，无惰乃力。其有咨谋远图，谨言中诚，陈之使者，无或隐遗。方将敬纳良规，以补其阙。勉哉勖之，称朕意焉。"

松之反使，奏曰："臣闻天道以下济光明，君德以广运为极。古先哲后，因心溥被，是以文思在躬，则时雍自洽，礼行江汉，而美化斯远，故能垂大哉之休咏，廓造周之盛则。伏惟陛下神睿玄通，道契旷代，冕旒华堂，垂心八表，咨敬敷之未纯，虑明扬之靡畅，清问下民，哀此鳏寡，涣焉大号，周爰四达。远猷形于《雅》《诰》，惠训播乎遐陬。是故率土仰咏，重译咸说，莫不讴吟踊跃，式铭皇风；或有扶老携幼，称欢路左，诚由亨毒既流，故忘其自至，千载一时，于是乎在。臣谬蒙铨任，忝厕显列，猥以短乏，思纯八表，无以宣畅圣旨，肃明风化，黜陟无序，搜扬寡闻，惭惧屏营，不知所措。奉二十四条，谨随事为牒，伏见癸卯诏书，礼俗得失，一依周典，每各为书，还具条奏。谨依事为书以系之后。"松之甚得奉使之义，论者美之。

转中书侍郎、司冀二州大中正。上使注陈寿《三国志》。松之鸠集传记，增广异闻，既成奏上。上善之，曰："此为不朽矣。"出为永嘉太守，勤恤百姓，吏民便之。入补通直为常侍，复领二州大中正。寻出为南琅邪太守。十四年致仕，拜中散大夫，寻领国子博士，进太中大夫，博士如故。续何承天国史，未及撰述。二十八年，卒，时年八十。子骃，南中郎参军。松之所著文论及《晋纪》，骃注司马迁《史记》，并行于世。

【译文】

裴松之字世期，河东闻喜人，他的祖父裴昧，担任过光禄大夫。他的父亲裴珪，担任过正员外郎。裴松之八岁的时候，通学了《论语》和《毛诗》。他博览群书，为人清淡朴素。二十岁的时候，拜为殿中将军。殿中将军这个官是皇帝左右的近卫。晋孝武帝太元年间选拔名家参与顾问，才开始用琅琊的王茂之、会稽的谢辑，这二位一南一北享有很高的声望。裴松之的舅舅庾楷在江陵，想让裴松之西上担任新野太守，因为事情困难而没有实现，于是拜他为员外散骑侍郎。义熙（405－418年）初年，裴松之担任吴兴故鄣县令。有政绩，调入朝中任尚书祠部郎。

裴松之因为社会上个人所立的碑，文字与事实不符，于是上表说："碑铭的写作，是为了昭示后人，从本意上说不是特殊的功勋和特殊的德行，不应当享有碑铭。（应当享有碑铭的）第一是思想勋绩影响很大，受到全社会的推崇的人；其次是高风亮节，有遗烈可记述的人；至于那些辅助皇帝的人，成绩显著的人，改造他所任职的地方的人，有好的教导长久流传的人，咏诗作文的人，也是需要勒铭镌刻的。不是以上几种人，（如果也立碑刻铭）就几乎是僭越和亵渎了。这种庸俗作假的风气兴起，使用华靡的辞藻由来已久，所以孔悝的铭文，正确的行为却遭到人们的非议；蔡邕写作碑文，（因不符合事实，）每有愧色。但自他们以后，流弊就更加多了。稍有职务，就必定要立碑刻铭，勒铭很少有能使人相信的事实，刊石只不过成了弄虚作假的家常便饭，真假混杂，就使得应当得到美名的不显得珍贵，只说他们的功绩，又是些不足道的。对这种风气不加禁止裁办,它的弊病就会没完没了了。"裴松之认为:"那些想立碑的人,应当命令他们都向上请示,经朝廷议论允许之后,才能让他们去办。这样大概就可以防止不实之词,表彰那些美好的事实,使百世以后,知道没有虚假,就会使仁义得到人们的信仰,办事的原则就会得到未来的崇敬。"于是以后立碑刻铭都依照裴松之所建议的办。

高祖北伐的时候,兼任司州刺史,让裴松之担任州主簿,后又转任治中从事史。攻克洛阳以后,裴松之担任州行事。宋建国之初,毛德祖出使洛阳。高祖下敕说:"裴松之是廊庙之才,不宜老是待在边疆,现在召他回朝担任太子洗马,和殷景仁的待遇一样,可以让他知道。"当时议论建立王朝的音乐,裴松之认为妃子臧氏庙的音乐应该与其他四庙的音乐一样。升任裴松之为零陵内史,旋即征召他为国子博士。

太祖元嘉三年(426 年),诛杀了司徒徐羡之等人,分遣大使,巡行天下。通直散骑常侍袁渝、司徒左西掾孔邈出使扬州;尚书三公郎陵子真、起部甄法崇出使荆州;员外散骑常侍范雍、司徒主簿庞遵出使南兖州;前尚书右丞孔默出使南豫州和北豫州;抚军参军王歆之出使徐州;冗从仆射车宗出使青州、兖州;裴松之出使湘州;尚书殿中郎阮长之出使雍州;前竟陵太守殷道鸾出使益州;员外散骑常侍李耽之出使广州;郎中殷斌出使梁州、南秦州;前员外散骑侍郎阮园客出使交州;驸马都尉、奉朝请潘思先出使宁州,并兼散骑常侍。(他们出使之时,在朝廷列班受诏)诏书说:"从前帝王巡视天下,各诸侯述职,不然就是诸侯执行回朝朝觐、聘问的规定。由此看来观察民情而推行政治,任命官吏并考察他们的政绩,上上下下都一致,远远近近都一样,所以能够功业长久,(治世的)原则得以长期坚持。朕孤陋寡闻,继承了宏大的事业,只好小心谨慎,但不懂治理天下的原则,只有整天忧愁,好像面临深渊一样。朕害怕国家的风气衰颓、百姓弄虚作假,重大的过失有违国家的和睦,水旱之灾伤害了百姓的产业。虽然朕亲自过问这一类的事情,想使其得到妥当的处置,但重要的事情实在太多,朕所见所做的有许多缺漏,政治和刑法有不恰当的地方,都没有全部清楚。这难道不是朕不够诚恳,使大家不能完全尽心尽意吗?不能救民于水火的惭愧,应由朕一人承担。因为天灾很多,还没有完全实行仁德的政治,帝王巡狩的制度被废弃了还没有恢复,(虽然如此)朕眷顾百姓,没有忘记对他们的悯恤。现在派遣兼散骑常侍袁渝等到四方视察,到各郡邑巡行,亲自与刺史、二千石长官们见面,申述朕治天下的诚挚之意,广泛征求治理国家的重要意见,观察官吏的政治,访求民众的痛苦,表彰有操行的官吏,慰问百姓的疾苦。无论官吏或民俗的得失,都依据周朝的典制加以裁断,每件事情各写成书奏,回来之后都分门别类上奏,帮助朕弄清情况,好像亲见一样。各位大夫君子,请你们全心全意以此事为重,不要怠惰。下面的人如果有良谋大计,请诚心诚意细致地讲出来,上呈使者,不要有任何保留。这样才能使朕恭敬地采纳好的意见,以补政治上的缺漏。各位努力吧,一定要满足朕的心愿。"

裴松之回来之后上奏说:"臣下听说天道是给世界光明的,君王的德行是以全面治理社会为极致的。古代圣哲的君主,因为考虑到了所有的事情,所以一个人有好的想法,社会就富足和平;虽然只在江、汉推行礼制,其良好影响却很远。所以能够让后人咏颂他们宏大的功业,创造出比周朝好的典则。陛下神思玄通,思想举世无双,身居天子之位,考虑着四面八方,咨询施布教化的不足,思虑荐举贤才之路还不通畅,公正地问询下民(的痛苦),同情他们当中的鳏夫、寡妇,光辉伟大的感召,影响远及四方。(这些举动)以很早以前的《雅》《诰》为法则,英明的训示传扬到了边远的地方。所以全国民众恭敬地颂扬,很远的外国也感到喜悦,莫不歌唱吟诵欢欣鼓舞,铭记皇恩;有的扶老携幼,在路旁述说欢喜,实在是因为养育之恩流布,因此忘其所以。千载以来,只有这时候才出现这种情况。臣下谬蒙选任出使,不合格地与显要的人物同列,才能短缺,思想简单,无力宣扬圣旨,严肃倡明风化;进退人才没有章法,访求推举也孤陋寡闻,惭愧惶恐,不知所措。现在上奏二十四条,谨恭地随事写成。臣下见癸卯诏书,说官吏民风的得失,都依据周朝的典制加以裁断,每件事情各写成书奏,回来以后分门别类上奏。(现遵诏)依事为类附之于后。"裴松之很懂得出使的意义,谈论的人都赞扬他。

后来,裴松之累任中书侍郎、司州、冀州两州的大中正。皇帝选派他为陈寿的《三国志》作注。于是裴松之累集资料,增加了不同的说法,写成后奏上,皇帝认为注得很好,说:"这个注是不朽的!"就调他出任永嘉太守。(他为太守,)勤政恤民,官吏和百姓都感到自如。(所以又让他)入补通直散骑常侍,后又兼任司、元冀二州的大中正。不久他又出任南琅邪太守。元嘉十四年他告第退休,被拜为中散大夫,不久又兼任国子博士。后又提升为太中大夫,仍然任博士。裴松之打算续写何承天所写的刘宋国史,没有来得及动笔。元嘉二十八年,他就去世了,当时他八十岁。他的儿子名骃,任南中郎参军。裴松之所写的论文和《晋纪》,裴骃注释的司马迁的《史记》,一并在世上流行。

刘义康传

——《宋书》卷六八

【原文】

彭城王义康，年十二，宋台除督豫、司、雍、并四州诸军事，冠军将军、豫州刺史。时高祖自寿阳被征入辅，留义康代镇寿阳。又领司州刺史，进督徐州之钟离、荆州之义阳诸军事。永初元年，封彭城王，食邑三千户，进号右将军。二年，徙监南豫、司、雍、并五州诸军事、南豫州刺史，将军如故。三年，迁使持节、都督南徐、兖二州、扬州之晋陵诸军事、南徐州刺史，将军如故。太祖即位，增邑二千户，进号骠骑将军，加散骑常侍，又鼓吹一部。寻加开府仪同三司。元嘉三年，改授都督荆、湘、雍、溧、益、宁、南、北、秦八州诸军事、荆州刺史，给班剑三十人，持节、常侍、将军如故。义康少而陪察，及居方任，职事修理。

六年，司徒王弘表义康宜还入辅，征侍中、都督扬、南徐、兖三州诸事、司徒、录尚书事，领平北将国、南徐州刺史，持节如故。二府并置佐领兵，与王弘共辅朝政。弘既多疾，且每事推谦，自是内外众务，一断之义康。太子詹事刘湛有经国才，义康昔在豫州，湛为长史，既素经情款至是意委特隆，人物雅俗，举动事宜，莫不咨访之，故前后在藩，多有善政，为远近所称。九年，弘薨，又令扬州刺史。其年太妃薨，解侍中，辞班剑。十二年，又领太子太傅，复加侍中、班剑。

义康性好吏职，锐意文案，纠剔是非，莫不精尽。既专总朝权，事决自己，生杀大事，以录命断之。凡所陈奏，人无不可，方伯以下，并委义康授用，由是朝野辐凑，势倾天下。义康亦自强不息，无有懈倦。府门每照常有数百乘车,虽复位卑人微,皆被引接。又聪识过人,一闻必记,常所暂遇,终生不忘,稠人广席,每标所忆以示聪明,人物益以此推服之。爱惜官爵,未尝以阶级私人,凡朝士有才用者,皆引入己府,无施及忤旨,即度为召官。自下乐为竭力,不敢欺负。太祖有虚劳疾,寝顿积年。每意有所想,便觉心中痛裂,属纩者相系。义康入侍医药,尽心卫奉,汤药饮食,非口所尝不进;或连夕不寐,弥日不解衣;内外众事,皆专决施行。十六年,进位大将军,领司徒,辟召掾属。

义康素无术学,暗于在体,自谓兄弟至亲,不复存君臣形迹,牵心径行,曾无猜防。私置僮部千余人,不以言台。四方献馈,皆以上品荐义康,而以次者供御。上尝冬月啖甘,叹其形味并劣,义康在坐曰:"今年甘殊有佳者。"遣人还东府取甘,大供御者三寸。尚书仆射殷景仁为太祖所宠,与太子詹事刘湛素善,而意好晚衰。湛常欲因宰辅之权倾之,景仁为太祖所保持,义康屡言不见用,湛愈愤,南阳刘斌,湛之宗也,有涉俗才用,为义康所知,自司徒右长史擢为左长史。从事中郎琅邪王履、主簿沛郡刘敬文、祭酒鲁郡孔胤秀,并以倾侧自入,见太祖疾笃,皆谓宜立长君。上疾尝危殆,使义康具顾命诏。义康还省,流涕以告湛及殷景仁,湛曰:"天下艰难,讵是幼主所御?"义康、景仁并不答。而胤秀等辄就尚书仪曹索晋咸康末立康帝旧事,义康不知也。及太祖疾豫,微闻之。而斌等既为义康所宠,又威权尽在宰相,常欲倾移朝廷,使神器有归。遂结为朋党,伺察省禁,若有尽忠奉国,不与己同志者,必构造愆衅,加以罪黜。每采拾景仁短长,或虚造异同以告湛。自是主相之势分,内外之难对矣。

义康欲以斌为丹阳尹,言次启太祖,陈其家贫。上觉其旨,义康言未卒,上曰:"以为吴郡。"后会稽太守羊玄保求还,义康又欲以斌代之,又启太祖曰:"羊玄保欲还,不审以谁为会稽?"上时未有所拟,仓卒曰:"我已用王鸿。"自十六年秋,不复幸东府。上以嫌隙既成,将致大祸。十七年十月,乃收刘湛付廷尉,伏诛。又诛斌及大将军录事参军刘敬文、贼曹参军孔邵秀、丹阳丞孔文秀、司空从事中郎司马亮、乌程令盛昙泰等。徙尚书库部郎何默子、余姚令韩景之、永兴令颜遥之、湛弟黄门侍郎素、斌弟给事中温于广州，王履废于家。胤秀始以书记见任，渐预机密，文秀、邵秀皆其兄也。司马亮、孔氏中表，并由胤秀而进。怀明、昙泰为义康所遇。默子、景之、遥之，刘湛党也。

其日敕义康入宿，留止中书省，其夕分收湛等，青州刺史杜骥勒兵殿内，以备非常。遣人宣旨告以湛筹罪衅，义康上表逊位曰："臣幼荷国灵，爵遇逾等。陛下推恩睦亲，以隆棠棣，爱忘其鄙，宠爱遂崇，任总内外，位兼台辅，不能正身率下，以肃庶僚，匿近失所，渐不自觉，致令毁誉违实，赏罚谬加，由臣才弱任重，以及倾挠。今虽罪人即戮，王猷载静，养衅贻垢，实由于臣。鞠躬栗悚，若堕溪壑，有何心颜，而安斯宠，辄解民职、罪私第。"改授都督江州诸军事、江州刺史，持节、侍中、将军如故，出镇豫章。停省十余日，桂阳候义融、新喻候义宗、秘书监徐湛之往来慰视。于省奉辞，便下渚。上唯对之恸哭，余无所言。上又遣沙门释慧琳视之，义康曰："弟子有还理不？"慧琳曰："恨公不读数百卷书。"征虏司马萧斌，昔为义康所暗，刘斌等害其宠，谗斥之。乃以斌为谘议参军，领豫章太守，事无大小，皆以委之。司徒主簿谢综，素为义康所狎，以为记室参军，左右爱念者，并听随从至豫章。辞州，见许，增督广、交二州、湘州之始兴诸军事。资奉优厚，信赐相系，朝廷大事，皆报示之。义康未败，东府听事前井水忽涌溢，野雉江鸥并飞入所住斋前。

龙骧参军巴东扶令育诣阙上表曰：

"盖闻哲王不逆切旨之谏，以博闻为道；人臣不忌歼夷之罚，以尽言为忠。是故周昌极谏，冯唐面折，孝惠所以克固储嗣，魏尚所以复任云中。彼二臣岂好逆主干时，犯颜违色哉。又爰盎之谏孝文曰："淮南王若道遇疾死，则陛下有杀弟之名。奈何？"文帝不用，追悔无及。臣草莽微臣，窃不自揆，敢抱葵藿倾阳之心，仰慕《周易》匪躬之志，故不远六千里，愿言命侣，谨贡丹愚，希垂察纳。

"伏惟陛下躬执大象，首出万物，王化咸通，三才必理，辟天人之路，开大道之门，搜殊逸于岩穴，招奇英于侧陋，穷谷无白驹之倡，乔岳无遗宝之嗟，岂特罗飞翮于垂天，纲沉鳞于溟海。况于彭城王义康，先朝之爱子，陛下之次弟哉。一旦黜削，远送南垂，恩绝于内，形隔于远，躬离明主，身放圣世，草菜黔首，皆为陛下痛之。臣追惟景平、元嘉之衅，几于危殆，三公托以兴废之宜，密怀不臣之计，台辅伺隙于京甸，强楚窥窬于上流，或苞恶而窥国，或显逆而陵主，有生之所惴恐，神只之所仇忌也。赖宗社灵长，庙算流远，洒涤尘埃，歼戬丑类，氛雾时靖，四门载清。当尔之时，义康贵不预参皇谋，均此休否哉。且陛下旧楚形胜，非亲勿居，遂以骠骑之号，任以藩夏之重，抚政南郢，绥民遏寇，又寄之以和味，既居三事，又牧徐、扬，所以幽显齐欢，人神同忭。莫不言陛下授之为得，义康受之为是也。今如何信疑似之嫌，阙兄弟之恩乎。若有迷谬之愆，可责之以罪，正可教之以善恶，导之以义方。且庐陵王往事，足以知今，此乃陛下前车之殷鉴，后乘之灵龟也。夫曾子之不杀，忠臣之笃譬；二告而犹织，仁王之令范。故《诗》云：无信人之言，人实不信。又云兄弟虽阋，不废亲也。《尚书》曰：'克明俊德，以亲九族。' 九族既睦，可以亲百姓。兄弟安可弃乎？"

"臣伏愿陛下上寻往代黜废之祸，下惟近者谗言之衅。庐陵王既申冤魂于后土，彭城王亦弭疑愆于宋京，岂徒皇代当今计，盖乃良史万代之美也。且谄谀难辨，是非易默，福始祸先，古人所畏？故爱身之士，自为己计，莫不结舌杜口，孰肯冒忌干主哉？臣以顽昧，独献微管，所以勤勤恳恳，必诉丹诚者，实恐义康年穷命尽，奄忽于南，遂令陛下有弃弟之责。臣虽微贱，窃为陛下羞之。况书言记事，史岂能屈典谟而讳哉。脱如臣虑，陛下恨之何益。杨子云：获福之大，莫先于和穆；遘祸之深，莫过于内难。"每服斯言，以为警戒。矧今睹王室大事，岂得韬笔默尔而已哉。臣将恐天下风靡，离间是惧，遂令宇内迁观，民庶革心，欲致康哉，实为难也。陛下徒云恶枝之宜伐，岂悟伐之伤树，乃往古之所悲，当今所宜改也。陛下若荡以平听，屏此猜情，垂讯苍荛之谋，曲察狂瞽之计，一发非意之诏，逮访博古之士，速召义康返于京甸，兄弟协和，君臣缉穆，息宇内之讥，绝多言之路，如是则四海之望塞，谗说之道消矣。何必司徒公、扬州牧，然后可以安彭城王哉。若臣所启违宪，于国为非，请即伏诛，以谢陛下。虽复分形赴镬，煮体烹尸，始愿所甘，岂不幸甚。"

表奏，即收付建康狱，赐死。

会稽长公主，于兄弟为长，太祖至所亲敬。义康南上后，久之，上尝就主宴集甚欢，主起再拜稽颡，悲不自胜。上不晓其意，自起扶之。主曰："车子岁暮，必不为陛下所容，今特请其生命。"因恸哭。上流涕，举手指蒋山曰："必无此虑。若违今誓，便是负初宁陵。"即封所饮酒赐义康，并书曰："会稽姊饮宴忆弟，所余酒今封送。"车子，义康小字也。

二十二年，太子詹事范晔等谋反，事逮义康，事在《晔传》。有司上曰："义康昔擅国权，恣心凌上，结朋树党，苞纳凶邪。重衅彰著，事合明罚。特遭陛下后爱深圣，敦惜周亲，封社不削，爵宠无贬。四海之心，朝朝之议，咸谓皇德虽厚，实桡典刑。而义康曾不思此大造之德，自出南服，诡饰情貌，外示知惧，内实不悛。穷好极欲，干请无度。圣慈含弘，每不折旧，矜释屡加，恩畴已住。而阴敦行李，方启交通之谋，潜资左右，以要死士之合。崎岖伺隙，不忘窥觎。时犹隐妨，罚止仆侍。狂痰之性，永不惩革，凶心遂成，悖谋仍构。远投群丑，千里相结，再议宗社，重窥鼎祚。赖陛下至诚感神，宋历方永，故奸事昭露，罪人斯得。周公上圣，不辞同气之刑；汉文仁明，无隐从兄之恶。况义康衅深二叔，谋过淮南，背亲反道，自弃天地。臣等参议，请下有司削义康王爵，收付廷尉法狱治罪。"诏特宥大辟。于是免义康及子泉陵候允、女始宁、丰城、益阳、兴平四县主为庶人，绝属籍，徙付安成郡。以宁朔将军沈邵为安成公相，领兵防守。义康在安成读书，见淮南厉王长事，废书叹曰："前代乃有此，我得罪为宜也。"

二十四年，豫章胡诞世、前吴平令袁恽等谋反，袭杀豫章太守桓隆、南昌令诸葛智之，聚众据郡，复欲奉戴义康。太尉录尚书江夏王义恭等奏曰："投畀之言，义著《雅》篇，流殛之教，事在《书》典。庶人义康负衅深重，罪不容戮。圣仁不忍，屡加迟回，宥其大辟，赐迁近甸，斯乃至爱发天，超邈终古。曾不遇愆甘引，而谗言同众，很悖缴幸，每形辞色，内宣家人，外动民听，不逞之族，因以生心。胡诞世假窃名号，构成凶道。杜渐除微，古今所务，况祸机骤发，庸可忽乎。臣等参议，宜徙广州远郡，放之边表，庶有防绝。"奏可，仍以安成公相沈邵为广州事。未行，值邵病卒，索虏来寇瓜步，天下扰动。上虑异志者或奉义康为乱，世祖时镇彭城，累启宜为之所，太子及尚书左仆射何尚之并以为言。二十八年正月，遣中书舍人严龙赍药赐死。义康不肯服药，曰："佛教自杀不复得人身，便随宜见处分。"乃以被掩杀之，时言四十三，以候礼葬安成。

六子：允、肱、珣、昭、方、昙、辨。允初封泉陵县候，食邑七百户。昭、方并早夭。允等留安成，元凶得志，遣杀之。

世祖大明四年，义康女玉秀等露板辞曰："父凶灭无状，孤负天明，存荷优养，没蒙加礼，明罚羽山，未足来力法。乌鸟微心，昧死上诉，乞及葬旧坟，糜骨乡壤。"诏听，并加资给。前废帝永光元年，太宰江夏王义恭表曰："臣闻忝祖远支，犹或虑亲，降霍省序，义重令戚。故严道疾终，嗣启方宇，阜陵愆屏，身膂选晚恩。窃惟故庶人刘义康首昧奸回，自贻非命，沈魂漏籍，垂诚来典。运革三朝，岁盈三纪，天地改朔，日月再升，陶形赋气，咸蒙更始。义康妻息漂没，早违盛化，众女孤弱，永沦黔首。那情原衅，本非己招，感事哀茕，俯增伤咽。敢缘陛下圣化融泰，春泽覃被，慈育群生，仁被泉草。实希洗肩，还齿帝宗，则施及陈荄，荼施朽壤。臣特凭国私，冒以诚表，尘触灵威，伏纸悲悖。"诏曰："太宰表如此，公缘情追远，览以憎慨。昔淮、楚推恩，昨流支胤，抑法弘亲，古今成准。使以公表付外，依旨奉行。故泉陵候允横罹凶虐，可特为置后。"太宗泰始四年，复绝属籍，还为庶人。

【译文】

彭城王刘义康，年龄十二岁，宋尚书台除受他督豫、司、雍、并四州诸军事、冠军将军、豫州刺史。这时，高祖武帝镇抚寿阳，被起用到朝廷辅佐朝政,留刘义康代替镇抚寿阳。又领任司州刺史,进任督徐州钟离、荆州义阳诸军事。永初元年,武帝册封为彭城王,赐食邑三千户。进封号右将军。二年,调任监南豫州、豫州、司州、雍州、并州五州诸军事、南豫州刺史,右将军官职不变。三年,升任使持节、都督南徐州、兖州二州、扬州晋陵诸军事、南徐州刺史,将军官职不变。太祖登上皇帝增赐食邑二千户,进受封号骠骑将军,加受散骑常侍,赐给鼓吹一部。寻即又加赐天府仪同三司。元嘉三年,改授都督荆州、湘州、雍州、溧州、益州、宁州、南秦州、北秦州八州诸军事、荆州刺史,赐给班剑三十人,持节、常侍、将军职不变。刘义康少年便聪明有观察能力,等到他任职一方的镇抚时,职责事务都治理得有条不紊。

元嘉六年,司徒王弘上表,认为刘义康应该还京师入朝辅佐朝政。被起用为侍中、都督扬州、南徐州、兖州三州诸军事、司徒、录尚书事,领平北将军、南徐州刺史,持节与以前相同。二府一并设置佐领兵,与王弘共同辅佐朝政。王弘原本有很多疾病,而且每次遇到事情要决断就推诿、谦让给刘义康,从此开始,朝廷内外的所有事务,都一并由刘义康决断。太子詹事刘湛有经纶国家朝政的才能。刘义康以前督抚豫州时,刘湛作他的长史。刘义康与刘湛素有交情,因此,这时刘义康将心事委任于刘湛而特别地依重他。人物不论雅俗、朝廷的事情不分大小,没有一人一事不向他咨询。由此,刘义康相继在寿阳、司州、豫州、荆州任职为朝廷藩臣,建立了许多好的政绩,被远近的臣民称道。元嘉九年,王弘去世,刘义康又领扬州刺史。那一年,太妃去世,刘义康解除侍中职务,辞退班剑。元嘉十二年,又领任太子太傅,恢复侍中、班剑。

刘义康生性喜欢为官任吏,专一于文书、案牍。分辨是非,纠正谬误,没有一次不精到曲尽情理。他已经专权,总揽朝廷大政。凡事都由他自己决定,生杀予夺之类的大事,只依照录命来断定。凡是百官呈送文帝刘义隆的陈辞、奏章,只要进送入宫,没有一件不准奏。凡是三公以下的奏章、陈辞,一并委托刘义康受理裁夺。从此开始,朝廷内外,百官长吏,都围绕刘义康的指挥转,就像车轮的轴辋,上有爪以辖毂,下有辕以指枙,权势倾动天下。刘义康处理朝政,也自强不息,没有懈怠,不知疲倦。每天早晨,府门外常有数百乘车等待进见,即使是位职很低的小人物,都被引荐接见。而且他的聪明才识有超过常人的地方。只要听说一遍,他就能记住。经常是偶然遇到的东西,便终生不会忘记。在大庭广众中间,常显示他所记忆的东西,用以表示他的聪明,大家因此而更加推崇信服他。爱惜官爵,不曾有过用官阶、爵秩徇私的行为,凡是在朝廷的人,只要有才能可以任用的人,他都将他们安排在自己的府中试用。没有忤道的行为,就引渡作台官。自此以后,在他手下的人都乐意为他竭尽全力履行职责,没有人敢于有欺瞒负心的行为。太祖患有虚痨的疾病,卧床顿息已经有好几年,每次心中有所想法,就感觉到心里疼痛像撕裂了腑脏一样,相关的经脉都受到牵痛。刘义康入寝宫料理文帝就医吃药,尽心尽意地侍奉保护,所有汤药饮食,不经自己的口尝过,就不让文帝吃。有的时候连续几夜不睡觉,终日不脱衣服;宫廷内外的事情,都由他一个人决定后实行。十六年,进位升任大将军领司徒职务,受任为掾属。

刘义康原本没有术数学问,不识大体。自称与文帝是最亲的兄弟,不再存在君主与臣子的关系,全按他自己的心意行事,文帝对他不曾有过猜忌和防备。刘义恭自行在府上设置了僮部六千多人,不把这件事告诉朝廷的台省。各方面贡献、馈赠给朝廷的物资,都选其中的上品给刘义康,反而用其中次一等的供文帝使用。文帝曾经在冬天吃柑子,感叹柑子的形状味道都不好,刘义康在旁边陪坐,说:"今年的柑子很少有形状味道都好的。"派人回刘义康居住的东府取柑子,选取大为三寸的供文帝使用。尚书仆府殷景仁被太祖宠爱,与太子詹事刘湛历来很好,但是,他的兴趣爱好因为年龄大而衰减。刘湛经常想借用刘义康作太宰辅佐朝政的权力取代殷景仁,殷景仁受到文帝刘义隆的保护,刘义康多次进言都没有被采纳,刘湛更加愤恨他。南阳刘斌,是刘湛的宗室长辈。因为有涉世才学,被刘义康所了解,从司徒右长史提升为右长史。从事中郎琅琊人王履、主簿沛郡人刘敬文、祭酒鲁郡人也胤秀一齐因为是刘义康的右左手下而得以进入文帝寝宫，他们看到太祖刘义隆病得很厉害，都说应当确立长君。文帝曾经生命处在危险阶段时，让刘义康起草诏命。刘义康返还尚书省，流着眼泪将事情告诉了刘湛和殷景仁。刘湛说："天下的事情艰难不好办，怎能是年幼的君主统治得了的？"刘义康、殷景仁都不回答。而孔胤秀等人到尚书仪曹那里去查阅东晋成帝司马衍在咸康年间不立康帝司马岳的旧事，刘义康不知道他们这件事。太祖病情好转，稍微听到了这件事的消息。而刘斌等人既然受到刘义康的宠幸，而且威势与权力都在宰相刘义康一方，常常想改变朝廷的君主，让皇帝的位置归属刘义康。于是就相互勾结，结朋成党，从旁观察台省宫禁中的人，倘若有谁尽忠文帝，报效朝廷，不与他们自己同道合志的，一定捏造罪名，使之遭受不幸，以罪名罢免。多次收集殷景仁的短处，或者虚构捏造与他们意见不统一的事实告诉刘湛。从此开始，文帝刘义隆与宰相刘义康之间的权势出现了分裂，朝廷内外的灾难已经在酝酿中。

刘义康想任命刘斌作丹阳尹。按照自己先想好的理由将这事启奏太祖，先述说刘斌家庭财用不足情况。文帝观察到了刘义康的意思，刘义康话没说完，文帝刘义隆说："命他去吴郡任职。"后来会稽郡太守羊玄保要求还京师，刘义康又想任命刘湛去接替他。又启奏太祖说："羊玄保想还京师，没想好任命谁去任会稽太守。"皇帝这时没有想好要拟任的人选，仓促地说："我已想好任命王鸿。"从元嘉十六年开始，不再巡幸东府。文帝因为与刘义康的猜忌、隔阂造成了，即将降大祸于刘义康等人。元嘉十七年十月，收捕刘湛，把他交给廷尉准备治罪，服罪被杀。又杀刘斌和大将军录事参军刘敬文、贼曹参军孔邵秀、中兵参军邢怀明、主簿孔胤秀、丹阳丞孔文秀、司空从事中郎司马亮、乌程令盛昙泰等人。移居尚书库部郎何默子、余姚令韩景之、永兴令颜遥、刘湛弟弟、黄门侍郎刘素、刘斌弟弟给事中刘温于广州，王履被免职居住在家里。孔胤秀开始在书记的职位上被启用，逐渐参与了朝廷的机密要务,孔文秀、孔劢秀都是他的哥哥。司马亮、孔劢秀得到能够奏表文帝的地位,都是通过孔胤秀推荐的。邢怀明、盛昙泰由刘义康直接起用。何默子、韩景之、颜遥之,都是刘湛的党羽。

这天,为了侦伺与事件有关的人,文帝刘义隆宣命刘义康进宫住宿,暂时住在中书省。这天夜里,分别逮捕了刘湛等人。青州刺史杜骥统兵屯驻在殿里面,用以防止非常事件的出现。派人宣布,告谕人们刘湛等人因为犯罪而被诛杀。刘义康上表文帝,请求退位说:"我从小受到祖先的保护,十二岁任职为朝廷命官,受封的爵位超过了正常的标准。当今文帝加恩泽于我,以我为宗室亲族而与我和睦相处,使我兄弟之亲而得到隆兴。爱护我,而忘记了我的鄙陋,加宠并大力抬高我。任职总领朝廷内外的大事,兼有台、辅的地位。没有能够严正自己,统率好手下,用以肃穆百官。只想到自己亲近,忘记了法度,渐渐地习以为常,及至没有觉察到过失已经出来。竟至于损毁人物和褒扬人物,名份与实际相违背,赏赐与惩罚荒谬不经,滥施于人。由于我才识浅薄,任职重大,以至于给朝廷造成困扰。现在虽然有罪的人已经被杀戮,被搅乱的王政之道得到了澄清,但是,养贻过失,纳藏污垢,责任在于我。我战战兢兢向你鞠躬请罪,就好像掉入了深渊沟壑之中,还有什么心思和脸面,再继续安守你给我的荣宠呢?就此请求解除我的所有职务,在我私有的住宅中等待治罪。"改授给刘义康都督江州诸军事、江州刺史职务,持节、侍中、将军职位同以前一样,出京师镇抚豫章。停止执行公务十多天,桂阳侯刘义融、新喻侯刘义宗、秘书监徐湛之前往慰问探视刘义康。省视文书案牍,随便处在下处。文帝刘义隆对这种结局,唯有悲哀恸哭,更没有多的话可说。文帝又派沙门释慧琳去看望他,刘义康说,"我还有没有悔过自新的可能?"释慧琳说:"可惜你没有读百卷书"。征虏司马萧斌,以前是被刘义康亲近的人,刘斌等人忌恨他受到刘义康的宠爱,谗毁他,让刘义康斥退了他。刘义康就任命萧斌为咨议参军,领豫章太守,事情不论大小,都委请他裁夺。司徒主簿谢综,原本就是刘义康的亲信,任命他作记室参军。刘义康手下敬爱怀念他的人,一起随从他去了豫章。辞让江州刺史职务,得到允许,增加了督广州、兖州、湘州始兴诸军事的职务。资财俸禄优惠丰厚,赐他通过信函与朝廷保持联系,朝廷的国家大事,都书报给他知道。刘义康没有失败时,东府听事殿前的井水忽然涌出来,野雉和江鸥飞集到了他原来居住的斋前。

龙骧参军巴东扶令育抵达殿下,送上表奏给皇帝说:

"我曾经听说明哲的君主不反对有悖于圣旨的谏争,而且将谏事当作是扩大自己见识的一种途径;作为君主的臣子,不害怕自己被杀和家族受到牵连的处罚,将能够全部说出自己的心里话当作是一种忠诚。因为这一缘故,周昌敢得极力在皇帝面前谏争,冯唐当着皇帝的面陈述奏折,西汉孝惠帝刘盈所以能够巩固太子的地位,魏尚所以能够恢复职守,到云中赴任。这两位臣子难道是喜欢与君主作对,与时势相违,以至冒犯君主的尊颜,不看君主的脸色行事?西汉爰盎进谏孝文帝说:'淮南王刘长若在路上遇上生病死了,那么皇上就担受了杀死弟弟的恶名。又怎么办呢?'"孝文帝不听,后悔但是已经晚了。我出生草莽之间,属于地位卑微的下等臣子,自不量力,敢像向日葵跟着太阳一样的残民诉说我赤诚的心思,敬仰爱慕《周易》中所说的"匪躬"的志慨。因此从不远六千里的地方来京师,希望有机会得以当面述说有关任命徒侣佐率的事,谨慎地贡献丹心愚诚,请求垂青于我,对我的话须予审察,择善采纳。

当今皇上躬亲朝政,总理大事,万物滋生都要得于你首肯。王道风化,通达于四面八方,天、地、人一定顺应客观的规律,拓宽了天人相通的道路,开放了王道教化的大门。搜求有特殊才能的隐逸之士于岩穴洞之间,招募罕世少有的英杰于偏远的陋巷中。即道路不通达的山谷中没有白马驹被遗落而引颈长嘶,高不可攀的峰岳上再没有宝藏被丢弃而嗟叹。岂止是罗捕高飞的猛禽于天空,网捉沉鱼于深海?何况彭城王刘义康,是先朝皇帝亲爱的儿子,是陛下的次弟呢?一旦犯了过失,被罢黜职务,削减封赐,遣送到南方边陲的豫章。使他应受的恩泽被隔绝在朝廷内部,形体被阻塞在偏僻的远方。以至亲之尊远离圣明的君主,以万金之躯而被放逐在朝廷之外。草木无情,黎民百姓无不替他痛心疾首。我追忆景平元嘉以来的祸乱,几乎危及朝廷倾覆。徐羡之、傅亮、谢晦三位大臣受武帝的信赖,担当起了辅佐少帝事关王朝兴废的大事,暗中怀有不臣事于少帝刘义符的阴谋。朝廷台辅机关之间,伺机朝政互相攻讦于京师,势力强盛的楚国偷偷地窥视宋朝国柄。他们有的人包藏祸心,企图窃国篡夺皇位;有的人尊显自己,违反王法,欺凌君主。百姓生灵为之惶恐不安,列祖列宗的神灵为之愤恨嫉恶。依靠先宗社稷的神灵,庙祭不至于绝祀,还能够流畅致远。打扫庙宇,涤除尘埃,歼灭丑恶的败类,使气氛澄清,阴霾驱净,时事得到顺延,官殿四门得到畅通。当那个时候,刘义康难道不是远离丑恶的败类,预先以骠骑将军的封号,授予他以佐辅华夏朝廷的重任,用以和顺幽远的蛮荒之地,不致产生叛乱和灾害。陛下的恩泽德润,广布九州,岂止是南国荆州的百姓得到滋润呢。于是就召请他入朝,授给他宰相辅佐朝政的大位,又在太祖皇帝刘义隆生病的时候,入宫侍医和药,已经身兼三职,还兼为南徐州、扬州刺史,凭籍他的治理,上下齐欢,万民同乐,人与神都拍手称快。没有谁不说任命了应该任命的人,刘义康就是受任作了这种应该任命的人。现在,怎么能够相信猜疑的心理是真事,就生嫌隙,断绝兄弟之间的恩情呢?倘若有迷失方向,招致谬误的过失,可以责罚他的罪过。矫正他还能够矫正的错误,改恶从善,引导他走向正确的道路。而且借鉴庐陵王刘义真在以前发生的事,足以知道今天应该怎么做。这也就是文帝要借鉴的殷纣灭亡于无道的所谓前车之鉴,后事之师。那曾子倘若不要因忠而被杀害,那么忠于朝廷的臣子就会忠心耿耿地为朝廷谋划;再作陈述而犹如罗列经纬,仁德君王的命令也就有个规范。因此《诗经》说:'不是忠实可靠的人的话,实在不值得让人相信。'又说兄弟之间虽然有了隔阂,但是不废亲属。《尚书》说:'能够明智,德性美好,就能使宗室九族亲睦。'宗室九族已经和睦了,就可以使万民百姓互相亲近。万民百姓尚且要亲近,兄弟怎么可以抛弃分离呢。

我诚恳地希望陛下能向前借鉴历史上各朝代因为罢黜免废不当而造成的祸乱,就近要避免谗言构毁的灾害。庐陵王刘义真既然已经在他死后为他申明了冤屈,安慰了冤魂,彭成王刘义康也是遭受猜疑而受过在宋代朝臣,为他矫枉过正,使他重新位隆于朝,岂止是为皇朝当代考虑的大事,而且是历史上万代称誉的美事。谄媚阿谀之言难于辨别,是是非非容易混淆,往往是福禄开始在灾祸的前面,自古以来,让人感到害怕。因此,珍惜自己的人,自己为自己打算,没有谁不约束自己的舌头,闭住自己的嘴巴,有谁愿意冒犯禁忌,干扰君主而招杀身默职的祸呢?我因为顽固不化,愚昧无知,独自敬献我微不足道的一管之见。之所以勤勤恳恳,一定诉说丹心愚诚的原因,实在是担心刘义康遭受性命穷尽之不测,让他掩尸于南国,让你担受抛弃弟弟的责任。我虽然地位低下,为人卑贱,但是也会私下里替皇上羞愧这件事。何况书籍记言写事崇尚真实,历史怎么能够敢于屈辱典籍而为你的过错避讳禁忌呢?假使事情发展真的像我担心的那样,到时候陛下后悔可惜又有什么用呢?扬子云说:'得到福份最大的,没有什么能够在和睦的前面;遭受祸害最深的,没有一种能够超过内部造成的灾难。'我常常叹服这话,引以为自己的警戒。何况现在看到王室中的大事,难道却限制自己的笔墨?我担心的是天下人会借机风起云涌,害怕的是相互离间为敌,于是迫使大家居无确定的地方,百姓庶人人心摇动,你想再要平安无事,实在是很难了。陛下曾说树上生长不好的枝丫要砍掉,怎么会想到砍枝丫就会伤及树干。这是自古以来所以为之悲哀的,当今所以应该改变这种作法。陛下倘若要改变因平时听到什么而产生的看法,抛弃因此而滋生的猜忌情绪,垂青讯问我这村野樵夫的谋划,委屈至尊审察我这狂妄而有眼无珠的人的计策,我认为只要下一道出其不意的诏书,寻访通今博古有才识的人,迅速召请刘义康返回京都,兄弟协调和睦,君与臣的关系澄清肃穆,平息宇宙之内的讥讪,绝灭议论的口实。如此,那么四海之内的各种非份之想就没有了,谗言构毁的途径也就杜绝够让刘义康心安理得呢？倘若我所启奏的有违王法，于国家不利，请你立即杀了我，用以向你谢罪。如此，我虽然受到了分解肢体，赴就镬刮，烹煮尸体的处罚，也是我一开始就心甘情愿的事，难道不是非常幸运？"

表奏上呈后，立即被逮捕，交付给建康狱关押，赐他死。

会稽长公主，年龄比刘义隆、刘义康兄弟都大，太祖对她亲近尊敬。刘义康被迁徙到南国去后，隔了很长时间，文帝在长公主那里宴饮，非常欢快，公主起身，向文帝行三次叩头拜谢礼，悲哀不能自己禁止。文帝不知道她的意思，亲自起身挽扶她。公主说："车子到了今年底，一定不会被陛下所容纳了，今天只求你还给他性命，不让他死。"因此悲恸大哭。文帝流泪，举手指着蒋山说："一定不能有如公主那样的忧虑，倘若违背了今天的誓言，我便因为这件事还背叛了先祖的初宁陵！"随即密封他们所饮的酒，赐给刘义康，并在封条上写道："会稽姊在饮宴中怀念弟弟，所饮剩余的酒今天封送。"车子，是刘义康的小字。

元嘉二十二年，太子詹事范晔等人谋反，事情牵涉到刘义康。事情记录在《范晔传》。有司奏请文帝刘义隆说："刘义康过去专擅国家朝政，恣意凌辱文帝，私结朋友，树立党羽，包庇凶恶邪险之人。重罪昭彰，著称朝廷内外，他所犯的罪恶值得明确处罚。只因他受到陛下的仁爱非常深厚，有碍于对宗室亲戚的珍惜，封给他的食邑不曾削减，赐给他的爵位和他受到的宠爱没有贬损。四海之内的黎民百姓，朝廷内外的议论，都说陛下的德仁虽然宽厚，但是屈辱了国家制度和刑法。而刘义康不曾思考过加给他的伟大的恩德。自从出京师，到南国去居住，巧妙地装扮自己的表面现象，对外表现出他已经知道恐惧王法，内心没有悔过。穷尽他自己的爱好，极尽他的思欲，耽于享受，没有限度。陛下纯洁的慈爱达到了容忍宽宏的程度，每次封授赐予不拆夺以前给予的，而且矜高他好的方面，开释他的过错，屡次加赐，用以赐恩酬赏他的过去。而他不但没受明罚，反而备受加宠，暗中加紧行动，开启了联络反叛的阴谋,暗地资助他的手下,用以要约招请愿意为他效命死难的不义之徒。在暗地里伺机反赴,没有忘记窥探偷窃国家的权柄。时常在禁不住隐忍的情况下,罚止他手下的仆从。狂妄、暴疾的天性,永远没有改变。他的凶神恶煞的天性已经形成,背叛朝廷的阴谋没有放弃。投靠相隔遥远的那群丑恶的败类,千里结盟,再次议改宗室社稷,重又窥视朝廷的权柄,企图篡夺皇位。依靠皇上的最大的诚意,感动了神灵,使宋朝的年历能够延续下去,因此作奸犯科的事情得以失败暴露,范晔等有罪之人得到了惩处。周公旦属于最上乘的圣人,但是奉守法度,就是同胞兄弟犯了法,也不免除刑罚。西汉文帝仁义明达,没有隐从兄长的罪恶。何况刘义康的罪恶比管叔、蔡叔大,他的阴谋超过了淮南王刘长的行为。背叛皇室宗亲,反对朝政王道,自暴自弃于天地之间。我们这些臣子参议,请陛下下诏给有司,削除刘义康的王爵,将他收捕交付廷尉法狱依法治罪。"下诏特别谅解,不予大辟受死罪。于是,免除刘义康王爵和他的儿子泉陵侯刘允的侯爵、女始宁、丰城、益阳、兴平四县县主,都为庶人,削除他们的封邑属籍,将刘义康迁徙、交付给安成郡。任命宁朔将军沈邵为安成公相,领兵看守。刘义康在安成郡读书消遣,读到淮南历王刘长 的往事,扔下书感叹地说:"前代已经有此先例,我获罪受罚也是适宜的。"

二十四年,豫章胡诞世、原吴平令袁恽等人谋反,袭击杀害了豫章太守桓隆、南昌令诸葛智之,聚集兵众,占领了郡县,又想要拥戴刘义康为皇帝。太尉录尚书江夏王刘义恭等人奏说:"有关投赐方面的事,意思都写在《小雅》上;流放或者诛灭的条款,事情载录在《尚书》。平民刘义康负罪深重,但是罪大还不至于要受戮杀。圣上宽仁,不忍杀戮,屡次要加罪给他却迟疑回避,原谅他不守大法而死,恩赐他,将他迁居在近京的地方。这乃是发自上天的最大的仁爱,这种仁爱超越了遥远的先代,往古不曾有过。但是刘义康不能引咎自责,改过自新,而且听信他人的谗言,戾悖缴幸。每每有形于辞色,就在家人中广为传布,对外扰动民众的视听。于宗族中不事检点,用以滋生不满的情绪。胡诞世假借了他的名号，构成凶恶，实施叛逆。防微杜渐，是古往今来的不曾废弃的要务。何况祸端刚刚出现，能够容许忽视慎言慎事吗？我们这些臣子参议，适宜将刘义康迁徙到远离京师的广州郡，将他放逐到边疆，有希望防止、杜绝他再行不满，滋生事端。"许奏。仍任命安成公相沈邵领广州郡事。还没行动，恰逢沈邵病死，索虏侵扰瓜步，天下为之动荡不安。文帝担心有异志不服朝命的人抑或要拥戴刘义康作乱。世祖这时镇守在彭城，经常动心要为刘义康安排适当的处所，太子和尚书左仆射何尚之一同进言，二十八年正月，派中书舍人严龙奉命带药赐刘义康死。刘义康不愿意吃药，说："佛教中讲，自杀的人轮回转世时不能再获得人身。除自杀外，请随便给予处治。"随即用被具击杀了刘义康，死时四十三岁，按侯爵的丧礼安葬在他的安成郡。

刘义康有六个儿子：允、肱、珣、昭、方、昙辩。刘允开始受封为泉陵县侯，赐食邑七百户。刘昙、刘方一并早夭。刘允等人留住安成。刘劭叛乱得志时，派人杀害了他们。

世祖大明四年，刘义康的女儿玉秀等人写成公文公开，上表说："父亲遭凶杀，死亡没有正常的形状。他曾独自一人，担负辅佐朝政于清明的年代，身系提荷朝野优养的大任，他死后不曾承蒙君主加礼，竟落得如此下场，即使是明法度于羽山，也未必能够正定王法。我以一点点尊念父母那样的卑微心肠，冒着受死的危险上诉，乞求返葬父亲于原来拟定的坟地，让尸骨糜烂在乡土上。"下诏准奏，并增加资财俸给。前废帝永光元年，太宰、江夏王刘义恭上表说："我听说有幸居于亲族的人，犹或思念自己的亲属；受贬抑的霍氏，虽然省简了爵秩官序，重义气而顾念令亲。因此，严道因病而死，他的后代能够被启用于方宇之间，阜陵过错很大，身遇晚恩。我私自以为平民刘义康过去因作科犯奸，自己遭受了死于非命的惩处，沉没魂灵，漏削属籍，用以垂诫未来的典籍。他经历了宋朝三代的沿革，他死后已经满了三年，天地轮回，盈朔更改，日月变化，陶冶形体，赋存气数，都要承蒙更易重新开始。

刘义康妻子、儿子、女儿漂泊无踪,早已远离了盛世的王道风化,几个女儿孤苦羸弱,长期沦为黎民百姓。她们的这些遭遇,都起因于刘义康的原罪,并非他们自己招致。感怀这些事情,哀怜他们的孤独无依,不由自主俯身增加伤感而悲咽。胆敢缘请陛下将圣人的仁德化布天下,将春天的雨露广播万物,慈爱养育广大的黎民百姓,仁义散布至于泉边的野草。内心希望皇恩沐浴他们,洗净他们的罪愆,还归于宗室,那么恩泽就施及到了陈旧的根上,荣宠深入到了腐尸变成的土壤里。我特意凭籍国家宗室的私情,冒昧将诚心表白,譬昔日尘埃触到了灵感,伏案在奏章的纸上,悲哀又害怕。"下诏说:"太宰刘义恭的表奏是这样,你缘亲情追忆得很远,我览读之后,添了感慨。过去淮、楚推恩,恩胙流布支亲,超越法律,用以表彰亲族的感情,古代与今天都有准则。让有关部门将你的表奏公布出去,依表奏的意思实行。原宗陵侯刘允横遭刘劭杀害,可以特地为他安置后嗣,继承侯爵。"明帝泰始四年,又绝灭他们的属籍,恢复了他们的草民身份。

刘义宣传

——《宋书》卷六八

【原文】

南郡王义宣,生而舌短,涩于言论。元嘉元年,年十二,封竟陵王,食邑五千户。仍拜左将军,镇石头。七年,迁使持节、都督徐、兖、青、冀、幽五州诸军事、徐州刺史,将军如故,犹戍石头。八年,又改都督南兖,兖州刺史,当镇山阳,未行。明年,迁中书监,进号中军将军,加散骑常侍,给鼓吹一部。时竟陵群蛮充斥,役刻民散,改封南谯王,又领石头戍事,十三年,出都督江州、豫州之西阳、晋熙、新蔡三郡诸军事、镇南将军、江州刺史。

初,高祖以荆州上流形胜,地广兵强,遗诏诸子次第居之。谢晦平后,以授彭城王义康。义康入相,次江夏王义恭。又以临川义庆宗室合望且武烈王有大功于社稷,义庆又居之。其后应在义宣。上以义宣人才素短,不堪居上流。十六年,以衡阳王义季代义庆,而以义宣代义季为南徐州刺史,都督南徐州军事、征北将军,持节如故。加散骑常侍。而会稽公主每以为言,上迟回久之,二十一年,乃以义宣都督荆、雍、益、梁、宁、南、北秦七州诸军事、车骑将军、荆州刺史,持节、常侍如故。先赐中诏曰:"师护以在西久,比表求还,出内左右,自是经国常理,亦何必其应于一往。今欲听许,以汝代之。师护虽无殊绩,洁己节用,通怀期扬,不恣群下。此信未易,非唯声著西土,朝野以为美谈。在彼已有次第,为士庶所安,论者乃谓未议迁之,今之回换,更在欲为汝耳。汝与师护时一辈,各有其美,物议亦互有少劣。若今向事脱一减之者,既于西夏交有巨碍,迁代之讥,必归责于吾矣。复当为师护怨,非但一诮而已也。如此则公私俱损,为不可不先共善详。此事亦易勉耳,无为使人动生评论也。"师护,义季小字也。

义宣至镇,勤自课厉,政事修理。白析,美须眉,长七尺五寸,腰带十围,多畜嫔媵,后房千余,尼媪数百,男女三十人。崇饰绮丽,费用殷广。进位司空,改侍中,领南蛮校尉。二十七年,索虏南侵,义宣虑寇圣,欲奔上明。及虏退,太祖诏之曰:"善修民务,不须宫潜逃计也。"

三十年,迁司徒、中军将军、扬州刺史,侍中如故。未及就征,值元凶弑立,以义宣为中书监、太尉,领司徒、侍中如故。义宣闻之,即时起兵,征聚甲卒,传檄近远。会世祖入讨,义宣遣参军徐遗宝率众三千,助为前锋。世祖即位,以义宣为中书监,都督扬、豫二州、丞相、录尚书六条事、扬州刺史、加羽葆、鼓吹,给班剑四十人,持节、侍中如故。改封南郡王,食邑万户。进谥义宣所生为献太妃。封次子宜阳侯恺为南谯王,食邑千户。义宣固辞内任,及恺王爵。于是改授都督荆、湘、雍、益、梁、宁、南、北秦八州诸军事、荆、湘二州刺史,持节、侍中、丞相如故。降恺为宜阳县王。义宣将佐以下,并加赏秩。长史张畅,事在本传。咨议参军蔡超专掌书记并参谋,除尚书吏部郎,仍为丞相谘议参军、南郡内史,封汝南县候,食邑千户。司马竺超民为黄门侍郎,仍除丞相司马、南平内史。其余各有差。

义宣在镇十年,兵强财富,既首创大义,威名着天下,凡所求欲,无不必从。朝廷所下制度,意所不同者,一不遵承。尝献世祖酒,先自酌饮,封送所余,其不识大体如此。初,臧质阴有异志,以义宣凡弱,易可倾移,欲假手为乱,以成其奸。自襄阳往注陵见义宣,便尽礼,事在《臧质传》。及至江州,每密信说义宣,以为"有大才,负大功,挟震主之威,自古尠有者,宜在人前,蚤有处分。且万姓莫不系心于公,整众入朝,内外孰不欣戴。不尔一旦受祸,悔无所及。"义宣阴纳质言,而世祖闱庭无礼,与义宣诸女淫乱,义宣因此发怒,密治舟甲,克孝建元年秋冬举兵。报豫州刺史鲁爽、兖州刺史徐遗宝使同。爽狂酒失旨,其年正月便反。遣府户曹送版,以义宣补天子,并送天子羽仪。遗宝亦勒兵向彭城。义宣及质狼狈起兵。二月二十六日,加都督中

外诸军事,置左右长史、司马,使僚佐悉称名。遣传奉表曰:

"臣闻博陆毗汉,获疑宣后;昌国翼燕,见猜惠王。常谓异姓震主,嫌隙易构;葭莩淳戚,昭亮可期。臣虽庸懦,少希忠谨。值巨逆滔天,忘家殉国,虽历算有归,微绩不树,竭诚尽愚,贯之幽显。而微疑莫监,积毁日闻;投杼之声,纷纭溢听。谅缘奸臣交乱,成是贝锦。夫浇俗之季,少贞节之臣;冰霜竞至,靡后雕之木。并寝处凶世,甘荣伪朝,皆缨冕之所弃,投畀之所取。至乃位超昔宠,任参大政,恶直丑勋,妄生邪说,疑惑明主,诬罔官听。又南从郡僚,劳不足纪,横叨天功,以为己力,同弊相扇,图倾宗社。臧质去岁忠节,勋高古贤,鲁爽夫同大义,志契金石,此等猜毁,必欲祸陷。昔汲黯尚存,刘安寝志;孔父既逝,华督纵逆。臣虽不武,绩著艰难,复肆谗狡,规见诱召。宗祀之危,缀旒非所。"

"臣托体皇基,连晖日月,王室颠坠,咎在微躬,敢忘抵鼠之忌,甘受犯墉之责。辄征召甲卒,分命众藩,使忠勤早愤,义夫效力,戮此凶丑,谢愆阙廷,则进不负七庙之灵,退无愧二朝之遇。临表戚怀,辞不自宣。"

上诏答曰:"皇帝敬问。朕以不天,招罹屯难,家国阽危,剪焉将及。所以身先八百,雪清冤耻,远凭高算,共济艰难。遂登寡暗,嗣奉洪祀,尊戚酬勋,实表心事,比政阙职,所愿匡拯。而嘉言蔑闻,末德先著,勤王之绩未终,毁冕之图已及。臧质崄躁无行,见弃人伦,以此不识,志在问鼎,凶意将逞,先借附从,扇诱欺炽,成此乱阶。如使群逆并济,众邪竞遂,将恐瞻乌之命,未识所止,构怨连祸,孰知其极。公明有不照,背本崇奸,迷昵谗丑,还谋社稷,虽履霜有日,谊议纠纷。朕以至道无私,杜遏疑议,信理推诚,暴于遐迩。不虞物变难筹,丑言遂验,是用悼心失图,忽忘寝食。"

"今便亲御六师,广命群牧,告灵誓众,直造柴桑,枭辕元恶,以谢天下。然后警跸清江,鸣銮郢路,投戈袭兖,面禀规勖。有宋不造,家祸仍缠,昔岁事宁,方承远训,冀以虚薄,永弭厥艰。岂谓曾未期稔,复睹斯衅,二祖之业,将坠于渊?仰瞻鸿基,但深感恸。"

太傅江夏王义恭又与义宣书曰:"顷闻之道路云,二鲁背叛,致之有由,谓不然之言,绝于智者之耳。忽见来表,将兴晋阳之甲,惊愕骇惋,未譬所由。若主弱臣强,政移冢宰,或时昏下纵,在上畏逼,然后贤藩忠构,睹难赴机。未闻圣主御世,百辟顺轨,称兵于言之初,扶危于既安之日,以此取济,窃为大第忧之。昔岁二凶构逆,四海同奋,弟协宣忠孝,奉戴明主,元功盛德,既已昭著,皇朝钦嘉,又亦优渥。丞相位极人臣,江左罕授,一门两王,举世希有。表倍推诚,彰于见事,出纳之宜,唯意所欲。哀升进益,方省后命,一旦弃之,可谓运也。吾等荷先帝慈育,得及人群,思极厚恩,昊天罔极,竭力尽诚,犹惧无补。奈何妄听邪说,轻造祸难。国靡流言,遽归怨于二叔;世无晃错,仍袭辙于七藩。弃汉苍之令范,遵齐冏之败迹。"

"往时仲堪假兵灵宝,旋害其族;孝伯授之刘牢,忠诚逝踵。皆曩代之成事,当今之殷鉴也。臧质少无美行,弟所具悉,凭恃末戚,并有微勤,承乏推迁,遂超伦伍,籍西楚强力,图济其私。凶谋若果,恐非复池中物。鲁宗父子,世为国冤,世祖方弘遐略,故爽等均雍齿之封。令据有五洲,虎兕出于匣,是须为刘渊耳。徐遗宝是垣护之妇弟,前因护之归于吾,若求北出,不乐远西。近磐桓湖陆,示遣刘雍,其意见可。雍是徐冲舅,适有密信,誓倒戈。自虏侵境以来,公私雕弊,安以抚之,庶可宁静,弟复随而扰乱,吾恐边鄙皆为禾黍。宜远寻高祖创业艰难,近念家国比者祸,时息兵戈,共安社稷。责躬谢过,诛除险佞,追保前勋,传美竹帛。昔梁孝悔罪。景帝垂恩,阜质改过,肃宗降泽。忠焉之诲,聊希往言,祸福之机,明者是察。"

"主上神武英断,群策如林,忠臣发愤,虎士投袂,雄骑布野,舳舻盖川。吾以不才,忝权节钺,总督群帅,首戒戎先,指晨电举,式清南服。所以积竹缓期,冀弟不远而悟。如其遂溺奸说着,天实为之。临书慨懑,不识次第。"

义宣移檄诸州郡,加进号位。遣参军刘堪之、尹周之等率军下就臧质。雍州刺史朱攸之起兵奉顺。义宣二月十一日率众十万发自江津,舳舻数百里。是日大风,船垂覆没,仅得入中夏口。以第八子恺为辅国将军,留镇江陵。遣鲁秀、朱昙韶万余人北讨朱攸之。秀初至江陵，见义宣，既出，拊膺曰："阿兄误人事，乃与痴人共作贼，今年败矣。"义宣至寻阳，与质俱下，质为前锋。至鹊头，闻徐遗宝败，鲁爽于小岘授首，相视失色。世祖使镇北大将军沈庆之送爽首示义宣，并与书："仆荷任一方，而衅生所统。近聊率轻师，指往剪扑，军锋裁交，贼爽授首。公情契异常，或欲相见，及其可识，指送相呈。"义宣、质并骇惧。

上先遣豫州刺史王玄谟舟师顿梁山洲内，东西两岸为却月城，营栅甚固。义宣屡与玄谟书，要令降，玄谟书报曰：

"频奉二诲，伏对战骇。先在彭、泗，闻诸将皆云必有今日之事，以鄙意量，谓无此理。去年九月，故遣参军先僧瑗修书表心，并密陈入相之计，欲使周旦之美，复见于今。岂意理数难推，果至如此。昔因幸会，蒙国士之顾，思报厚德，甘起泉壤，岂谓一旦事与愿违，公崇长奸回，自放西服，信邪细之说，忘大节之重，溺流狡之志，灭君亲之恩，狎玩极宠，越希非觊，祖宗世祀，自图颠覆，瞑目行事，未有如斯之甚者也，乃复枉谭书檄，远示见招。此则丹心微款，未亮于高鉴，赤诚幽志，虚感于平日，环念周回，始悟知己之未难也。公但念提职在昔，不思善教有本，徒见徐、鲁去就，未知仗义有人，岂不惜哉！有臣则欲其忠，诱人而导诸逆，君子忠恕其如是乎？苟不忠恕，则择木之翰，有所不集矣。夫挑妾者爱其易，求妻则敬其难。若承命如响，将焉用之。原毂存舆，无礼必及，窃恐荆郢之上，已当潜贰其怀，非皇都陋臣，秉义不徙。公虽心迷迹往，犹愿勉建良图。柳抚军忠壮慷慨，亮诚有素，新亭之勋，莫与为等，尚妄信奸虚，坐相贬谤，不亦惑哉？"

"幸承从乏，夙诚前驱，精甲已次近路；镇军络绎继发；太傅、骠骑嗣董元戎；乘舆亲御六师，威灵遐振。人百其气，慕义如林，舟骑云回，赫弈千里。辄属鞬秉锐，与执事周旋，授命当仁，理无所让。夫君道既尽，民礼亦绝，执笔裁答，感慨交怀。"

抚军柳元景据姑孰为大统，偏帅郑琨、武念戍南浦。质迳入梁山，去玄谟一里许结营，义宣屯芜湖。五月十九日，西南风猛，质乘风顺流攻玄谟西垒，冗从仆射胡子友等战失利，弃垒渡就玄谟。质又遣将庞法起数千兵从洲外趋南浦，仍使自后掩玄谟。与琨、念相遇，法起战大败，赴水死略尽。二十一日，义宣至梁山，质上出军东岸攻玄谟。玄谟分遣游击将军垣护之、竟陵太守薛安都等出垒奋击、大败质军，军人一时投水。护之等因风纵火，焚其舟乘，风势猛盛，烟焰覆江。义宣时屯西岸，延火烧营殆尽。诸将乘风火势，纵兵攻之，众一时奔溃。

义宣与质相失，各单舸进走，东人士庶并归顺，西人与义宣相随者，船舸犹有百余。女先适臧质子，过寻阳，入城取女，载以西奔。至江夏，闻巴陵有军，被抄断，回入迳口，步向江陵。众散且尽，左右唯十许人，脚痛不复能行，就民傸露车自载。无复食，缘道求告。至江陵郭外，遣人报竺超民，超民具羽仪兵众迎之。时外犹自如旧，带甲尚万余人。义宣既入城，仍出听事见客，左右翟灵宝诚使抚慰众宾，以"臧质违指授之宜，用致失利，今治兵缮甲，更为后图，昔汉高百败，终成大业。"而义宣忘灵宝之言，误云"项羽千败"。众咸掩口而笑。鲁秀、竺超民等犹为之爪牙，欲收合余烬，更图一决，而义宣惵垫无复神守，入内不复出。左右腹心，相率奔叛。鲁秀北走，义宣不复自立，欲随秀去，乃于内戎服，塍囊盛粮，带佩刀，携息惛及所爱妾五人，皆著男子服相随。城内扰乱，白刃交横，义宣大惧落马，仍便步进，超民送城外，更以马与之，超民因还守城。义宣冀及秀，望诸将送北入虏。既失秀所在，未出郭，将士逃散尽，唯余惛及五妾两黄门而已。夜还向城，入南郡空廨，无床，席地至旦。遣黄民报超民。超民遣故车一乘，越送刺奸。义宣送止狱户，坐地叹曰："臧质老奴误我。"始与五妾俱入狱，五妾寻被遣出，义宣号泣语狱吏曰："常日非苦，今日分别始是苦。"

大司马江夏王义恭诸公王八座与荆州刺史朱攸之书曰："义宣反道叛恩，自陷极逆。大义灭亲，古今同准。无将之诛，犹或凶杀，况丑文悖志，宣灼遐迩，锋指张阙，兵缠近郊，衅逼忧深，臣主盱食。赖朝略震明，祖宗灵庆，罪人斯得,七庙弗隳。司刑定罚,黄辟攸在。而皇慈逮下,愍其愚迷,抑法申情,屡奏不省,人神悚遑,省心震惕。义宣自绝于天,理无容受。神稷之虑,臣子责深。便宜专行大戮,以纾国难。但加诸斧钺,有伤圣仁,亦以弘恩,使自为所,上全天德,下一洪宪。临书悲慨,不复多云。"书未达,攸之至江陵,已于狱尽焉。时年四十。世祖听还葬。

义宣子悰、恺、憬、恢、恢、恔、敦、惛、伯实、业、悉达、法导、僧喜、慧正、慧知、明弥房、妙觉、宝明凡十八人,恺、恢、恢、敦并于江宁墓所赐死,恔、悉达早卒,余并与义宣俱为朱攸之所杀。蔡超及谘议参军颜乐之、徐寿之等诸同恶,并伏诛。超,济阳考城人。父茂之,侍庐陵王义真读书,官至彭城王义康骠骑从事中郎,始兴太守。超少有才学,初为兖州主簿,时令百官举才,超与前始宁令同郡江淳之、前征南将军会稽贺道养并为兴安修义宾所表荐。竺超民,青州刺史竺夔子也。

恢字景度,既嫡长,少而辩慧,义宣甚爱重之。年十一,拜南谯王世子,除给事中。义宣为荆州,常停都邑。太祖欲令还西,乃以为河东太守,加宁朔将军。顷之,征为黄门侍郎。元凶弒立,恢为侍中。义宣起义,勒收恢及弟恺、恢、悰、憬、恔系于外,散骑郎沈焕防守之。焕密有归顺意,谓恢等曰:"祸福与诸郎同之,愿勿忧。"及臧质自白下上趋广莫门,勒令焕杀恢等。焕乃解其桎梏,率所领数十人与恢等向广莫门欲出。门者拒之,焕曰:"臧公已至,凶人走矣。此司容诸郎,并能为诸君得富贵,非徒免祸而已,勿相留。"亦值质至,因此得出。恢至新亭,即除侍中。俄迁侍中、散骑常侍、西中郎将、湘州刺史。义宣并领湘州,转恢侍中,领卫尉。晋氏过江,不置城门校尉及卫尉官,世祖欲重城禁,故复置卫尉卿。卫尉之置,自恢始也。转右卫将军,侍中如故。义宣举兵反,恢与兄弟姊妹一时逃藏江宁民陈铣家,有告之者,录付廷尉。恢子善藏,与恢俱死。

恺,字景穆,生而养于宫内,宠均皇子。十岁,封宜阳县候,仍为建威将军、南彭城沛二郡太守。迁步兵校尉,转黄门侍郎,太子中庶子,领长水校尉。元凶以恺为散骑常侍。世祖以为秘书监，未拜，迁辅国将军、南彭城、下邳二郡太守。其年，转五兵尚书，进爵为王。义宣反问至，恺于尚书寺内，著妇人衣，乘问讯车，投临汝公孟诩。诩于妻室内为地窟藏之，事觉，收付廷尉，并诩伏诛。悛封临武县侯，年十八卒，谥曰悼侯。悽封湘南县侯。憬封祁阳县侯。

徐遗宝，字石俊，高平金乡人。初以新亭战功，为辅国将军、卫军司马、河东太守，不之官。迁兖州刺史，将军如故，戍湖陆。封益阳县侯，食邑二千五百户。义宣既叛，遣使以遗宝为征虏将军、徐州刺史，率军出瓜步。遗宝遣长史刘雍之袭彭城，宁朔司马明胤击破之。更遣高平太守王玄楷与雍之复逼彭城。时徐州刺史萧思话未之镇，因诏安北司马夏候祖权率五百人驰往助胤，既至，击玄楷斩之，雍之还湖陆。遗宝复遣土人檀休祖应玄楷，闻败，亦溃散。遗宝弃城奔鲁爽，爽败，逃东海郡界，土人斩送之，传首京邑。

夏候祖权，谯人也。以功封祁阳县子，食邑四百户。大明中，为建武将军、兖州刺史，卒官。谥曰烈子。

史臣曰：襄阳庞公谓刘表曰："若使周公与管、蔡处茅屋之下，食藜藿之羹，岂有若斯之难？"夫天伦由子，共气公形，宠爱之分虽同，富贵之情则异也。追味尚长之言，以为太息。

【译文】

南郡王刘义宣，天生舌头短，语言有障碍。元嘉元年，年龄十二岁，受封为竟陵王，享有食邑五千户，拜授左将军，镇抚石头。七年，升任使持节、都督徐州、兖州、青州、冀州、幽州五州诸军事、徐州刺史，左将军职位没有变，还戍守石头。八年，又改任都督南兖州、兖州刺史，准备镇戍山阳，没有赴任。第二年，升职任中书监、进封中军将军号，加任散骑常侍，赐给他鼓吹一部。这时，竟陵地区的蛮方少数民族扰乱得很厉害，劳役赋税很重，于是改封刘义宣为南谯王，又加领石头地区的军事。十三年，出任为都督江州、豫州西阳、晋熙、新蔡三郡诸军事、镇南将军、江州刺史。

开始，高祖认为荆州是最好的军事要地，土地广阔，兵强马壮，留下遗诏，让他的几个儿子按次序到那里去镇戍。谢晦叛乱被平定后，将荆州封授给彭城王刘义康。刘义康入朝作了宰相，依次封赐给江夏王刘义恭。又因为临川王刘义庆属于宗族中德高望重的人，而且临川武烈王为国家的建立立下了很大的功劳，因此刘义庆又被册封在那里。这以后，按次序应册封刘义宣到那里去。文帝认为刘义宣的才能原本有些短浅，不能够镇抚"上流形胜"的地方。十六年，用衡阳王刘义季代替了刘义庆受封的职位，又用刘义宣代替刘义季受封为南徐州刺史，任职都督南徐州军事、征北将军，持节同以前一样，加封散骑常侍。而会稽公主多次替刘义宣说话，文帝迟疑不定，沉吟不许有很长时间。元嘉二十一年，才册封刘义宣都督荆州、雍州、益州、梁州、宁州、南秦州、北秦州七州诸军事、车骑将军、荆州刺史，持节、常侍的职位同以前一样。文帝先下诏给刘义宣说："师护认为在西方的国土上呆得有些久了，因此两次上表要求返回京师，出任朝廷内政，作为我的左右助手，这自然是治理国家通常的道理，也没有必要在一个地方长待下去。现在想要听取你的意见，用你去代替师护刘义季镇抚南徐州。师护在南徐州虽然没有特殊的政绩，纯洁自己，节省财用，以善心对待民众，不仗势欺凌属下。这些是真实不能改变的事实，不仅在西土南徐州有好名声，就是朝廷内外的百官也以他的那种处世行为作为美谈。在那里治理政事已经步入正轨，有了顺序。士大夫、百姓都不愿意让他离开，朝廷里边议论事情的人也没有说要迁移他，现在让他回京师，换你去代替他镇抚南徐州。更进一步地考虑也是为了你的安排。你与师护的年龄、辈分相同，各有各的优点，在待人接物方面也是各有优劣。倘若现在让师护回京师、让你代替产生的讥讪议论，一定会把责任都归属在我头上。反过来还会被师护怨恨，不只是发点牢骚就了事。事情要是这样，于公于私两方面都受到损害，因此不能够不事先共同好好地商量。通过商量，这事情也就成为容易的事了，没有可能让人再发生评头论足的议论。"师护，是刘义季的小字。

　　刘义宣到南徐州刺史任上，勤劳努力，约束自己，非常严格，政治事务处理得有条不紊。他生得白皙，蓄着很美的须眉，身长七尺五寸，腰带长达十围，养育了很多嫔妾，后房多达一千多人，尼媪几百人，男儿女孩三十人。崇尚装饰绮丽，财费支用很多。晋升职位为司空，改任侍中，领任南蛮校尉。二十七年，索虏向南侵扰，刘义宣担心索虏寇贼的到来，想逃到上明去。等到索虏退兵后，太祖刘义隆下诏给他说："好好地治理人民的事务，不要去考虑潜逃的计划。"

　　三十年，刘义宣迁升任司徒、中军将军、扬州刺史，侍中职位不变。还没到任职的地方去，遇上刘劭弑君，自立为皇帝。拟任命刘义宣为中书监、太尉，领司徒、侍中的职位同以前一样。刘义宣听说他的任命后，立即起兵，征调聚集兵器士卒，传布战书于远近。适逢世祖入京师讨伐刘劭，刘义宣派他的参军徐遗宝领兵三千人援助，作他的前锋军。世祖登皇帝位，任命刘义宣为中书监，都督扬州、豫州二州诸军事、丞相、录尚书六条事、扬州刺史，加赐给羽葆、鼓吹、班剑四十人，持节、侍中如以前，改封为南郡王，享有食邑一万户。进封谥号给刘义宣所生女为献太妃，册封次子宜阳侯刘恺为南谯王，享有食邑一千户。刘义宣坚持辞让在朝廷内的任职和刘恺的王爵不受。于是改授给他都督荆州、湘州、雍州、益州、梁州、宁州、南秦州、北秦州八州诸军事、荆州、湘州二州刺史，持节、侍中、丞相职位不变。降低封赐刘恺为宜阳县王。刘义宣所属的将领、佐吏及以下的官员，一并都有不同程度的赏赐。长史张畅，事迹见于本传。谘议参军蔡超专门掌管书记和参谋事务，任职为尚书吏部郎，仍任丞相谘议参军、南郡内史，受封为汝南县侯，给食邑一千户。司马竺超民任黄门侍郎，仍任丞相司马、南平内史。其余的人各自都有差任。

　　刘义宣在任十年，兵力强盛，财用富足，又首先创立义举，发兵讨伐刘劭，威名称誉天下。凡是他有所请求想要得到的东西，没有一样不从他所愿的。朝廷颁布的制度，有不与他的意思统一的，他就一概不执行。曾经将献给世祖酒，首先自己饮足后，再将剩余的酒封送给世祖，他的不识大体达到了这种程度。起先，臧质心怀诡计，要背叛朝廷，认为刘义宣平凡羸弱，容易左右他，想假借他的名义实行叛乱，用以成就他的奸计。从襄阳去江陵见刘义宣，便尽情礼遇，事情记载在《臧质传》。及到了江州，经常致密信劝说刘义宣，说刘义宣"有治理朝政的才能，建立了兴邦治国的大功，具有了可以使君主都感到不安的威势，从古以来少有全者，应当地位在所有人的前面，及早地做出安排。而且黎民百姓没有谁不归心于你，你如果整顿人马，入朝亲政，朝廷内外没有谁不欣喜若狂拥戴你做皇帝。不如此，一旦降祸于你，后悔将会来不及。"刘义宣暗自接受了臧质的游说，而世祖，在深闺宫苑中不守礼规，与刘义宣的几个女儿淫乱。刘义宣因此怒从心发，秘密地治理舟船、兵器，准备在孝建元年秋天或冬天起兵反叛，报知豫州刺史鲁爽、兖州刺史徐遗宝一同起兵。鲁爽因饮酒过度而失态，泄漏了刘义宣的意思。因此提前在这年正月便起兵反叛，派府中户曹送版刻印，以刘义宣补为天子，并送天羽仪给刘义宣。徐遗宝也统兵开赴彭城。刘义宣与臧质狼狈为奸，仓促起兵。二月二十六日，刘义宣自行充任都督中外诸军事，在府中设置左、右长史、司马，让他的僚属佐吏都有了官位名号。"

派遣传奉表奏刘骏说："我听说过博陆辅佐汉朝，后来受到宣太后猜疑；昌国辅翼燕国，又被惠王猜忌。常常异姓公卿功高权重时会需用挟君主，容易在君臣之间产生隔阂；葭与莩是同类，可以心心相印，和睦相处。我虽然平庸没有才，懦弱无能，但是稍微献忠诚，处理事情很谨慎。正值刘劭弑杀文帝自立为皇帝的时候，我忘记家庭的安危，抱定以身殉国的信念，发兵征讨刘劭。虽然朝廷的纪年走上正常，得到了延续，我没有树立功劳，但是满尽忠诚和愚心，已经深入人心，感应神灵。我没有得到应有的理解，反而对我的各种各样的怀疑不信任没有停止，我的非议与损毁每天都在发生；犹如织布投杼的声响，纷纷扬扬，不绝于耳。想必是在于奸臣交相作乱，因此鱼目混珠，谎言变成了锦贝之文。当这俗行充斥的年代，很少有奉守贞节的臣子；冰与霜都铺天盖地而来，覆盖了最后凋谢的花木。大家都耽逸于乱世，安然自得,心甘情愿地劳居在非正宗的朝廷。都竞相采摘为人所耻的官带冕服作了高官,惟人家的投赐遗赠是取。及至获得的职位,超过了以前最受宠幸的大臣的职位,任职给他们参与辅佐朝廷大政,恣意培植丑恶的党徒,荒谬地杜撰异端邪说,置疑蛊惑贤明的君主,诓骗人民的视听。又到南国赴任的郡国僚属,他们备受劳苦,不足以记载史册,贪天之功,据为己有,结党营私,互相庇护,企图推翻宗室朝廷。臧质在往年谨守忠节,讨伐刘劭,功勋很高,超过了古代的贤人;鲁爽服从大义,志洁可以刊刻在金石之上。他们这些人受到朝廷猜忌,一定要进行陷害。以前汲黯还在的时候,西汉刘安受其辅佐还能安于志节;孔父既然已经死了,华督就放纵凶逆。我虽然没有武德,领先不辞艰苦也稍有功绩,反而受到谗狡,受到限制而被诱召。宗族祭祀将要出现危险,皇帝的王冠将会不得其所。”

“我托身寄体出生在皇室的家族,累朝历代经历了一些日月。皇室倾颠,朝政坠毁,责任都在我身上。岂敢忘记投鼠忌器的明训,甘愿受到冒犯宗室基业的惩处。于是就征集召募兵器和士卒,分别命令他们到各藩属郡国去,好让忠于皇室、勤于王政的人能够中泄愤慨,让仗义的人效力征伐,诛杀了凶恶丑陋的人,再到朝廷谢罪。如此,那么我前进一步说,不至于有负七庙祖先的灵位,退一步说,无愧于文帝、孝武帝两个朝代的恩遇。临进表奏,感慨惭愧,奏辞难于表达自己的内心。”

孝武帝刘骏下诏回答说:“皇帝恭敬地问候你。我不奉天命,招致蒙受了灾难,宗室与朝政都处于危险,相互为祸的时候很快就要来了,所以身自为八百诸侯的首领,雪清冤屈与耻辱,在于依靠你们的高妙的计策,共同救济艰难时事,杀了刘劭。于是,以孤寡之躯,愚暗不堪用的才能,继嗣了奉祭先祖洪祀的大统。尊亲国戚之间,依功勋酬赏,为的是表明我的心意,便于辅助朝政,尽其职守,所希望的也就是在于匡扶社稷,拯救王业。至于好的言论不曾闻达,小的功德却已经先行著录,勤于王政的事业没有完成,毁誉害身的阴谋已经来了。臧质的为人险恶躁急,没有品行,抛弃人的伦理,因此不曾被重用。你立志在于问鼎皇位,有了凶恶的意图,就一定会乘势行动,先是假借牵强附会的事物,煽动诱惑不明白事理的人,用以掩盖自己真正的意图,达到犯上作乱的目的。如果让那群忤逆朝廷的人都心满意足,让那些邪恶的人争相任意驰骋,我担心你临到受难乌有其命时,还不知道是怎么一回事。但是积怨已经很多,灾祸已经接连不断地来了,哪里还知道事情的真谛。你为人明智,但是还有不及的地方。背叛宗室这个根本,崇仰作奸的人,迷信亲近惯于谗毁人的丑类,还来谈谋求宗室朝政。虽然步履露径小道,犹明日照中天,喧嚣议论,纠葛纷扰。我以最大的仁道和无私的公正,杜绝制止有关猜疑的议论,相信正义,推诚至公,远近皆知。我不担心事物会发展到一筹莫展,不好的预言真正应验出现。我只是可怜你用心良苦,到头会失掉了你所追求的。不要忘记睡觉和吃饭吧!"

"现在我就亲自统帅六师,广泛地命令各地长官,告祭先祖,盟誓群众,直指柴桑,枭首车裂为首作恶的人,用以谢罪天下。随后警跸清理长江两岸,鸣銮荆郢之路,放下武器,穿戴衮服,到宗庙去当面禀告先祖列宗,用以规劝那些还想大逆不道的人。宋朝无福,祸结冤连,仍然缠绕着王室。去年平定乱事,杀了刘劭,刚以为可以以此为鉴,垂训长远,希望得以松弛紧张的气氛,永远消灭灾难。难道说事情刚过去,时间还不到让一季的庄稼成熟,又要看到大难临头,高祖、太祖二朝创立的王业,将又要坠毁于深渊?仰上临祝宗室鸿业,唯有深感悲恸。"

太傅江夏王刘义恭又致书给刘义宣说:

"刚听道路上的人说,刘义宣、臧质背叛了朝廷。说这话的人言之有据,我仍然说不会像他们说的那样。道听途说不足为言,应当绝于智者的耳朵,不会再行传播。忽然看到了你的表奏,将要动用晋阳的军队开始行动,我感到震惊,愕然不知所以,恐骇,为你感到惋惜,不知道从何说起,倘若是君主幼弱,臣子强盛,朝政移至了宰相,扰乱了朝纲,进而要造反呢?还是君主在上昏庸无能,臣下纵恶无道,于是对朝廷有所威逼,然后贤臣藩属难于尽忠职守,及至难处机衡,所以要造反?难道你不曾听说圣明的君主统治了国家,万事万物都已经顺理成章?现在你要称名发兵于你所说的国家兴盛开始的时候,你要扶危难于国家已经安定之时,用以达到你的目的,我私下深深为大弟弟忧虑这件事。去年,二凶大逆不道,篡夺朝政,四海之内,万民同奋,弟弟协和宣扬忠义仁孝,奋起发兵,拥戴圣明君主。大功盛德,已经昭彰时世,载入史册,为此皇朝钦敬嘉奖你,也算是又给了优厚的赏赐。宰相的位置,是人臣中间最高的,现在属于你;江左形胜之地,是很少册封给人的,现在也封授给了你;一家受封两个王位,举世少有,现在你和你的儿子刘恺也一并封了王。上表自称你加倍地推诚致公,但是人们看到的是已有的事实。丢掉什么,保留什么,不是因时制宜,而是按你的主观意愿在决定。褒新进益,方省后命,一旦丢掉了它们,可说是命中注定的。我们这些依靠先帝慈爱养育,所获得的东西超过了常人。思考报答先帝的厚恩,天数是不可能让我们达到极点的,竭尽全力,克尽赤诚,犹尚害怕不能报答恩泽,于事无补。怎么还能够胡乱地听信那些胡说八道,轻易招致祸害与灾难呢?西周时国内到处传播流言蜚语,罪责自然都归属到了管叔、蔡叔的头上;秦朝没有晃错的时候,朝政只好沿袭战国七雄的旧典。丢掉西汉张苍制定的条文规范,难免就要踏上西晋齐王司马冏失败的道路。"

"以往仲堪借兵于灵宝,寻即贻害了灵宝的宗族;孝伯受事于刘牢,靠忠诚而善终。这些都是上古时代已有的历史事实,当今要以此为借鉴。臧质那个人少年时就没有好的品行,弟弟清楚有关他的全部情况,就是凭靠了他是你的不关紧要的亲戚,而且稍有一些殷勤劳苦,并得到你任意推举迁长,及至超过三纲五常的伦理。他依靠在西楚比较强的兵力,企图达到他不可告人的目的。大逆不道的阴谋倘若得逞,恐怕他就不再是池中之物,鲁家父子,世代都冤枉受到国家的封赐而不效忠朝廷。世祖刚要弘扬国家的宏图大业,因此鲁爽等人都受到了与雍齿相等的封赐。让他具有五州的势力,这真是虎凶钻出了笼子,只待作刘渊了。徐遗宝是袓护之的女人的弟弟,以前因为垣护之归属我作,我的下属,苦苦追求要出师北上镇守,没有答应他,所以不高兴,就远远地投奔了西土。近来他盘旋左右顾盼在湖陆那地方,把他的意思故意表现给刘雍看,他的用意一目了然。刘雍是徐冲的舅舅,恰好得到了密信,于是盟誓掉转刀口。自从虏寇侵扰边境以来,国家宗室的事业都凋散不振,安定地匡扶它,也许还有希望获得国内的安宁平静。弟弟不躬亲安抚百姓,效忠朝廷,反而随臧质他们那些人扰乱邦土安宁,我担心的是边鄙地区将成为荒野了。你应当从长远想想高祖创立国家基业的艰难,从近处顾念宗室与国家屡次受到了灾祸的侵害,需要及时停止兵戎相见,共同安定宗室朝廷。你现在的责任是要通过自我反省以谢过失,诛除臧质那些危险的邪恶之徒,用以将功补过。这样对于以前可以保证功勋不受影响,对于以后,能够将善行著入竹帛,载入史册。以前西汉梁孝王能够悔罪改过,得到了景帝谅解并加强了恩宠;东晋阜、质改过自新,肃宗司马绍降恩泽给他了。忠诚教诲,往往是忠的事情出现以后,才想得起来;祸与福的机遇,只有明智的人才能察觉到。”

“现在的君主精干,英明果断,他周围的贤能策士,多如林木,忠诚的臣子乐于为他发愤图强,勇猛如虎的义士投靠他乐于为他效命。威武雄壮的战马遍布在野外,用于水战又长又大的方舟浮满了江河。我以浅薄才能,辱权被授予节钺,总督全军将帅,率先统领军队,一声令下,晨旦之间,将士将风驰电掣,清除南国叛逆,使之臣服朝廷,志在必得。之所以整装未发,延缓行动,希望弟弟能尽快醒悟。如其不然,沉溺于奸佞之人的异端邪说,一意孤行,其结果将是灭亡要使你遭受祸殃。临致书时感慨烦懑,不知道文意的次序,没有章法。”

刘义宣传达战书给所有州郡,给官吏们加官进爵。派参军刘湛之、尹周之等率领军队去与臧质会师。雍州刺史朱修之起兵归顺朝廷。刘义宣二月十一日率领十万大军从江津出发,战船在江上连绵,列队长达数百里。这天刮大风,船沉覆没,仅存不多的船只载人驶入仲夏口。任命他的第八个儿子刘恬为辅国将军,留镇江陵。派鲁秀、朱昙韶领兵一万余人向北讨伐朱修之。鲁秀初到江陵,拜见刘义宣,拜见后出门,用手拊胸口说:"我哥哥鲁爽错误地投靠了人,错误地参与了事。他与痴呆的人一道作逆贼,今年就会失败。"刘义宣到浔阳,与臧质一同发兵,以臧质为前锋。到鹊头,听说徐遗宝失败,鲁爽在小岘那地方被割下首级,大惊失色。世祖派镇北在将军沈庆之送鲁爽首级给刘义宣看,并给他书说:"你这奴仆,担任了一方的要职,不行王道,却统领逆贼涂炭生灵。近来又率领你那微不足道的军队,指挥他们前往剪扑朝廷命官,反叛朝廷。军队的前锋还没交战,逆贼鲁爽就割下首级臣服了朝廷。这情契异乎寻常,或许还想与鲁爽相见一面,趁他的首级还可辨认出来,迅速派人送给你。"刘义宣、臧质一并感到惊骇惧怕。

孝武帝先派豫州刺史王玄谟率领舟师屯驻在梁山州内,东西两边都是却月城,营栅非常坚固。刘义宣屡次致书给王玄谟,要王玄谟投降,王玄谟还报书说:

"频繁收到你奉送的两封信,伏读很惊怕,起先在彭、泗的时候,就听说你的将领都说一定会有今天这样的结果。以我的意思来看,可以说这样议论没有道理。去年九月,你派参军先僧瑗给我送信表示你的意思,并且秘密告诉我事情成功之后让我做宰相,想要我具有周公旦那样的美德,以后再次见面就到了今天。难道是意念中的理数难于推脱,结果又到了今天这个地步。过去因为幸会,又蒙你有加给我宰相职权的顾念,思想要报你厚爱我的德仁,滴水之恩,当甘泉涌报。那里料得到,一朝之间,事情会与愿望相违背。你崇尚奸邪的人,自从到西楚服任,相信邪佞细碎的道听途说,忘记了为国治政要奉守之节的重要,沉溺在下流狡黠的意志之中,毁灭了君臣宗室的恩泽,习玩朝廷加给你的最大的恩宠,超过正常限度很远,达到了非人所望的程度。面对祖宗的七庙,你要自己去颠覆它。就是闭着眼睛做事,结果也没有像这样恶劣的。及至进一步狂妄地向四面八方广泛散发战书,将战书送到遥远的地方,招募不义之徒。这就是所谓丹心与微诚,不曾照亮在高悬的明镜面前,赤诚与幽志,也只是徒有虚表在平日。我翻来复去地思考,方始感悟到人心易得,知己难求的道理。你只想到往昔要提职的事,没有想到好的教导要源自根本。难道看到了徐遗宝的失败,鲁爽投降朝廷,却不知道仗义行事大有人在,岂不是感到可惜! 做人的臣子,那么就要想到尽忠于他的事,引诱人并把他引向叛逆的道路,君子所说的忠、恕二字,难道就是这种意思吗? 如若不行忠、恕,那么择木而栖的飞鸟,就会因此而不集结在你这里了。那些挑选妾姬的人,喜欢她轻薄善变和逢场作戏,而求娶妻子,则敬重的是她能够忍辱负重,遇险蹈难。倘若唯命是从,承命如响,你将用他的哪一方面呢? 循着车毂的印迹追导,一定会发现车子的处所;不奉守礼法行事,祸害就会随之而来。我私下为你担心,恐怕荆、郢地方的那些仗义之士,已经暗自有了要二心于你的想法,不单是京都里边那些没用的大臣,要秉承大义,不二心于朝廷。你虽然心里迷乱,行迹往复不定,还是希望你能勉励自己,再作好的打算。柳元景抚军忠诚悲壮慷慨,素来有亮节和赤诚,有新亭的功勋,没有谁能够赶得上他,而他胡乱地相信奸人的虚情假意,受他们欺骗,结果受牵连,遭到贬斥和谤毁,不是很清楚吗?”

我有幸被启用在没有贤人的时候,受孝武帝训诫,作为征讨你的前驱,精兵已经暂时驻扎到靠近你们的路上。各地镇抚的军将络绎不断地紧接着发起前来。原来是太傅、骠骑将军的刘骏继承了大统,御驾亲征,他乘车亲自统率六军前来讨伐你,威风凛凛,精神振奋,很远的地方都受到震动。人民如百川汇流般统一在他的意气之下,群情激昂,敬慕大义的人多如山林,战船与战马整装待命如四方潮涌般盘旋在各地,战旗飘扬连绵千里。千钧一发之际,任我执鞭秉锐,与你争锋周旋。接受朝廷的命令,我会当仁不让,道理上也不允许我退让不受命。你与君子之道缘尽而作了寇贼,与人民相互礼遇的关系也就绝灭了。我执笔就你的二封来信给予回答,百感交集在我的心中。”

刘义恭任命抚军柳元景守据姑孰为元帅,偏帅郑琨、武念戍守南浦。臧质直奔梁山,在离王玄谟营地一里左右的地方扎营。刘义宣屯驻芜湖。五月十九日,西南风刮得迅猛,臧质乘风顺水流攻打王玄谟的西营,冗从仆射胡子友等人迎战,失败,丢下营垒,乘船渡河投靠王玄谟。臧质又派将领庞法起率几千兵从洲外奔袭南浦,仍然让他们从后面去攻击王玄谟。他们与郑琨、武念率领的军队相遇,庞法起大战,失败,将士落水而死几乎殆尽。二十一日,刘义宣到梁山,臧质从上方出军东面攻打王玄谟。王玄谟分别派游击将军垣护之、竟陵太守薛安都等人出营地袭击臧质军,大败臧质,军中士卒一时间全部投水。垣护之等人借用风势纵火烧臧质的战船,风猛火盛,烟雾覆盖了江面。刘义宣这时屯驻西面,火势蔓延烧光了他在西面的营垒。王玄谟派去的将领乘风火的威势,纵兵攻击刘义宣、臧质,一时间全军崩溃瓦解。

刘义宣与臧质失去了联系,各自乘一条船逃走。东土士庶人都投降了王玄谟,西土刘义宣的部属,追随他的船只还有一百余艘。他的女儿在这以前嫁给了臧质的儿子,过浔阳时,刘义宣入城领了女儿,将她载上车子也一齐向西逃奔。到江夏,听到说巴陵有朝廷的军队,被抄断了出路,又折回来进入迳口,步行去江陵。随从他的人纷纷离散殆尽,手下只有十人左右。他的脚痛不能够行走,在老百姓那里弄了一辆没有车盖的车子载着他自己行走。没有了粮食,沿途靠讨乞过活。到江陵城外,派人报知竺超民,竺超民用羽仪兵排列迎接刘义宣。这时城外还和以前一样,有带甲兵众一万余人。刘义宣已经进入江陵城,还和以前那样出面听取奏事,会见宾客。他的手下翟灵宝告诉他,让他抚慰将士和宾客,认为“臧质违背了指挥授任应该遵守的规则,因此招致失败,现在修理兵器,整顿队伍,更为以后打算。以前汉高祖刘邦竟然有百次的失败,最后还是取得了胜利,创立了国家大业。”而刘义宣忘记了翟灵宝所说的意见,失言说:“项羽还有一千次失败。”大家都掩口而笑。鲁秀、竺超民等人仍然是刘义宣的得力干将,想集中合编残余部队,再次决一死战,而刘义宣被恐怖畏惧冲昏了头脑,神不守舍,进到屋里不再出来。他的部下心腹,争相奔散叛变。鲁秀向北而逃,刘义宣不能再自成自立,想跟鲁秀一道去。于是将戎装穿在里面,外边改穿常人衣服,用口袋装粮食,带上佩剑,携同儿子刘怪物愲和他喜欢的爱姬五人,都穿男子衣服相随而行。江陵城里纷乱不堪,刀剑纵横,刘义宣大为恐惧,从马上掉下来,反过来又步行进城。竺超民将他送出城外,又将马给他,竺超民就此返还江陵城据守。刘义宣希望追赶上鲁秀,看到将领们送鲁秀投奔了北方的少数民族。刘义宣既然没有了鲁秀这个唯一的归宿,还没出外城,将士们全部逃跑离散,只剩下刘怪物愲和他的五个爱姬、两个黄门跟随他。夜里又向城里返回,进入了南郡的一所空房子,没有床,席地而坐到第二天早晨。派黄门郎报知竺超民,竺超民派一辆旧车子,将他装载送交了官方。刘义宣被送交给狱户,坐在地上叹息说:"臧质那老贼奴耽误了我。"开始与五个爱姬一同在监狱里,随即五个爱姬又被调遣出来。刘义宣哭嚷着对狱吏说:"平常不知道苦,今天与爱姬们分别才知道苦就在这里。"

大司马江夏王刘义恭和诸公王八座给荆州刺史朱修之信说:"刘义宣反逆王道,背叛皇恩,自己走上了大逆不道的绝路。为了维护君臣大义,可以不顾念亲戚,古代和现代都有同一的准则。不论是将他诛杀,抑或是将他囚禁致死,都不会过分。何况他的丑恶行为,大逆不道的意志,已经远远近近扬起了对他仇恨的火焰。锋芒指向朝廷,屯兵缠绕京郊,对朝廷侵害威逼深重,君主与臣子都不能按时就食。依赖朝廷的英明,祖宗的神灵保佑,罪人已落得应有下场,七庙不曾坠毁。有司刑狱给他定罪,依典大辟都是他咎由自取。但是孝武帝的慈恩下降给他,怜悯他愚蠢迷惑不省人事,不得已抑制法律,表达皇室亲戚的和人感情,我们每次奏请都不予省察诏准,人与神都害怕凄惶,于心震动。刘义宣自己绝于天命,没有道理不容他不接受。为了国家朝政的大事,我作臣子的责任重大。要随便对他专行大戮,用以申明国难。但是加给他斧钺的刑罚,又有伤于圣上的仁爱。那就给予他宽宏博大的恩泽,让他自己处死自己,对上可以保全天子的仁德,对下可以表明朝廷的宽宏。临到写信,悲哀感慨,不能够再多说。"信未到达荆州,朱修之到江陵,刘义宣已在狱中死了。死时四十岁。世祖听从奏请,将刘义宣还葬在江宁。

　　刘义宣有儿子刘悰、刘恺、刘恢、刘憬、刘慉、刘恞、刘敦、刘慆、刘伯实、刘业、悉达、法导、僧喜、慧正、慧知、明弥房、妙觉、刘宝明共十八人,刘恺、刘恢、刘慉、刘敦一起在江宁墓地赐死。刘恞、悉达早年夭折,其余都与刘义宣一道被朱修之杀死。蔡超和咨议参军颜乐之、徐寿之等刘义宣的全部同党,一并伏诛受刑。蔡超,是济阳考城人。蔡超的父亲蔡茂之,开始侍奉庐陵王刘义真读书,后来官到举荐贤才,蔡超与原始宁令同郡江淳之、原征南参军会稽贺道养一并受到兴安侯刘义宾的上表推荐。竺超民,是青州刺史竺夔的儿子。

　　刘恢字景度,既是刘义宣的长子,从小能辩聪慧,刘义宣非常喜欢他。年龄十一岁,拜为南谯王世子,任给事中。刘义宣赴荆州后,刘恢常被留守都邑。太祖想让他从西楚返回,于是任命为河东太守,加任宁朔将军。不久,征任为黄门侍郎。刘劭弑杀刘义符,自立为皇帝,刘恢任侍中。刘义宣发兵起义,刘劭逮捕了刘恢和他的弟弟刘恺、刘慉、刘悰、刘憬、刘恞并将他们关押在官外,派敬骑常侍沈焕防守他们。沈焕暗自有归顺刘骏的意思,对刘恢等兄弟几人说:"我会同你们祝福与共,请你们不要忧虑。"到臧质从百下上杀广莫门时,刘劭命令沈焕杀死刘恢和他的几个弟弟。沈焕不但没杀他们,还解开他们身上的桎梏,率领他所领的数十人与刘恢等人奔向广莫门。欲出城门,守门的人拦阻他们不让出门。沈焕说:"臧质已经杀来了,刘劭都已经逃走了。他们是司空的几个儿子,都能够替你们谋得富贵,岂止是只为你们免除祸患而已,请不要相与阻拦。"这时,正好臧质赶到,因而得以出了城门。刘恢到新亭,即任侍中。寻即迁任侍中、散骑常侍、西中郎将、湘州刺史。刘义宣开始一并领湘州,后转任刘恢侍中,领卫尉。晋朝过长江以后,不设置城门校尉和校尉官职,世祖想加强城门的禁卫,因此又设置卫尉卿。卫尉的设置,是从刘恢开始的。刘恢转任右卫将军,侍中职位不变。刘义宣起兵反叛朝廷,刘恢与兄弟姊妹一起立即逃亡。刘恢藏匿在江宁百姓陈铣的家里,有人告发了他们,被官府抓获送交给了廷尉。刘恢的儿子刘善藏,与刘恢一道被处死。

刘恺,字景穆,出生后即养育在皇宫里面,所受的宠爱与皇子相同。十岁时,被册封为宜阳县侯。频繁迁升,任建威将军、南彭城和沛郡二郡太守。迁任步兵校尉,转任黄门侍郎,太子中庶子,领长水校尉。刘劭任命刘恺为散骑常侍。世祖任他为秘书监。没有拜受,又迁任附围将军、南彭城、下邳二郡太守。隔了一年,转任五兵尚书,进封王爵。刘义宣谋反时,讯问的人到了,刘恺躲进尚书寺内,穿着女人衣服,乘前来讯问他的车子,投奔临安公孟𬤊。孟𬤊在妻子的寝室内挖了一个地洞,将刘恺藏在里边。事情败露后,逮捕他交付给了廷尉,与孟𬤊一并服罪被诛杀。刘恹册封后临武县侯,年龄十八岁时死,封谥号悼侯。刘悽受封为湘南县侯。刘憬受封为祁阳县侯。

徐遗宝,字石俊,高平金乡人。开始因为在新亭作战有功,任为辅国将军、卫军司马、河东太守,未到官任,迁任兖州刺史,将军职位不变,戍守湖陆。受封为益阳县侯,享有食邑二千五百户。刘义宣背叛了朝廷,派使者任命徐遗宝为征虏将军、徐州刺史,率领军队出师瓜步。徐遗宝派长史刘雍之袭击彭城,被宁朔司马明胤所击败。又派高平太守王玄楷与刘雍之再次攻打彭城。这时徐州刺史萧思话没到镇任,因此下诏安北司马夏候祖权率领五百人急驰彭城援助明胤,到达以后,攻打王玄楷,并杀了他。王雍之返回湖陆。徐遗宝又派土著将领檀休祖应援王玄楷,听说王玄楷失败,他的军队也随之崩溃瓦解。徐遗宝丢掉城池,投奔鲁爽,鲁爽失败了,只好逃入东海郡的地界。土著人斩了他的首级并送给了朝廷,他的首级被传示京都。

夏候祖权,是谯郡人,因为有功而封受祁阳县子爵,享有食邑四百户。大明年间,任建武将军、兖州刺史,死于官任。谥号叫烈子。

著史的臣子说:"襄阳庞公对刘表说:'倘若让周公旦与管叔、蔡叔三兄弟都居处在茅屋子里面,喝藜藿之类的野菜汤,哪里还会有杀管叔、放逐蔡叔的灾难呢。'大概无论正常能否行得通,要看做儿子的如何处置,同呼吸,分形貌,所受父亲宠爱的名分虽然相同,但是他们所拥有的富与贵的情形截然不同。追忆品味尚长的话,不是没有道理,实在为之叹息。"

范晔传

——《宋书》卷六九

【原文】

范晔字蔚宗，顺阳人，车骑将军泰少子也。母如厕产之，额为砖所伤，故以砖为小字。出继从伯弘之，袭封武兴县五等侯。

少好学，博涉经史，善为文章，能隶书，晓音律。年十七，州辟主簿，不就。高祖相国掾，彭城王义康冠军参军，随府转右军参军，入补尚书外兵郎，出为荆州别驾从事史。寻召为秘书丞，父忧去职。服终，为征南大将军檀道济司马，领新蔡太守。道济北征，晔惮行，辞以脚疾，上不许，使由水道统载器仗部伍。军还，为司徒从事中郎。顷之，迁尚书吏部郎。

元嘉九年冬，彭城太妃薨，将葬，祖夕，僚故并集东府。晔弟广渊，时为司徒祭酒，其日在直。晔与司徒左西属王深宿广渊许，夜中酣饮，开北牖听挽歌为乐。义康大怒，左迁晔宣城太守。不得志，乃删众家后汉书为一家之作。在郡数年，迁长沙王义欣镇军长史，加宁朔将军。兄皓为宜都太守，嫡母随皓在官。十六年，母亡，报之以疾，晔不时奔赴。及行，又携妓妾自随，为御史中丞刘损所奏，太祖爱其才，不罪也。服阕，为始兴王濬后军长史，领南下邳太守。及濬为扬州，未亲政事，悉以委晔。寻迁左卫将军、太子詹事。

晔长不满七尺，肥黑，秃眉须。善弹琵琶，能为新声。上欲闻之，屡讽以微旨，晔伪若不晓，终不肯为上弹。上尝宴饮欢适，谓晔曰："我欲歌，卿可弹。"晔乃奉旨。上歌既毕，晔亦止弦。

初，鲁国孔熙先博学有纵横才志，文史星算，无不兼善。为员外散骑侍郎，不为时所知，久不得调。初熙先父默之为广州刺史，以赃货得罪下廷尉，大将军彭城王义康保持之，故得免。及义康被黜，熙先密怀报效，欲要朝廷大臣，未知谁可动者，以晔意志不满，欲引之。而熙先素不为晔所重，无因进说。晔外甥谢综，雅为晔所知，熙先尝经相识，乃倾身事综，与之结厚。熙先藉岭南遗财，家甚富足，始与综诸弟共博，故为拙行，以物输之。综等诸年少，既屡得物，遂日夕往来，情意稍款，综乃引熙先与晔为数。晔又与戏，熙先故为不敌，前后输晔物甚多。晔即利其财宝，又爱其文艺。熙先素有词辩，尽心事之，晔遂相与异常，申莫逆之好。始以微言动晔，晔不回，熙先乃极辞譬说。晔素有朝庭论议，朝野所知，故门胄虽华，而国家不与姻娶。熙先因以此激之曰："丈人婚，为是门户不得邪？人作犬豕相遇，而丈人若谓朝廷相待厚者，何故不与丈人欲为之死，不亦惑乎？"晔默然不答，其意乃定。

时晔与沈演之并为上所知待，每被见多同。晔若先至，必待演之俱入，演之先至，尝独被引，晔又以此为怨。晔累经义康府佐，见待素厚。及宣城之授，意好乖离。综为义康大将军记室参军，随镇豫章。综还，申义康意于晔，求解晚隙，复敦往好。晔既有逆谋，欲探时旨，乃言于上曰："臣历观前史二汉故事，诸蕃王政以讠咒诅幸灾，便正大逆之罚。况义康奸心衅迹，彰著遐迩，而至今无恙，臣窃惑焉。且大梗常存，将重阶乱，骨肉之际，人所难言。臣受恩深重，故冒犯披露。"上不纳。

熙先素善天文，云："太祖必以非道晏驾，当由骨肉相残。江州应出天子。"以为义康当之。综父述亦为义康所遇，综弟约又是义康女夫，故太祖使综随从南上，既为熙先所奖说，亦有酬报之心。广州人同灵甫有家兵部曲，熙先以六十万钱与之，使于广州合兵。灵甫一去不反。大将军府史仲承祖，义康旧所信念，屡衔命下都，亦潜结腹心，规有异志。闻熙先有诚，密相结纳。丹阳尹徐湛之，素为义康所爱，虽为舅甥，恩过子弟，承祖因此结事湛之，告以密计。承祖南下，申义康意于萧思话及晔，云："本欲与萧结婚，恨始意不果。与范本情不薄，中间相失，傍人为之耳。"

有法略道人，先为义康所供养，粗被知待，又有王国寺法静尼亦出入义康家内,皆感激旧恩,规相拯拔,并与熙先往来。使法略罢道,本姓孙,改名景玄,以为臧质宁远参军。熙先善于治病,兼能诊脉。法静尼妹夫许耀,领队在台,宿卫殿省。尝有病,因法静尼就熙先乞治,为合汤一剂,耀疾即损。耀自往酬谢,因成周旋。熙先以耀胆干可施,深相待结,因告逆谋,耀许为内应。豫章胡遵世,藩之子也,与法略甚款,亦密相酬和。法静尼南上,熙先遗婢采藻随之,付以笺书,陈说图谶。法静还,义康饷熙先铜匕、铜镊、袍段、棋奁等物。熙先虑事泄,鸩采藻杀之。湛之又谓晔等:"臧质见与异常,岁内当还。已报质,悉携门生义故,其亦当解人此旨,故应得健儿数百。质与萧思话款密,当仗要之,二人并受大将军眷遇,必无异同。思话三州义故众力,亦不减质。郡中文武,及合诸处侦逻,亦当不减千人。不忧兵力不足,但当勿失机耳。"乃略相署置,湛之为抚军将军、扬州刺史,晔中军将军、南徐州刺史,熙先左卫将军,其余皆有选似。凡素所不善及不附义康者,又有别簿,并入死目。

熙先使弟休先先为檄文曰:

夫休否相乘,道无恒泰,狂狡肆逆,明哲是殛。故小白有一匡之勋,重耳有翼戴之德。自景平肇始,皇室多故。大行皇帝天诞英姿,聪明睿哲,拔自藩国,嗣位统天,忧劳万机,垂心庶务,是以邦内安逸,四海同风。而比年以来,奸竖乱政,刑罚乖淫,阴阳违舛,致使衅起萧墙,危祸萃集。贼臣赵伯符积怨含毒,遂纵奸凶,肆兵犯跸,祸流储宰,崇树非类,倾坠皇基。罪百浞、豷、过十玄、莽,开辟以来,未闻斯比。率士叩心,华夷泣血,咸怀亡身之诚,同思糜躯之报。

湛之、晔与行中领军萧思话、行护军将军臧质、行左卫将军孔熙先、建威将军孔休先,忠贯白日,诚著幽显,义痛其心,事伤其目,投命奋戈,万殒莫顾,即日斩伯符首,及其党与。虽豺狼即戮,王道惟新,而普天无主,群萌莫系。彭城王体自高祖,圣明在躬,德格天地,勋溢区宇,世路威夷,勿用南服,龙潜凤栖,于兹六稔。苍生饥德,亿兆渴化,岂唯东征有《鸤鸮》之歌,陕西有勿翦之思哉。灵祇告征祥之应，谶记表帝者之符，上答天心，下惬民望，正位辰极，非王而谁。

今遣行护军将军臧质等，赍皇帝玺绶，星驰奉迎。百官备礼，骆驿继进，并命群帅，镇戍有常。若干挠义徒，有犯无贷。昔年使反，湛之奉赐手敕，逆诚祸乱，预睹斯萌，令宣示朝贤，共拯危溺。无断谋事，失于后机，遂使圣躬滥酷，大变奄集，哀恨崩裂，抚心摧哽，不知何地，可以厝身。辄督厉尪顿，死而后已。

熙先以既为大事，宜须义康意旨，晔乃作义康与湛之书，宣示同党曰：

吾凡人短才，生长富贵，任情用己，有过不闻，与物无恒，喜怒违实，致使小人多怨，士类不归，祸败已成，犹不觉悟，退加寻省，方知自招，刻肌刻骨，何所复补。然至于尽心奉上，诚实幽显，拳拳谨慎，惟恐不及，乃可恃宠骄盈，实不敢故为欺罔也。岂苞藏逆心，以招灰灭，所以推诚自信，不复防护异同，率意信心，不顾万物议论，遂致谗巧潜构，众恶归集。甲奸险好利，负吾事深；乙凶愚不齿，扇长无赖；丙、丁趋走小子，唯知诏进，伺求长短，共造虚说，致令祸陷骨肉，诛戮无辜。凡在过衅，竟有何征，而刑罚所加，同之元恶，伤和枉理，感彻天地。

吾虽幽逼日苦，命在漏刻，义慨之士，时有音信。每知天文人事，及外间物情，土崩瓦解，必在朝夕。是为衅起群贤，滥延国家，夙夜愤踊，心腹交战。朝之君子及士庶白黑怀义秉理者，宁可不识时运之会，而坐待横流邪？除君侧之恶，非唯一代，况此等狂乱罪骇，终古所无，加之翦戮，易于摧朽邪。可以吾意宣示众贤，若能同心奋发，族裂逆党，岂非功均创业，重造宋室乎？但兵凶战危，或致侵滥，若有一豪犯顺，诛及九族。处分之要，委之群贤，皆当谨奉朝廷，动止闻启。往日嫌怨，一时豁然，然后吾当谢罪北阙，就戮有司。苟安社稷，瞑目无恨。勉之勉之。

二十二年九月，征北将军衡阳王义季、右将军南平王铄出镇，上于武帐冈祖道，晔等期以其日为乱，而差互不得发。于十一月，徐湛之上表曰："臣与范晔，本无素旧，中丞门下，与之邻省，屡来见就，故渐成周旋。比年以来，意态转见，倾动险忌，富贵情深，自谓任遇未高，遂生怨望。非唯攻伐朝士，讥谤圣时，乃上议朝廷，下及藩辅，驱扇同异，恣口肆心，如此之事，已具上简。近员外散骑侍郎孔熙先忽令大将军府吏仲承祖腾晔及谢综等意，欲收合不逞，规有所建。以臣昔蒙义康接盼，又去岁群小为臣妄生风尘，谓必嫌惧，深见劝诱。兼云人情乐乱，机不可失，谶纬天文，并有征验。晔寻自来，复具陈此，并说臣论议转恶，全身为难。即以启闻，被敕使相酬引，究其情状。于是悉出檄书、选事、及同恶人名、手墨翰迹，谨封上呈，凶悖之甚，古今罕比。由臣暗于交士，闻此逆谋，临启震惶，荒情无措。"诏曰："湛之表如此，良可骇惋。晔素无行检，少负瑕衅，但以才艺可施，故收其所长，频加荣爵，遂参清显。而险利之性，有过溪壑，不识恩遇，犹怀怨愤。每存容养，冀能悛革，不谓同恶相济，狂悖至此。便可收掩，依法穷诘。"

其夜，先呼晔及朝臣集华林东阁，止于客省。先已于外收综及熙先兄弟，并皆款服。于时上在延贤堂，遣使问晔曰："以卿粗有文翰，故相任擢，名爵期怀，于例非少。亦知卿意难厌满，正是无理怨望，驱扇朋党而已，云何乃有异谋。"晔仓卒怖惧，不即首款。上重遣问曰："卿与谢综、徐湛之、孔熙先谋逆，并已答款，犹尚未死，证据见存，何不依实？"晔对曰："今宗室磐石、蕃岳张跱，设使窃发侥幸，方镇便来讨伐，几何而不诛夷？且臣位任过重，一阶两级，自然必至。如何以灭族易此？古人云：'左手据天下之图，右手刿其喉，愚夫不为。'臣虽凡下，朝廷许其粗有所及，以理而察，臣不容有此。"上复遣问曰："熙先近在华林门外，宁欲面辨之乎？"晔辞穷，乃曰："熙先苟诬引臣，臣当如何？"熙先闻晔不服，笑谓殿中将军沈邵之曰："凡诸处分，符檄书疏，皆范晔所造及治定。云何于今方作如此抵蹋邪。"上示以墨迹，晔乃具陈本末，曰："久欲上闻，逆谋款著，又冀其事消弭，故推迁至今。负国罪重，分甘诛戮。"

其夜，上使尚书仆射何尚之视之，问曰："卿事何得至此？"晔曰："君谓是何?"尚之曰:"卿自应解。"晔曰:"外人传庾尚书见憎,计与之无恶。谋逆之事,闻孔熙先说此,轻其小儿不以经意。今忽受责,方觉为罪。君方以道佐世,使天下无冤。弟就死之后,犹望君照此心也。"明日,仗士送晔付延尉。入狱,问徐丹阳所在,然后知为湛之所发。熙先望风吐款,辞气不桡,上奇其才,遣人慰劳之曰:"以卿之才,而滞于集书省,理应有异志。此乃我负卿也。"又诘责前吏部尚书何尚之曰:"使孔熙先年将三十作散骑郎,那不作贼。"

熙先于狱中上书曰:"囚小人猖狂,识无远概,徒徇意气之小感,不料逆顺之大方。与第二弟休先首为奸谋,干犯国宪,捵脍脯醢,无补尤戾。陛下大明含弘,量苞天海,录其一介之节。猥垂优逮之诏。恩非望始,没有遗荣,终古以来,未有斯比。夫盗马绝缨之臣,怀璧投书之士,其行至贱,其过至微,由识不世之恩,以尽驱命之报,卒能立功齐、魏,致勋秦、楚。囚虽身陷祸逆,名节俱丧,然少也慷慨,窃慕烈士之遗风。但坠崖之木,事绝升跻,覆盆之水,理乖收汲。方当身膏铁钺,诒诚方来,若使魂而有灵,结草无远。然区区丹抱,不负凤心,贪及视息,少得申畅。自惟性爱群书,心解数术,智之所周,力之所至,莫不穷揽,究其幽微。考论既往,诚多审验。谨略陈所知,条牒如故别状,愿且勿遗弃,存之中书。若囚死之后,或可追存,庶九泉之下,少塞衅责。"所陈并天文占候,谶上有骨肉相残之祸,其言深切。

晔在狱,与综及熙先异处,乃称疾求移考堂,欲近综等。见听,与综等果得隔壁。遥问综曰:"始被收时,疑谁所告?"综云:"不知"。晔曰:"乃是徐童。"童,徐湛之小名仙童也。在狱为诗曰:"祸福本无兆,性命归有极。必至定前期,谁能延一息。在生已可知,来缘尽无识。好丑共一丘,何足异枉直。凯论东陵上,宁辨首山侧。虽无嵇生琴,庶同夏侯色。寄言生存子,此路行复即。"

晔本意谓入狱便死,而上穷治其狱,遂经二旬,晔更有生望。狱吏因戏之曰:"外传詹事或当长系。"晔闻之惊喜,综、熙先笑之曰:"詹事尝共畴昔事时，无不攘袂瞋目。及在西池射堂上，跃马顾盼，自以为一世之雄。而今扰攘纷纭，畏死乃尔。设令今时赐以性命，人臣图主，何颜可以生存。”晔谓卫狱将曰：“惜哉！蘁如此人。”将曰：“不忠之人，亦何足惜。”晔曰：“大将言是也。”

将出市，晔最在前，于狱门顾谓综曰：“今日次第，当以位邪？”综曰：“贼帅为先。”在道语笑，初无暂止。至市，问综曰：“时欲至未？”综曰“势不复久。”晔既食，又苦劝综，综曰：“此异病笃，何事强饭？”晔家人悉至市，监刑职司问：“须相见不？”晔问综曰：“家人以来，幸得相见，将不暂别。”综曰：“别与不别，亦何所存？来必当号泣，正足乱人意。”晔曰：“号泣何关人？向见道边亲故相瞻望，亦殊胜不见。吾意故欲相见。”于是呼前。晔妻先下抚其子，回骂晔曰：“君不为百岁阿家，不感天子恩遇，身死固不足塞罪，奈何枉杀子孙。”晔干笑云罪而已。晔所生母泣曰：“主上念汝无极，汝曾不能感恩，又不念我老，今日奈何？”仍以手击晔颈及颊，晔颜色不怍。妻云：“罪人，阿家莫念。”妹及妓妾来别，晔悲涕流涟，综曰：“舅殊不同夏侯色。”晔收泪而止。综母以子弟自蹈逆乱，独不出视。晔语综曰：“姊今不来，胜人多也。”晔转醉，子蔼亦醉，取地土及果皮以掷晔，呼晔为别驾数十声。晔问曰：“汝恚我邪？”蔼曰：“今日何缘复恚，但父子同死，不能不悲耳。”晔常谓死者神灭，欲著《无鬼论》，至是与徐湛之书，云“当相讼地下”，其谬乱如此。又语人：“寄语何仆射，天下决无佛鬼。若有灵，自当相报。”收晔家，乐器服玩，并皆珍丽，妓妾亦盛饰，母住止单陋，唯有一厨盛樵薪，弟子冬无被，叔父单布衣。晔及子蔼、遥、叔委，孔熙先及弟休先、景先、思先、熙先子桂甫、桂甫子白民，谢综及弟约、仲承祖、许耀，诸所连及，并伏诛。晔时年四十八。晔兄弟子父已亡者及谢综弟纬，徙广州。蔼子鲁连，吴兴昭公主外孙，请全生命，亦得远徙，世祖即位得还。

晔性精微有思致，触类多善，衣裳器服，莫不增损制度，世人皆法学之。撰《和香方》，其序之曰：“麝本多忌，过分必害，沈实易和，盈斤无伤。零藿虚燥,詹唐粘湿。甘松、苏合、安息、郁金、㮕多,和罗之属,并被珍于外国,无取于中土。又枣膏昏钝,甲煎浅俗,非唯无助于馨烈,乃当弥增于尤疾也。"此序所言,悉以比类朝士:"麝本多忌",此庾炳之;"零藿虚燥",比何尚之;"詹唐粘湿",比沈演之;"枣膏昏钝",此羊玄保;"甲煎浅俗",此徐湛之;"甘松、苏事",此慧琳道人;"沈实易和",以自比也。

晔狱中与诸甥侄书以自序曰:

"吾狂衅覆灭,岂复可言,汝等皆当以罪人弃之。然平生行己任怀,犹应可寻。至于能不,意中所解,汝等或不悉知。吾少懒学问,晚成人,年三十许,政始有向耳。自尔以来,转为心化,推老将至者,亦当未已也。往往有微解,言乃不能自尽。为性不寻注书,心气恶,小苦思,便愦闷,口机又不调利,以此无谈功。至于所通解处,皆自得之于胸怀耳。文章转进,但才少思难,所以每于操笔,其所成篇,殆无全称者。常耻作文士。文患其事尽于形,情急于藻,义牵其旨,韵移其意。虽时有能者,大较多不免此累,政可累工巧图缋,竟无得也。常谓情志所托,故当以意为主,以文传意。以意为主,则其旨必见;以文传意,则其词不流。然后抽其芬芳,振其金石耳。此中情性旨趣,千条百品,屈曲有成理。自谓颇识其数,尝为人言,多不能赏,意或异故也。

"性别宫商,识清浊,斯自然也。观古今文人,多不全了此处,纵有会此者,不必从根本中来。言之皆有实证,非为空谈。年少中,谢庄最有其分,手笔差易,义不拘韵故也。吾思乃无定方,特能济难适轻重,所禀之分,犹当未尽。但多公家之言。少于事外远致,以此为恨,亦由无意于文名故也。

"本未关史书,政恒觉其不可解耳。既造《后汉》,转得统绪,详观古今著述及评论,殆少可意者。班氏最有高名,既任情无例,不可甲乙辨。后赞于理近无所得,唯志可推耳。博赡不可及之,整理未必愧也。吾杂传论,皆有精意深旨,既有裁味,故约其词句。至于《循吏》以下及《六夷》诸序论,笔势纵放,实天下之奇作。其中合者,往往不减《过秦》篇。尝共比方班氏所作,非但不愧之而已。欲偏作诸志,前汉所有者悉令备,虽事不必多,且使见文得尽,又欲因事就卷内发论,以正一代得失,意复未果。赞自是吾文之杰思,殆无一字空设,奇变不穷,同合异体,乃自不知所以称之。此书行,故应有赏音者。纪、传例为举其大略耳,诸细意甚多。自古体大而思精,未有此也。恐世人不能尽之,多贵古贱今,所以称情狂言耳。

吾于音乐,听工不及自挥,但所精非雅声,为可恨。然至于一绝处,亦复何异邪。其中体趣,言之不尽;弦外之意,虚响之音,不知所从而来。虽少许处,而旨态无极。亦尝以授人,士庶中未有一豪似者。此永不传矣。

"吾书虽小小有意,笔势不快,余竟不成就,每愧此名。"

晔自序并实,故存之。

蔼幼而整洁,衣服竟岁未尝有尘点。死时年二十。

晔少时,兄晏常云:"此儿进利,终破门户。"终如晏言。

【译文】

范晔字蔚宗,顺阳人,是车骑将军范泰的小儿子。他的母亲上厕所时生下他,他的额头被砖弄伤了,所以他以"砖"作为小字。他过继给伯父范弘之、袭封武兴县五等侯。

范晔从小好学,博览经史,善写文章,能写隶书,通晓音乐。他十七岁时,州里辟召他为主簿,他没有去。曾任高祖刘裕的相国掾彭城王义康的冠军参军,随府又转任右军参军。入朝补任尚书外兵郎,出任荆州别驾从事史,不久又召回朝任秘书丞,因父亲去世而卸职。服丧期满,他担任了征南大将军檀道济的司马,兼任新蔡太守。檀道济北征,范晔害怕随行,借口脚有疾病,皇上不允许,让他由水路统率船队装载武器北上。军队回来以后,范晔担任司徒从事中郎,旋即升任为尚书吏部郎。

元嘉九年冬天,彭城太妃逝世了。将要安葬的时候,设奠祭那天晚上,官员故旧都集中在东府。范晔的弟弟广渊,当时为司徒祭酒,那一天正好值日。范晔与司徒左西属王深在广渊的府中住宿,夜里二人畅饮,打开北面的窗户听挽歌取乐。义康大怒,贬范晔为宣城太守。范晔不得志,于是删削数家《后汉书》为一家之作。范晔在宣城待了好几年,才升任长沙王刘义欣的镇军长史,又加官为宁朔将军。范晔之兄范皓担任宜都太守,其生母跟随范皓在所任上。元嘉六年,他们的母亲去世了,但遣人报告范晔却只说母亲有病,范晔没有及时奔赴。等到范晔启程(去看望他母亲时),又携带了妓妾跟从,这件事被御史中丞刘损上奏了,太祖爱范晔的才华,没有降罪。为母服丧期满后,范晔担任了始兴王刘濬的后军长史,兼任南下邳太守。刘濬理扬州,没有亲自过问政事,都委托给范晔。不久范晔又升任左卫将军、太子詹事。

范晔高不超过七尺,又胖又黑,没有眉毛和胡须。他善于琵琶,能够作曲。皇上想听范晔的弹奏,多次委婉地表达这一要求,范晔却假装听不懂,最终也不肯为皇上弹奏。皇上曾经在一次宴会上很快活,便对范晔说:"我想唱歌,你来伴奏。"范晔才依旨(而为皇上弹奏)。皇上唱完了,范晔也停止了弹奏。

当初,鲁国的孔熙先博学有纵横的才志,文史星算的学问,没有不精通的。他担任员外散骑侍郎,不被当时的人所了解,很久得不到晋升。早些时候孔熙先的父亲孔默之担任广州刺史,因为贪污财货犯罪交廷尉审理,大将军彭城王义康担保而维护他,孔默之才得免于罪。到义康被废为王的时候,孔熙先暗怀报效之心,想联合朝廷大臣(为义康求情),但不知道可以说动谁,认为范晔有不满情绪,便想引范晔以为伍。但是孔熙先一直不被范晔看重,所以没有借口去说服范晔。范晔的外甥谢综,因文雅而为范晔看重,孔熙先曾经与谢综认识,就使出全身解数与谢综周旋,与谢综的友情日益深厚。孔熙先凭借在岭南为官和剩余财产,家境十分富足,开始与谢综的弟弟们赌博,故意表现得赌技低劣,以物品输给他们。谢综等诸位少年,既然多次得到物品,便白天黑夜地和孔熙先往来,情意渐渐融洽,谢综就领着孔熙先与范晔赌博。范晔又与孔熙先游戏(赌博),孔熙先故意装着不是范晔的敌手,前前后后输给范晔很多东西。范晔既贪图孔熙先的财宝,又爱他的文艺才华。孔熙先平时就善于文词，尽心尽意地顺从范晔，范晔于是与他异常友好，甚至申明两个是莫逆之交。孔熙先开始用婉转的言语劝说范晔，范晔不理睬，他就多方譬喻。范晔从来有在朝廷议论的习惯，朝野闻名，所以他的门第虽然高贵，但国家不与他联姻。孔熙先因此用这件事激怒范晔说："范先生若说朝廷待先生厚的话，为什么不与先生联姻，而使先生得不到尊贵的门户呢？别人只把（与先生相处）看作狗与猪相遇，而先生却想为此而舍生忘死，不令人感到困惑么？"范晔沉默不答，他（帮助孔熙先）的决心已经下定了。

当时范晔与沈演之同被皇上当作知心，接见都受到同等待遇。范晔若先到，一定要等沈演之来了才一起入内。有一次沈演之先到，就独自被引见了，范晔对此事有怨气。范晔多次担任义康的府佐，义康待他一向优厚。自从范晔被贬到宣城太守之后，两人意见和喜好就有了分歧。谢综担任义康大将军记室参军，随义康镇守豫章。谢综回朝时，申述义康的意向，请求范晔消除两人之间的不和，恢复往日的友好关系。范晔既有了违背朝廷的想法，想探明皇上的旨意，就对皇上说："臣历观前代史和两汉的故事，诸蕃王为政如以妖言诅咒企图侥幸嫁祸于人，就要正以大逆之罚。何况义康的奸心叛迹，已远近彰著，但至今他没有受到任何惩罚，臣私下里感到困惑。而且大的梗涩经常存在的话，必将加重阶级次序的混乱，即使是骨肉之间，也是很难说的。臣受恩深重，所以冒犯皇上披露此事。"皇上不采纳范晔的意见。

孔熙先平时对天文有研究，他说："太祖必定是逝世于非命，是骨肉相残造成的。江州应当出天子。"认为义康正应这句话。谢综的父亲谢述也为义康所知遇，谢综的弟弟谢约又是义康的女婿，所以太祖命谢综相随从南方来。谢综受到孔熙先的夸奖，也有酬报孔熙先的意思。广州人周灵甫有家兵，孔熙先给了他六十万钱，让他在广州集结。但周灵甫一去了就没再回来。大将军府史仲承祖，是义康原来就信任照顾的人，他多次在建业任职，也暗中勾结心腹，图谋不轨。仲承祖听说孔熙先有诚意，就秘密地联合起来。丹阳尹徐湛之，一直受到义康的钟爱，他们之间虽然是舅甥关系，但恩情超过了儿子和兄弟，仲承祖因此结识事奉徐湛之，告诉了他秘密的计划。仲承祖南下，向萧思话和范晔说明义康的意思。他说："本来想与萧家通婚，只恨原先的打算没有实现。与范晔本来情意不薄，中途相互分离，这是别人挑拨的罢了。"

有一位法略道人，原先受义康供养，大体上被义康当作知心看待；又有王国的法静尼也在义康家里出入，他们都感激旧恩，相约互助，并与孔熙先往来。义康让法略道人还俗；法略道人本姓孙，还俗后改名景玄，任命他为臧质的宁远参军。孔熙先善于治病，兼能诊脉。法静尼的妹夫许耀，领着队伍在官中，宿卫殿省。许耀曾经有病，因为法静尼的关系就到孔熙先那里去请求治疗，孔熙先为他开了一剂药，许耀的病就好多了。许耀自己去孔熙先那里酬谢，因此相互间就有了来往。孔熙先因为许耀的胆识才干可以利用，就与他深交，乘便告诉了谋反的事，许耀答应作为内应。豫章的胡遵世，是胡藩的儿子，他与法略道人相处甚为融洽，也秘密地相互应和。法静尼南上，孔熙先就派遣婢女跟着她，交给她文书牋牒，陈说图谶。法静回来后，义康赏赐孔熙先铜匕首、铜镮、袍段、棋枰等物。孔熙先忧虑谋反的事被泄漏，就用毒酒杀了采藻。徐湛之又对范晔等人说："臧质发现了异常情况，年内一定回来。已经告诉臧质了，让他(回来时)把全部的门生故友带回来。他也应当理解这样做的意图，所以应该从他那儿得到数百健儿。臧质与萧思话相处融洽，一定会凭借这一关系邀请萧思话。他们两个人都受到大将军义康的眷遇，必然没有与大将军不同的意见。萧思话在三州的朋友和拥有的力量，也不会比臧质少。郡中的文武官员，和各处侦察、巡逻之人，也应当不少于一千人。不忧虑兵力不足，但应注意勿失时机罢了。"于是大体进行了官员的安排，徐湛之为抚军将军、扬州刺史，范晔为中军将军、南徐州刺史，孔熙先为左卫将军，其他人都有相应的职务考虑。凡平时不与义康交好及不服从义康的人，又有别簿登录,一并都纳入了处死的名单。

孔熙先让他弟弟孔休先提前写了篇檄文。他写道:

休美和否塞彼此战胜,天道没有永远使人安泰的,疯狂凶暴肆意横行明智的办法是将其诛灭。所以齐公子小白有一匡天下的功勋,晋公子重耳有尊戴辅翼周王的德行。自从景平年开始,皇室多故。(而在此之前,)宋武帝(刘裕)天生英姿,聪明睿智,拔自藩国,承继大位统治天下,忧劳于万机,尽心于庶务,因此国内安定闲适,四海之内齐声歌唱。但从景平年以来,奸臣和宦官乱政,刑罚滥施,阴阳颠倒,致使祸起萧墙,危难萃集。贼臣赵伯符积怨含恨,遂纵奸凶,驱兵阻截皇上,祸及百官,推崇行为不正之人,顷刻之间就坠坏了帝王的基业。他的罪百倍于寒浞和他的儿子獖,过错十倍于刘玄和王莽,开天辟地以来,没有听说过有谁能与他相比的。全国民众捶胸,无论中华和国外的人都为之泣血,都怀着献身的忠诚,同恩以身报国。

徐湛之、范晔与行中领军萧思话、行护军将军臧质、行左卫将军孔熙先、建威将军孔休先,忠心贯白日,诚意显幽微,出于正义而感到痛心,不忍目睹事态的恶化,舍命奋戈,不顾万死,即日就要斩掉赵伯符的首级,扫荡他的党羽。虽然豺狼就要就戮,帝王的大业即将更新,但普天之下无人主宰,民众就无所依系。彭城王是高祖的骨肉,圣明充满了他的身体,德行感通天地,功勋盈溢于宇宙,道路险阻曲折,在南方得不到发挥才干的条件,龙潜凤栖,到现在已经六年了。苍生如饥盼望德政,民众渴求变化,难道仅仅是周公东征时才有《鸱鸮》之歌,只有陕西有对召公的那种思念之情吗?神灵转告了祥瑞的征兆,谶记表示出了为帝者的事象,对上报答天心,对下满足民望,登位为帝,不是(义康)王又是谁呢!

现在派遣护军将军臧质等人,捧着皇帝的玉玺衣绶,星驰奉迎。百官完全按照礼节,络绎继进,并且命令群帅,按照原来的规矩镇戍各地。若有干扰正义之人,只要有行动就将严惩不贷。前些年徐湛之奉皇上的手命,先就告诫过防止祸乱,预先就看见了动乱的苗头,皇上令他向朝中的贤人们说明这一情况,要求他们共拯危难。但是有谋无断,失去了后发制人的机会,才使皇上受到了摧残,风云突变,哀痛悔恨天崩地裂,抚心哽咽,不知何地,可以安身。我们将即时督促激励受到挫折的队伍,(为拥戴彭城王为帝)死而后已。

孔熙先认为既然发动了这一重大事件,应该有义康的意旨,于是范晔假造了一封义康给徐湛之的信,并在同党中宣布。这封信说:

我是个凡夫俗子、缺才少能,生长在富贵之家,根据个人的好恶随意处理事情,有过错不听人规劝,对事物没有恒定的看法,喜和怒都与事实违逆,致使小人多怒,士人不归附于我。灾祸和失败已成为事实了,还不觉悟,细加检讨反省,方知是自己造成的,痛苦犹如刻肌刻骨,有什么可以再弥补我的过错? 但是如果说到尽心侍奉皇上,忠诚贯注细枝大节,那么我拳拳谨慎,唯恐做不到,因此这样才能恃宠骄盈,所以我不敢故意欺骗诬蔑皇上。岂能包藏逆心,招致毁灭? 所以我推诚自信,不再顾忌与皇上的旨意是否相同;全心全意根据忠心办事,不顾及众人的议论,这样一来,就导致了谗言和陷害的暗伏,多种罪恶都归附在我的身上。有人奸险好利,在一些事情上有负于我;有人凶愚不为人所齿,只擅长无赖的行径;还有些人是趋炎附势的小人,只知道谄媚以求升官,这些人都伺机寻找我的不是,共同造谣诬蔑,致使灾祸加于骨肉,诛戮殃及无辜。他们所说的罪过,究竟有什么根据? (一点也没有。)但是刑罚所加,把被陷害的人都看成元凶。这种伤害亲人和气违背事理的事,使天地都为之动容。

我虽然被幽禁逼迫每日都很痛苦,生命只在旦夕之间,但有正义感的士人,时常有音信来告。每次得知天文与人事(相应),及外面的社会状况,就相信国家土崩瓦解,必定是朝夕间的事了。于是我为群贤被祸、国家遭难的事,日夜愤怒不安,思想斗争很激烈。身在朝廷的君子及一般士人百姓中深明义理的人,宁可不识时务天运而坐待奸邪横行吗? 除掉君王身边的邪恶之人,不知道哪一个朝代的事,何况如今这批狂乱罪恶之人,是自古以来都没出现过的,剪灭他们,比摧枯拉朽还容易呢。可以把我的意思告诉众位贤人,若能同心奋发,将逆党灭族,难道这不是与创业同样的功劳,重新造就了宋室么?兵是凶事,战争危险,也许有过分的地方,但如果有哪一位豪杰违背大的方向,就要诛灭他的九族。处分的大权,就委托诸位贤人,(凡有所处分)都应恭谨地申报朝廷,一切举动都要奏明皇上,往日的嫌疑怨恨,都会因此而豁然明白,然后我当到朝廷谢罪,到府衙接受杀头的惩处。假如我的举动能安定社稷,即使死也无所怨恨。请诸位贤人努力、再努力。

　　元嘉二十二年九月,征北将军衡阳王义季、右将军南平王铄出就本镇,皇上到武帐冈这个地方为他们践行,范晔等人准备就在那一天发动动乱,但因安排上出现了差错没能发动。这一年的十一月,徐湛之上表说:"我和范晔,原本没有旧交,只不过都忝列朝迁,和他有事务上的联系,他屡次来我处,所以渐渐有了些来往。近一年来,他的思想和行动都有变化的表现,用心险恶,追求富贵,自己说没有受到重用和信任,于是产生了埋怨。他不仅仅是攻击朝廷官员,讥讽诽谤圣明的当世,还对上议论朝廷,对下议论各地的藩王,煽动有相同和不同看法的人,任意攻击,这一类的事情,都已经完全写在前次的材料上了。近来员外散骑侍郎孔熙先忽然命令大将军的府吏仲承祖按范晔及谢综等人的意思,想集合不逞之徒,计划有所大举动。因为臣下我过去蒙受过义康的照顾,又因为去年一群小人为臣的事闹得乌烟瘴气,认为朝廷必然嫌弃我,就多次劝说诱惑我。他们顺便还说现在人们希望混乱,机不可失;谶纬和天象,都有征兆。不久,范晔亲自来找我,再次陈述了这些话,并且说对臣下我的议论变得很险恶了,为了保全自己应当参加作乱。我立即就把此事上奏了,被命令相互揭发,弄清情况。于是我将檄书、选人的事、参加人的姓名、文书手迹都拿出来,谨慎地封好上呈皇上。他们凶狠背叛的程度,古今都没有比得上的。由于臣下我对接交士人看得不清楚,所以得知了这一叛逆的阴谋。在这揭发的时候,我感到震惊和惶恐,思绪混乱,手足无措。"宋文帝下诏说:"徐湛之上表所说的一切,实在令人惊骇惋惜。范晔平素行为不检点，小有过恶，但因他才艺可用，所以收纳他的长处，频繁地给他荣耀的爵位，使他参与高洁显要的事务。但他不惜采用一切手段追求自己利益的本性，其欲望比溪谷沟壑还大，不认识已经给予他的恩惠待遇，还心怀怨愤。朕每次都怀着容忍、培养他的心意，希望他能改过自新，没想到他同恶人勾结在一起，狂妄悖乱到如此地步。现在可以将他收监，依法加以彻底审问。"

这一天夜里，先传呼范晔和朝臣们在华林东阁聚集，在客省休息。这时候，早就在外面将谢综及熙先兄弟收监，并使他们一条一条地服罪了。这时候宋文帝在延贤堂，派使者问范晔说："因为你略有文才，所以加以任用，名声和爵位都是你期望的，按常例给予的待遇也没少给。朕也知道你的欲望难以满足，最多不过是产生些毫无道理的埋怨，在朋党中挑拨煽动而已。为什么有人说你图谋不轨？"范晔仓惶恐惧，不肯承认。皇上再次遣人问他说："你与谢综、徐湛之、孔熙先谋逆，他们都已经承认了，现在还没有处死，人证物证俱在，为什么不从实招认？"范晔回答说："如今宗室如磐石一样稳固，各蕃分布跱立，就是下臣我从侥幸出发（发动叛逆），方镇立即就会来讨伐，待得了多少时候不被诛杀夷灭？而且下臣职位权力过于重大，再加一阶两级，自然是一定会实现的。为什么要用灭族之罪来取代我升官的前途呢？古人说：'左手控制着天下，右手去自刎其喉，就是傻瓜也不这样做。'下臣虽然平凡低下，但朝廷还赏识我有些长处，以理而论，下臣不会有这些（谋反的）事情。"皇上派人问他："孔熙先近在华林门外，你愿意当面对质吗？"范晔无话可说，就回答："孔熙先假如诬害臣下，臣下怎么办？"孔熙先听说范晔不服罪，笑着对殿中将军沈邵之说："（谋反的）诸事处置，瑞符、檄书等文件，都是范晔所写的或确定的。怎么现在如此抵赖呢。"皇上把墨迹给范晔看，范晔才原原本本把事情交待出来，他说："很久前就想把这事奏明圣上，但当时叛逆的阴谋还不明朗，又希望这事消解了，所以推迟到今天都没上报。我深负国恩罪恶深重，甘心接受诛戮。"

　　这天夜里，皇上派尚书仆射何尚之去看范晔，问他说："你怎么把事情弄到这个地步？"范晔说："先生认为是什么原因？"何尚之回答："先生自己应当分析得出。"范晔说："外面的人传说庾尚书被皇上憎恶，我估量自己与他之间没有交恶。谋逆的事，我是听孔熙先说的，我认为他是个小孩，所以不以为意。现在突然受到责问，才知道这是罪过。先生您正在以正道佐世，使天下没有冤屈。弟接受死刑之后，还是希望先主按照此心办事。"第二天，仗士把范晔押送廷尉。被投入了监狱后，范晔问徐湛之现在哪里，然后才知道事情是徐湛之告发的。孔熙先见形势不妙才吐露出实情，但言辞气度不曲不挠，皇上惊奇他的才干，派人慰问他："以贤卿的才干，而滞留于集书省，理应有异心。这是我对不起您了。"皇上又诘问责备前吏部尚书何尚之说："让孔熙先快三十岁了还当散骑郎，哪有不做贼的！"

　　孔熙先在狱中上书说："囚怨小人孔熙先猖狂，没有远见，徒然凭意气感谢小恩，不估料逆顺的大义。我与二弟孔休先为这次奸谋的首犯，触犯了国法，把我们捣碎做菜、煮了晒成肉干，也不能减轻我们重大的罪恶。陛下心胸广大，量包四海，记得不值得一提的气节，就宽大地下了优待我的诏书。施恩并非根据开始的行为，给予荣耀不遗漏该享有荣耀的人，自古以来，没有能与陛下相比拟的。盗马绝缨的臣下，怀璧投书的士人，他们的行为卑贱到极点了，但对他们的惩罚却很轻微，他们因此而认识得到了罕见的恩德，要舍身忘命加以报效，最后他们为齐、魏立了大功，为秦、楚建立了功勋。囚犯我虽然身陷祸国的叛逆，名节都丧失了，但少年时也曾慷慨激昂，私下里仰慕壮烈之士的遗风。然而悬附崖上的树木，事情到了绝境才想到长在高处，倒出盆的水，就没收回来的道理了。我马上就要血染斧钺，以我的结果告诫将来了，假若我的魂魄有灵，希望不要把我埋得太远。然而我区区尽忠的怀抱，没有辜负平素的心愿。原来我苟且偷生，很少有舒畅的时候，我天性喜爱读各种书籍，用心地去理解卜筮阴阳之类的道理，智慧所能包容的，力量所能达到的，没有不去穷尽收纳、探究它们深刻微妙的思想的。考察已经过去的事情,天人相应的事实在太多了。谨略陈所知,用纸如实地另外写出来,希望姑且不要将它抛弃了,把它保存在中书。假如囚犯我死去之后,或者可以拿出来看,那么我在九泉之下,就稍微可以塞责了。"孔熙先所上陈的有天文、占候,谶纬的预言有骨肉相残之祸,其中的言语情深意切。

范晔在狱中,是与谢综、孔熙先分开囚禁的,就声称自己有病请求把自己移到离审讯室近些的地方关押,实际上是想接近谢综等人。监狱主管允许了范晔的要求,结果他得以关押在谢综等人的隔壁。他隔墙问谢综说:"开始被抓的时候,你怀疑是谁告发的?"谢综回答:"不知道。"范晔说:"就是徐童。"徐童,就是徐湛之;徐湛之的小名叫仙童。范晔在狱中写了首诗说:"祸福原本没有什么征兆,性命最终也有他的尽头。每个人都必将走向已定的死期,谁又能拖延气息一刻?这一辈子的事已经全部知晓了,来生的缘分却暗昧迷茫昏黄明灭。美和丑都要一样埋进坟墓,哪里用得着去区分是非曲直?难道要我去议论埋在东陵上的盗跖,我倒宁可去探究葬在首山的伯夷。我虽然不能弹出嵇康闲雅的琴声,也差不多能从容自若保持夏侯玄临刑那样的气色。现在还活着的人们啊,这一条生死之路你一起程就接近了它的终结。"

范晔原以为入狱后便会被处死,但皇上想彻底追查这一案件,于是过了二十天(还没被处死),他便产生了求生的欲望。狱吏因此和他开玩笑说:"外面传说可能把太子詹事您长期囚禁起来,(并不杀您)。"范晔听后又惊又喜。谢综、孔熙先笑他,说:"詹事和我们共同筹划过去的事的时候,没有不揎袖瞋目的。在西池的射堂上,您跃马顾盼,自以为是一世之雄。现在您思想混乱、左顾右盼,只不过是怕死罢了。假设而今皇上赐给您一条命(不杀您),为臣的应当为皇上谋划,您有什么脸面可以活下去呢?"范晔跟守卫监狱的将领说:"可惜啊!(您担任这种职务,)玷污了您这个人。"这个将领说:"不忠的人,又有什么可惜。"范晔说:"大将您说得对。"

临到押出范晔等人到大街上问斩的时候,范晔走在最前面,走到监狱门口他回头看着谢综说:"今天就刑的顺序,是否该按职位高低为先后呢?"谢综回答:"反贼的头子应最先就刑。"一路上说说笑笑,没有一刻停止。到了行刑的地方,范晔问谢综:"时候到了没有?"谢综说:"看这阵势不会太久了。"范晔吃完了送行饭,又苦劝谢综吃,谢综说:"我(不想吃饭)这奇异的病太深沉了,为什么要强迫我吃饭呢?"范晔家里的人都到刑场来了,监刑官问范晔:"要与他们见见面吗?"范晔问谢综说:"家里人已经来了,有幸相见,您不打算与他们暂时告别吗?"谢综说:"告别与不告别,又有什么值得牵挂的?他们前来告别必定要号哭,这足以把我的心弄乱。"范晔说:"号哭有什么关系?刚才看见站在路边上的亲朋故友瞻望我们,也大大胜过不见他们。我的意思是(他们既已来了)就相见吧。"于是监刑官将他们的家里人叫到他们面前。范晔的妻子先低头抚摸着他儿子,后回头骂范晔说:"先生不为你年老的母亲考虑,不感戴天子的恩遇,你自己死了固然不足以抵罪,子孙们枉自被杀又如何对付!"范晔只是干笑,说罪已到达了这个程度而已。范晔的生母哭着说:"皇上照顾你又无微不至,你不能感恩,又不考虑我已经老了,今天有什么办法呢?"边说边用手打范晔的颈项和脸,范晔脸上没有惭愧之色。他的妻子又说:"你这个罪人,不要挂念你的母亲。"范晔的妹妹和妓妾来告别,范晔悲痛得泪水长流,谢综说:"舅舅太没有夏侯的气质了。"范晔停止了哭泣。谢综的母亲因为儿子和弟弟犯下叛逆大罪唯独她没有出现。范晔对谢综说:"姐姐今天不来,比别人强多了。"范晔变得沉迷,他的儿子范蔼也沉迷了,抓起地上的泥土和果皮掷向范晔,对着他一连叫了几十声"别驾"。范晔问他:"你怨恨我吗?"范蔼回答:"今天还有什么怨恨不怨恨,但是父子一起就死,不能不悲痛罢了。"范晔常常说死去的人精神也消灭了,想写《无鬼论》;到临死之前他给徐湛之写了封信,却说(要与徐湛之)"相讼地下",他就是如此地谬乱。范晔又曾跟人说:"请告诉何仆射,天下断然没有佛和鬼。如果有灵,自然当得以报复。"抄收范晔的家,乐器、衣服、玩物,都很珍贵华丽,妓妾也着力装饰,但他母亲住的地方却很简陋,只有一间厨房堆集柴火，侄儿女们冬天没被子，叔父只有布做的单衣。范晔和他的儿子范蔼、范遥、范叔荟，孔熙先和他的弟弟休先、景先、思先、熙先，他的儿子桂甫、桂甫的儿子白民，谢综和他的弟弟谢约、仲承祖、许耀，一切被牵连的人，都受了死刑。范晔当时四十八岁，范晔的兄弟及他们的子女父亲已经逃亡了的和谢综的弟弟谢纬，被迁徙到了广州。范蔼的儿子范鲁连，是吴兴昭公主的外孙，请求保全性命，也得到了远徙他乡的结果，直到宋世祖即位后才得以回来。

范晔性情精细有思想，触类旁通，有多方面的才能，不论服装器物，没有不对原来的定式加以修改的，当时的人都效法他。他写了本《和香方》，这书的序言说："麝本来忌讳就多，用过了量就一定有危害；沉实容易调和，就用满一斤也没伤害。零藿虚燥，詹唐沾湿。甘松、苏合、安息、郁金、榛多、和罗这类药，都是外国的好，不要使用中国的。又有枣膏这种药很昏钝，加上甲煎这种药太肤浅俗气，不但无助于增加它的馨香，而且更加重了它的缺点。"这篇序所说的，都是用药来比当时的在朝之士；"麝本多忌"，是比庾炳之，"零藿虚燥"，是比何尚之；"詹唐沾湿"，是比沈演之；"枣膏昏钝"，是比羊玄保；"甲煎浅俗"，是比徐湛之；"甘松、苏合"，是比慧琳道人；"沈实易合"，是范晔自比。

范晔在狱中给他的甥侄们写了封信以自述经历：

"我狂妄自大造成了灾祸以至于覆灭，难道还能说什么，你们都会把我当罪人看待而抛弃我。但我这一生我行我素，也有值得探寻的地方。至于我才能的长短，思想所理解的东西，你们或许不完全知晓。我小时候懒于学习，很晚才懂事，到三十多岁，才在政治上有了理想。自从那时候以来，我转向了心灵的陶冶，一直到将至老年，也没有停止。我常常有些微的心得，言语甚至都不能完全表达出来。我没有研究注释一类书籍的习惯，性情急躁，苦思一会儿，便烦乱郁闷，口头表达又不顺畅，因此没有谈话的本领。至于我所彻底理解的地方，不过都是自得于胸怀的罢了。我的文章逐步有了长进,但才少思难,所以每次握笔所写成的文章,几乎没有完全称心如意的。我常常以作文士而感到羞耻。做文章的祸患在于把事情写得一览无余,迫切地在文辞中表达感情,因外加的东西影响了文章的主旨,因为囿于用韵而改变了原来想表达的意义。虽然时时有能干的人,大多数都免不了被以上的原因所拖累,这正如生硬地力求形似的绘画一样,最终表达不出自己的思想。我常常说文章是感情和志趣的寄托,所以写文章应当以意为主,以文传意。以意为主,文章的主旨就一定能得到体现;以文传意,文章的词语也会不同凡响。只有这样,文章在思想方面才能吐露芬芳,在语言方面才能达到金声玉振。这当中的性情旨趣,千条百品,委细曲折有现成的理论。我以为很理解其中的奥妙,曾经与人谈论,但多数人并不欣赏我的观点,这大约是意趣不同的缘故吧。”

“我懂得音调,能识别音乐的清浊,这是自然生成的。观古今文人,多数对此不完全明白,纵然有会意于此的,也不一定是天生就懂的。我说的话有事实为证,并不是凭空扯淡。在年轻人当中,谢庄最有音乐天分,(根据是他写的文章,)文气辞藻变化多端,并不拘泥于韵律。我想他写文章没有固定的方式,只是他能正确处理文章中的难点,合理摆布轻重而已,但他所具有的天分,还是没能完全表现出来。然而他多数是为公家写文书,很少在公事之外开阔思想,他怨恨这种状况,也因为他对文名没有兴趣(所以他的天性没得到更好地发挥)。

“我原本与史书无缘,只是对政治总觉得不可理解而有意于历史罢了。我写完了《后汉书》后,反过来对政治得到了把握,细看古今的著述及评论,大概很少有令人满意的。班固有名气,但他凭性情写作,没有一定的规范,不能给他什么地位。他《汉书》篇末的“赞”语几乎没有自己的思想,只有书中的“志”可以推崇。我写的《后汉书》在博赡方面赶不上《汉书》,但条理整齐未必有愧于它。我在各种传记中的议论,都有精意深旨,我有控制篇幅的意思,所以议论的词句写得简略。但自《循吏传》以下到《六夷传》各篇的序、论，笔势纵放，实在是天下的奇作。其中可以拿出来与杰作比较的，往往不逊色于贾谊的《过秦论》。曾经将全书与班固的《汉书》比，不仅仅只是不愧于它而已。我原想把所有的志都写完，《汉书》中所立的志目也让《后汉书》都具备，虽然事情不必多写，姑且使体裁得以完整也是可以的。又想因事在每卷书内发抒议论，以匡正一代的得失，这一意图也未实现。《后汉书》中的"赞"自然是我文章中所表达的杰出思想，几乎没有一个字是虚设的；它奇变无穷，相互配合，是自己都不知道该如何赞扬的绝作。《后汉书》流传开后，因为以上的优点应当赢得知音。纪和传按成例只是举其大略罢了，但《后汉书》纪、传中的细微的思想却很多。自古以来体大思精的著作，没有《后汉书》这样的。我怕世人不能完全理解它，因为他们多贵古见今，所以尽情狂言罢了。"

"我对于音乐，欣赏的能力甚至抛都抛不掉，但是精通的不是严肃的音乐，这是我引以为恨的。然而（无论是通俗的还是严肃的音乐）都有同一的最高境界，又有什么不同的呢？其中的形式趣味，言之不尽；弦外之意，虚响之音，不知道是从哪里流出来的。哪怕是一小段音乐，它的意义和表达方式也是无边无际的。我曾经把这些音乐原理教授给人，可惜士庶中没有一个特殊的这种人。我的音乐造诣永远没有传授的机会了。"

"我的书信虽然表达了我很少很少的思想，但是因为写得不快，其余的事竟写不成了，我常常有愧于为你们叔辈的名分。"

范晔写的这篇自序性质的信说的全是事实，所以将它存录在这里。

范蔼从幼小时就爱整洁，他穿的衣服穿一年也未尝有灰尘。他死的时候是二十岁。

范晔少年时，他的哥哥范晏经常说："这小子追求利，最终要破败范家的门户。"结果真如范晏所说的一样。

刘休仁传

——《宋书》卷七二

【原文】

　　始安王休仁，文帝第二十子也。元嘉二十九年，年十岁，立为建安王，食邑二千户。孝建三年，为秘书监，领步兵校尉。寻都督南兖、徐二州诸军事、冠军将军、南兖州刺史。大明元年，入为侍中，领右军将军。四年，出为湘州刺史，加散骑常侍，加号平南将军。八年，迁使持节、督江州、南豫州之晋熙、新蔡、郢州之西阳三郡诸军事、安南将军、江州刺史。未拜，徙为散骑常侍、太常，又不拜。仍为护军将军，常侍如故。前废帝永光元年，迁领军将军，常侍如故。景和元年，又迁使持节、都督雍、梁、南、北秦四州诸军事、安西将军、宁蛮校尉、刺史，未之任，留为散骑常侍、护军将军、又加特进、左光禄大夫，难鼓吹一部。

　　时废帝狂悖无道，诛害群公，忌惮诸父，并办之殿内，殴捶凌曳，无复人理。休仁及太宗、山阳王休佑，形体并肥壮，帝乃以竹笼盛而称之，以太宗尤肥，号为"猪王"，号休仁为"杀王"，休佑为"贼王"。以三王年长，尤所畏惮，故常录以自近，不离左右。东海王祎凡劣，号为"驴王"，桂阳王休范、巴陵王休若年少，故并得从容。尝以木槽盛饭，内诸杂食，搅令和合，掘地为坑阱，实之以泥水，裸太宗内坑中，和槽食置前，令太宗以口就槽中令，用之为欢笑。欲害太宗及休仁、休佑前后以十数，休仁多计数，每以笑调佞谀悦之，故得推迁。常于休仁前使左右淫逼休仁所生杨太妃，左右并不得已顺命，以至右卫将军刘道隆，道隆欢以奉旨，尽诸丑状。时廷尉刘矇妾孕，临月，迎入后宫，冀其生男，欲立为太子。太宗尝忤旨，帝怒，乃倮之，缚其手脚，以杖贯手脚内,使人担付太官,曰:"即日屠猪。"休仁笑谓帝曰:"猪今日未应死"。帝问其故,休仁曰:"待皇太子生,杀猪取其肝肺。"帝意乃解,曰:"且付廷尉。"一宿出之。

帝将南巡荆、湘二州,明旦欲杀诸父便发。其夕,太宗克定祸难,殡帝于华林园。休仁限日推崇太宗,便执臣礼。明旦,休仁出住东府。时南平、庐陵敬先兄弟,为废帝所害,犹未殡殓,休仁、休佑同载临之,开帐欢笑,奏鼓吹往反,时人咸非焉。

先是,废帝进休仁为骠骑大将军、开府仪同三司,常侍如故。未拜,太宗令书以为使持节、侍中、都督扬、南徐二州诸军事、司徒、尚书令、扬州刺史,加班剑二十人,给三望十五乘。时刘道隆为护军,休仁请求解职,曰:"臣不得与此人同朝。"上乃赐道隆死。

寻诸方逆命,休仁都督征讨诸军事,增班剑三十人。出据虎槛,进据赭圻。寻领太子太傅,总统诸军,随宜应接。中流平定,休仁之力也。初行,与苏候神结为兄弟,以求神助。及事平,太宗与休仁书曰:"此段殊得苏候兄弟力。"增休仁邑四千户,固辞,乃受千户。上流虽平,薛安都据彭城,招引索虏,复都督北讨诸军事,又增邑三千户,不受。时豫州刺史殷琰据寿阳,未平。晋平王休佑先督征计诸军事,休佑出领江陵,休仁代督西讨军事。泰始五年,进都督豫、司二州。

休仁年与太宗邻亚,俱好文籍,素相爱友。及废帝世,同经危难,太宗又资其权谲之力。泰始初,四方逆命,兵至近畿,休仁亲当矢石,大勋克建,任总百揆,亲寄甚隆。朝野四方,莫不辐凑。上渐不悦。休仁悟其旨,其冬,表解扬州,见许。六年,进位太尉,领司徒,固让,又加漆轮车、剑履。太宗末年多忌讳,猜害稍甚,休仁转不自安。及杀晋平王休佑,忧惧弥切。其年,上疾笃,与杨运长等为身后之计,虑诸弟强盛,太子幼弱,将来不安。运长又虑帝宴驾后,休仁一旦居周公之地,其辈不得秉权,弥赞成之。上疾尝暴甚,内外莫不属意于休仁,主书以下,皆往东府诣休仁所新信,豫自结纳,其或直不得出者,皆恐惧。上既宿怀此意,至是又闻物情向之,乃召休仁入见。既而又谓曰:"夕可停尚书下省宿,明可早来。"其夜,遣人赍药赐休仁死,时年三十九。

上寝疾久,内外隔绝,虑人情有同异,自力乘惟出端门。休仁死后,乃诏曰:"夫无将之诛,谅帷通典,知咎自引,实有偏介。刘休仁地属密亲,位居台重,朕友寄特深,宠秩兼茂。不能弘赞国猷,裨宣政道,而自处相任,妄生猜嫌,侧纳群小之说,内怀不逞之志,晦景蔽迹,无事阳愚。因近疾患沉笃,内外忧悚,休仁规逼禁兵,谋为乱逆。朕曲推天伦,未忍明法,申诏诰砺,辩核事原。休仁惭恩惧罪,遽自引决。追录悲痛,情不自胜,思屈法科,以申矜惮。可宥其二子,并全封爵。但家国多虞,衅起台辅,永寻既往,感慨迢深。"

有司奏曰:"臣闻明罚无亲,情屈于司冈,国典有经,威申于义灭。是以梁、赵之诛,趺出称过,来言之罚,克入致勤。谨案刘休仁苞蓄祸迹,事蔽于天明,衅匿沉奸,情宣于民听。自以属居戚近,早延恩睦,异礼殊义,望越常均。往岁授钺南讨,本非才命,启行浓湖,特以亲摄,抑遵庙略,俯籍众效,属承泰远,窃附成勋,而亟叨天功,多自臧伐。既圣明御宇,躬览万机,百司有纪,官方无越,而休仁矜勋怙贵,自谓应总朝权,遂妄生疑难,深自猜外,故司空晋平刺王休佑,少无令业,长滋贪暴,莅任陕荆,毒流西夏,编户嗟散,列邑雕虚,圣泽含弘,未明正宪。亟与休仁论其愆迹,辞意既密,不宜传广,遂饰容旨,反相劝激。休佑以休仁位居朝右,任遇优崇,必能不同宿,声酬聚集,密语清闲。休仁含奸扇惑,善于计数,说休佑使外托专慎之法,密行贪诈之心,谓朝廷不觉,人莫之悟。休佑遂乃外积怨惧,内协祸心,既得赞激,凶愿转炽与休仁共为奸谋,潜伺机隙,图造衅变,规肆凶狡。休佑致殒仓卒,实维天诛,而晋平国太妃妾邢不能追惭子恶,上感曲恩,更怀不逞,巫蛊祝诅。休仁困圣躬不和,猥谋奸逆,灭道反常莫斯为甚。殪肆朝市,庶申国刑,而法纲未加,自引厥命。天慈矜厚,减法崇恩,赐全二息,及其爵封,斯诚弘风旷德,贯绝通古,然非所以弃恶流衅,惩惧乱臣者也。臣等参议,谓宜追降休仁为庶人，绝其属籍，见息悉徙远郡。休佑愆谋始露，亦宜裁黜，徙削之科，一同旧准。收邢付狱，依法穷治。"诏曰："邢匹妇狂愚，不足与计。休仁知衅自引，情有追伤，可特为降始安县王，食邑千户，并停伯融等流徙，听袭封爵。伯猷先绍江夏国，令还本，赐爵乡候。"

上既杀休仁，卿未具悉，事这始末，今疏以相示。

"休佑贪恣非政，法网之所不容。昔汉梁孝王、淮南厉王无它逆悖，正以越汉制度耳。况休佑吞嚼聚敛；为西数州之蝗，取与鄙虐，无复人情。屡得王景文、褚渊、沈攸之等启，陈其罪恶，转不可容。吾笃兄弟之恩，不欲致之以法，且每恨大明兄弟情薄，亲见休佑屯苦之时，始得宽宁，弥不忍问。所以改授徐州，冀其去朝廷近，必应能自悛革。及拜徐州，未及之任，便征动万端，暴浊愈甚，既每为民蠹，不可复全。休仁身粗有知解，兼为宰相；又吾与其兄弟情昵，特复异常，颇与休仁论休佑衅状。休佑以休仁为吾所亲，必应知吾意，又云休仁言对，能为损益。遂多与财赂，深相结事，乃寝必同宿，行必共车。休仁性软，易感说，遂成缱绻，共为一家，是吾所吐密言，一时倒写。吾与休仁，少小异常，唯虚心信之，初不措疑。虽尔犹虑清闲之时，非意脱有闻者。吾近向休佑推情，戒训严切，休佑更不复致疑。休佑死后，吾将其内外左右，问以情状，方知方语漏泄并具之由，弥日懊惋，心神萎勚。休仁又说休佑云："汝但作佞，此法自足安。我常秉许为家，从来颇得此力。但试用，看有验不？"休佑从之，于是大有献奉，言多乖实，积恶既不可怒。

"自休佑殒亡之始，休仁款曲共知。休仁既无罪衅，主相本若一体，吾之推意，初无有间。休佑贪愚，为天下所疾，致殒之本，为民除患，兄弟无复多人，弥应思吊不咸，益相亲信。休佑平生，狼抗无赖，吾虑休仁往哭，或生崇祸。且吾尔日本办仗往哭，晚定不行。吾所以为设方便，呼入在省。而休仁得吾召入，大自警疑，遂入辞杨太妃，颜色状意，甚与常异。既至省，杨太妃骤遣监子去来参察。从此日生嫌惧，而吾之推情，初不疑觉。从休佑死后，吾再幸休仁第，饮噉极日，排闼入内，初无猜防，休仁坐生嫌畏。"

"一日，吾春中多期射雉，每休仁清闲，多往雉场中，或敕使陪辇，及不行日，多不见之。每值宵，休仁辄语左右云：'我已复得今一日。'及在房内见诸妓妾，恒语：'我去不知朝夕见底，若一旦死去作鬼，亦不取汝，取汝正足乱人耳'。休佑死时，日已三晡，吾射雉，始从雉场出，休仁从骑左右，伏野中，吾遣人召之，称云：'腹痛，不堪骑马'。尔时诸王车皆停在朱雀门里，日既螟，不暇远呼车，吾衣书车近在离门里，敕呼来，下油幢络，拟以载之。吾由来谙悉其体有冷患，闻腹痛，知必是冷，乃敕太医上省送供御高梁姜饮以赐之。休仁得饮，忽大惊，告左右称：'败今日了'。左右答曰：'此饮是御师名封题。'休仁乃令左右先饮竟，犹不甚信，乃偄俯噬之，裁进一合许。妄生嫌贰，事事如是。由来十日五日，一就问太妃。自休佑死后，每吾诏，必先至杨太妃问，如分别状。休仁由来自营府国，兴生文书。二月中，史承祖赉文书呈之，忽语承祖云：'我得成许那，何烦将来'。吾虚心如旧，不复见信，既怀不安，大自嫌恐，惟以情理，不容复有善心。"

"休仁既经南讨，与宿卫将帅经习狎共事相识者，布满外内。常日出入，于厢下经过，与诸相识将帅，都不交言。及吾前者积日失适，休仁出入殿省，诸卫主帅裁相悉者，无不和颜厚相抚劳。尔时吾既甚恶，意不欲见外人，悠悠所传，互言差剧。休仁规欲闻知方便，使县度道彦远屡求启，阚觇吾起居。及其所戾，皆非急事，吾意亦不厝疑。吾与休仁，亲情实异，年少以来，恒相追随，情向大趣，亦往往多同，难否之时，每共契阔。休仁南讨为都统，既有勋绩状之于心，亦何极已。但休仁于吾，望既不轻，小人无知，亦多挟背向，既生猜贰，不复自宁。夫祸难之由，皆意所不悟，如其意趣，人莫能测，事不获已，反覆思惟，不得不有近日处分。夫于兄弟之情，不能无厚薄。休佑之亡，虽复悼念，犹可以理割遣；及休仁之殒，悲愍特深，千念不能已已，举言伤心。事之细碎，既不可曲载诏文，恐物不必即解，兼欲存其儿子，不欲穷法。为诏之辞，不得不云有兵谋，非事实也。故相报卿知。"

上与休仁素厚，至于相害，虑在后嗣不安。休仁既死，痛悼甚至，谓人曰:"我与建安年时相邻,少便狎从。景和、泰始之间,勋诚实重。事计交切,不得不相除。痛念之至,不能自己。今有一事不如与诸候共说,欢适之方,于今尽矣。"因流递不自胜。子伯融,妃殷氏所生。殷氏,吴兴太守冲女也。范阳祖翻有医术,资貌又美,殷氏有疾,翻入视脉,说之,遂通好。事泄,遣还家宁赐死。伯融历南豫州刺史,琅邪、临淮二郡太守,宁朔将军,广州刺史,不之职。废徙丹杨县。后废帝元徽之年,还京邑,袭封始兴王。弟伯猷,初出继江夏愍王伯禽,封江夏王,邑二千户。休仁死后还本,与伯融俱徙丹杨县。后废帝元徽元年,赐爵都乡候。建平王景素为逆,杨运长等畏忌宗室,称诏赐伯融等死。伯融时年十九,伯猷年十一。

【译文】

始安王刘休仁,文帝的第二十个儿子。元嘉二十九年,年龄十岁,被册立为建安王,受封食邑二千户。孝建三年,任秘书监,领步校尉,不久又任都督兖州、徐州二州诸军事、冠军将军、南兖州刺史。大明元年,入宫任侍中,领右军将军。大明四年,出京师任湘州刺史,加散骑常侍,加封号平南将军。大明八军,迁任使特节、督江州和南豫州晋熙、郢州西际三郡诸军事、安南将军、江州刺史。尚未拜授,徙任散骑常侍、太常,又未拜授。仍又任护军将军,常侍职位没有变化。前废帝永光元年升迁为领军将军,常侍之职没变。景和元年,又迁任使持节、都督雍州、梁州、南秦州、北秦州四州诸军事、安西将军、宁蛮校尉、雍州刺史,还没有到官任,又留任散骑常侍、护军将军,加任特进、左光禄大夫,赐给鼓吹一部。

这时,前废帝狂妄、悖逆天理,没有仁道,杀害公卿,但顾忌害怕几位叔父,并把他们囚禁在殿内,殴打凌辱他们,不再循人伦常理。刘休仁及太宗、山阳王刘休佑,形貌身体都肥壮,废帝刘子业就用竹笼装了他们用秤称,因为太宗最肥,被起绰号叫"猪王",给刘休仁起绰号叫"杀王",刘休佑叫"贼王"。因为三王年纪大,尤其对他们有所担心和害怕,因此常将他们叫来以便与自己接近,不让离开左右。东海王刘祎平庸无才,拙劣不聪,给他取号叫"驴王"，桂阳王刘休范、巴陵王刘休若年纪小，因此反而得以从容不迫，没有受到侵害。曾经用木槽盛饭，里面掺些杂食，搅拌和合均匀，在地上挖一个坑，放些泥水到里边，将太宗脱光了衣服放在坑里，将和匀在木槽里的食物放在坑中的太宗面前，让太宗用嘴在槽里边吃，用以使他们欢笑取乐。想害死太宗和刘休仁、刘休佑前后有数十次。刘休仁擅于心计，有智慧，经常用笑话调侃阿谀取悦刘子业，因此使他们自己的被害得到推延。常在刘休仁面前，命令刘休仁的手下以淫相威逼刘休仁所生的杨太妃，他的手下都不得已而服从命令。将她给右卫将军刘道隆，刘道隆乐于服从圣旨，出尽了他的丑态。时值廷尉刘蒙的妾有身孕，临生产，迎她入宫，希望她生男孩，想立为太子。太宗曾经忤逆圣旨，前废帝震怒，就脱光了他的衣服，捆绑他的手脚，用木棍顺手脚再次捆绑，让人抬到太官那里，说："今天杀猪。"刘休仁笑着对前废帝刘子业说："猪今天不应该死。"刘子业问什么原因，刘休仁说："等皇太子生下，杀了这猪好取他的肝肺。"前废帝刘子业杀人的意思才稍微解除，说："先且交给迁尉。"过一夜，出来了。

前废帝即将到南方去巡游荆州、湘州，第二天一早想杀了几个叔父再出发。这天夜里，太宗克服平了祸害和灾难，杀前废帝刘子业于华林园。刘休仁当天就推崇太宗做皇帝，对太宗随即尽臣子的礼仪。第二天一早，刘休仁出宫到东府。这时南平、庐陵敬先兄弟，被前废帝所杀害，尚未装殓殡葬。刘休仁、刘休佑乘同一辆车前往探视，掀开车帷就欢笑，来去都奏鼓吹乐，这时的人们都认为他们不合人伦常理。

在这以前，前废帝进任刘休仁为骠骑大将军，开府仪同三司，常侍职位还同以前一样。还未拜授，前废帝被杀，太宗登皇帝位。太宗下诏，命他任使持节、侍中、都督扬州、南徐州诸军事、司徒、尚书令、扬州刺史，加赐班剑二十人，赐给三望十五乘的大礼。这时刘道隆任护军，刘休仁奏请解除他的职务，说："我不能够与他这种人同朝。"皇上乃赐刘道隆死。

不久多方面不服从朝命，刘休仁都督征讨诸军事，给他增加班剑三十人。出师据守虎槛,进驻赭圻。随即领任太子太傅,总统全军,应接全由他自行决定。祸乱纷呈,犹如中流击水,被平定全靠刘休仁的效力。刘休仁初出师时,与苏侯盟誓结义为兄弟,用以借助神的帮助。等事情平息后,太宗给刘休仁诏书说:"这一段时间,特别得到了苏侯兄弟的鼎力帮助"。增赐刘休仁食邑四千户。刘休仁坚持辞让不受,最后只接受一千户。大的祸乱虽然平定了,小的混乱又起来。薛安都据守彭城,招引索虏为乱。刘休仁又都督向北方讨伐薛安都的诸军事,又增加给他食邑三千户,没有接受。这时豫州刺史殷琰驻守寿阳,未平息。晋平王刘休佑先督征讨诸军事,刘休佑出师领任江陵,刘休仁代替任督西讨诸军事。泰始五年,进任都督豫州和司州。

刘休仁年龄与太宗相近,都爱好文学典籍,素来相互喜欢友好。在前废帝当政的时候,同时经历危难,太宗又依靠借助于刘休仁权变机巧的能力才得免于难。泰始初年,四方不尊皇命,乱兵逼至靠近了京都的地方。刘休仁又亲自披甲出征,身当矢石,建立了大功。因此他任职总领众兵,与大宗明帝亲近,非常受宠。朝廷内外的各个方面,没有谁不像车轮围绕车轴转一样趋附他。太宗渐渐有些不高兴。刘休仁领会太宗的意思,这年冬天,上表请示解除扬州刺史职位,被诏许。泰始六年,进位任太尉,领任司徒,坚决辞让不赴任,又加赐给他漆轮车和剑履的礼遇。太宗在晚年多生忌讳,猜疑侵害人的心理稍微严重,刘休仁转而开始感觉不安。倒杀了晋平王刘休佑,刘休仁的忧虑与恐惧更加厉害。这年,皇上病得很严重,与杨运长等人谋划他死后的安排,担心他的几个弟弟权强势盛,太子幼小懦弱,将来会造成朝廷的不安定。杨运长又担心太宗死后,刘休仁一旦充当了西周周公旦那样的角色,他们这些人不能够再掌权柄,因此,非常赞成太宗的想法。太宗的病曾经突然加重,宫廷内外的人和事无一不奏请刘休仁裁定。主书以下的人,都前往刘休仁的东府趋附刘休仁的亲信心腹,而且来者不拒,都予接纳。其间有的正直但不说出口的人,都感到恐惧。皇上既然已经对刘休仁怀有戒心,到这时又听说人情都归向了他,于是召刘休仁进宫拜见。拜见完了又对刘休仁说:"晚上可以停在尚书下省宿息,明天可以早些来。"这天夜里,皇上派人备办毒药赐刘休仁死了。死时年龄三十九岁。

皇上生病卧床时间久了,宫廷内外的消息隔绝不通,他担心出现人情事物上的变化,因此,自己乘车出端门。刘休仁死后,他下诏说:"凡是没有战事而被杀戮的人,大体都是按照国有的典章制度治的罪。刘休仁清楚自己的过错,引以为自责,犹在其次。刘休仁属于皇室中最亲密的亲戚,职位居处在台府的重要地方,我以友情相寄予他也是特别地深厚,受宠的程度和受赏赐的爵位都非常优惠。他不能够尽力匡扶国家,为国家出谋划策,辅佐朝政,宣扬王道,而自己居处在宰相的任上胡思乱想,滋生猜忌和嫌隙,通过旁门小道相信无名小辈的小人之见,内心怀有不可告人的志向,掩饰自己的外表,蔽盖自己的踪迹,还装作没事一般的样子,表面上给人家以愚诚,用以惑乱视听。因为我近期患病,而且非常严重,朝廷内外为之忧虑、恐惧,刘休仁规范和威逼禁兵,阴谋制造混乱,挑起叛逆。我委曲求全,对他施加了天伦常理的恩宠,不曾忍心以明法治他的罪。因此下诏说了本事,辨清原委。刘休仁愧对朝廷加给他的恩宠,害怕依法治罪,于是就自行决断,死于非命。追忆前情,拊心悲痛。情难自禁,只好考虑委屈法律条款,不加他罪过,用以表明我对他的哀悼。可以保全他的两个儿子的性命和他们受封的全部爵位。但要牢记教训。宋族朝廷多难,祸乱起自台辅,长久地追忆这种往事,感慨万端,意味深长。"

有司上奏说:"我们听说依法明断,不认亲疏关系,个人的情感要屈服于依法办事这个大纲;国家的典章制度,要源出于古代的经籍,服从于经国的大业,因此国家威势的申达,就要在仁义被丢掉的地方。因此,梁、赵之诛,脚踏出去了才说过了头。谨慎地案察刘休仁,他包藏祸心,掩饰劣迹,事情掩盖在光天化日之下,如鼠匿洞穴,匿藏深渊,虚情宣达于民,欺骗了视听。自己认为属于皇室宗亲,位居明帝的近侧,早年与明亲近恩,和睦无猜,因此恣意异礼而行,背义而作,超越常规。往年授予他节钺之任,奉命南讨。这原本就不是因他有才而受命。启行在浓湖时,还特别给予亲自摄事,仰上亲自祭祀宗庙,俯下慰藉将士奋力效命沙场。他是属于承蒙康泰的时运,偷窃了固有的功勋。他不自量力,而极力贪天之功为己功,多次自己褒扬自己的征伐之事。混乱平定后,既然已经由圣主明君统御朝政,躬亲治理万端,百官僚吏遵守纪律,官方没有越规行为。而刘休仁却矜高自己的功勋,怙重自己的贵宠,自称应该总览朝廷政权。于是就胡乱地滋生疑难,自己见外,与宗室产生嫌隙。原司空晋平刺王刘休佑,少年时不修好行善业,长大后滋长贪婪残暴,出任陕荆,流毒西夏。他所统地区的编制户籍离散,到处都是凋敝荒芜。圣明君主的德仁博大恢宏,原谅他,不曾依明典给他正法。及与刘休仁讨论他的罪行恶迹,辞意甚为亲密,甚至不宜于传播广布,避免因辞掩义,反而对一些不明真相的人产生劝勉激励的作用。刘休佑以为刘休仁位居朝班的右面之尊,任职与待遇优惠崇高,一定能够给自己以帮助,因此与刘休仁以党相结致深。刘休佑因此向刘休仁输送金钱,荐赠珍宝,仰人鼻息,随颜受意。每当他们促膝在一起的时候,一定要论及朝政。及至他们没有一天不一道出入宫殿,无时不同宿消闲。声音相调,酣息与共,常常聚在一起密语清闲。刘休仁胸怀奸诈,说动刘休佑,他善于心术计算,游说刘休佑在外表上假装专一谨慎的方法,暗中行使贪婪欺诈的心计,说朝廷不会发觉,也没有人能够觉悟。刘休佑于是就在外面积累怨恨和忧惧的时候,在内心里协和着他的祸心。又得到刘休佑的赞助与激励,于是内心的凶恶情绪转化为炽热愤激之情,与刘休佑狼狈为奸,暗中寻找机会,图谋制造灾变,实现他们的目的。刘休佑仓促殒命,实在是天皇诛杀了他。而晋平国太妃妾邢氏不能够追踪惭愧自己儿子的罪恶,对上感戴皇上委曲求全加强他们的恩典,反而心怀不满,用巫蛊咒骂朝廷政要。刘休仁趁圣上的身体有所不和谐的机会,多谋奸计逆行,毁灭王道,反行常理,其程度之盛,无以复加。像他那样罪恶滔天的人,斩首示众,或许还能够申正国家的刑法。但是法网没有加给他,他自己先行引咎毙命了。天子的慈爱真是矜高敦厚,为了他减少了法律公正无私的尊严,为了他崇尚皇室的恩泽不曾加害给他,而且诏赐保全他两个儿子的性命及他们受封的爵位。这真是一种伟大宽宏的风尚,一种博大高远的德性,自古以来,绝无仅有。然而这种作法,却不是一种能够用以摒弃罪恶,革除灾变,惩戒乱臣贼子的好办法。我们这些臣子参议,认为适宜将刘休仁降为平民,革除他的属籍,他的子息都要迁徙到偏远的州郡去。刘休佑的罪恶阴谋开始暴露,也应当裁削封赐,黜免封爵,降革、削减的标准,一律按旧有的制度进行。捕收晋平国太妃邢氏,交付狱吏,按照法律标准治罪。"下诏说:"邢氏属于匹夫狂愚,不足与她计较。刘休仁知罪自裁,犹有追念的情思,可以特别给他降为始安县王,食邑一千户,并停止实行他儿子刘伯融等人要被流放迁徙的奏请,听任沿袭封爵。刘伯猷先受封在江夏国,让他还本封,赐爵为乡侯。"

太宗皇上既然杀了刘休仁,担心人情惊动,于是又下诏给各方镇和各大臣说:"刘休仁丧失生命,你们没有详细知道,事情的经过,现在详细公布于后:

'刘休佑贪婪姿势不行王政之道,法网不容许他这样。以前西汉梁孝王、淮南厉王没有别的什么罪孽和悖逆的行动,也只是因为超过了汉朝制度许可的限度而招致了惩处。何况刘休佑侵吞百姓,聚敛财富,成了西士数州口坚齿硬擅于蚕噬的巨蝗,而必搜聚在国土上,用以输给西夏,助纣为虐。不再有人情可言。多次得到王景文、褚渊、沈攸之等人的启奏,陈述他的罪恶,左右不能为法所容。我笃爱兄弟之间的恩情,不想将他绳之以法。而且每次都恨世祖大明年代的兄弟情薄,又亲眼看到了刘休佑屯营的时候,刚刚得到宽松和安宁,所以稍有过失,也就任其所以,不忍对他加讯问。因此改授他到徐州,希望他在离朝廷近的地方,一定也应该能够自我改正。拜授徐州,尚未到官任,便开始了多方面的征剿,万端动荡不安,暴眶污浊愈演愈烈,每每充作百姓的蠹早,无法再保全他。刘休仁身体粗大,稍有智慧和释难的能力,身兼宰相,我又与他有深厚的兄弟情谊,因此,特别加强了他异乎寻常的依赖。当出现刘休佑那种异常事变的时候，我多次与刘休仁讨论刘休佑多行灾祸的状况。刘休佑认为刘休仁被我所亲近，一定应该清楚我的旨意，又说刘休仁的言语对答，能对朝命产生损益的作用。于是就送财货贿赂他，深结情款，共同谋事，及于发展到与刘休佑寝必同宿，行必同车，形影不离的程度。刘休仁性情和软，易于感化说服，遂至形影不离，共为一家。这种结果是因为平日向刘休仁所说的秘密的话，刘休仁又向刘休佑一时间吐尽造成的。我与刘休仁，少小时异常亲密，唯有一心相信他，不曾产生过怀疑。虽然如此，还是担心他在清闲的时候，无意中脱漏一些，致使有人听闻到了。我近来向刘休佑推心置腹地交心，告诫训导他非常严厉、切中要害，刘休佑也更加不再有新疑虑。刘休佑死后，我将他生前在内外左右的人请来，问了有关刘休佑的情形状况，才知道刘休仁将我的言语全部漏泄给他的情由。我为此终日懊悔惋惜，心神萎靡不振。'刘休仁又曾游说刘休佑说：'你只管你崇伪善，这办法自然足以让你安全。我常秉承伪善的办法，奏事获准有如在家中一样，从来就颇得伪善的力量。你先且试用，看能不能验证这办法果真有用？'刘休佑随他说的去作，于是大行贡献奉送，言语大多相乘不实。他这样一来，刘休仁所积累的罪恶也就不可饶恕了。

从刘休佑走向死亡的时候开始，刘休仁对他的情况都一清二楚。刘休仁既然没有罪孽，君主与宰相本属一个人一样，我也就推心委意于他。开始我们两人之间并没有隔膜，刘休佑贪财成性、愚笨不智，被天下人所恨，招致他灭亡的根本所在，是为百姓消除祸害。我们兄弟不再有多的人，更应该是极尽关怀抚慰之能事还犹怕有所不周到，更应该相互亲近和依赖。刘休佑在生前，贪鄙成性，如狼如虎，无赖透顶，如狼如虎到了极点，我担心刘休仁前往哭悼，抑或要滋生祸乱。而且我往日原本已准备了行装礼仪前往哭悼，晚上一定不会行走。我因此给他设置方便，叫他在尚书下省休息。而刘休仁被我召入宫后，自己大为惊动、疑惑不解，于是入宫内辞别杨太妃，面然形状表现出来的意味，与往常非常不同。已经到了尚书下省，杨太妃马上派监子去左右观察他。从这以后，每天滋生嫌疑恐惧，而我却与他交心，稍微消除了一些疑虑，有所觉悟。从刘休佑死以后，我再到刘休仁的住宅去，饮酒吃东西，从早到晚，终日不休，打开小门，进入他的里屋，开始没有个猜疑和防备。刘休仁受到的连累，纯粹是因为他胡乱地产生了嫌疑和畏惧治罪的心理造成的。

有一天，我像往常一样，在春天中多数要邀约人去射雉，每次刘休仁清闲的时候，多数或前往雉场，或者敕命让他陪伴我的车子。到他没去这天以后，多数时候见不到他。每当到了夜晚，刘休仁就对他的下人说："我已经又得到了一天。"等到在房里与妓妾们相见时，总是说："我去死不知道是早晨还是晚上的事，假如一旦死去作了鬼，我也不再娶你，娶了你正好我就足以成为乱人了。"刘休佑死时，太阳已到了三晡，我射到了野鸡，刚从野鸡场出来，刘休仁的马匹在我的右边。他这时潜藏在荒野里，我派人叫他出来，他自称说："腹痛，不能够骑马。"不一会，诸王的车都停在朱雀门里边，天已经黑了，没有时间叫远地方的车，我的衣装、书的车就近在离门很近的门里边，我敕命叫来，取下了油漆的幛络，准备用来装载他。我从来就非常熟悉他身体有怕冷的毛病，听说他腹痛，知道一定是受冷了，于是敕命太医到尚书省去送赐给他供御用的高粱姜汤。刘休仁喝了，忽然大为警恐，告诉左右说："我死在今天了！"他的手下人回答说："这汤是御医封装送来的。"刘休仁于是要他手下的人先试喝，还是不太相信，又自己俯身用舌头舔吃后，才喝进了一合左右，不敢多喝。胡乱滋生嫌疑，和我想不一到块，事事都是这样。以往每隔十天、五天、就要进宫一次问候太妃。自从刘休佑死以后，我每次下诏给他，一定要先到杨太妃媾询问后再应诏，就像要永远分别的样子。刘休仁历来是自己营造府第，兴办文书。二月中旬，史承祖带文书呈送给他，他忽然对史承祖说："我这里有许多现成的文书，哪里用得着烦难你送来。"我胸无芥蒂，一如既往地待他，但是无法再像以前那样依赖他。他既然已经有了不安的感觉，自己大为嫌隙惊恐，在情理之中，他也就不可能再有好的心思了。

刘休仁在以前既然经历过南讨的战事,原来宿卫将帅中经常与他玩耍消闲共事而相识的人,布满朝廷内外。平常每天出入,从他们的房下经过,与原来认识的将帅们,都不交谈。在我前段接连几天身体不适,刘休仁出入往来在寝殿和尚书省之间,各侍卫主帅或许有知道我身体有所不适,没有一个不是和颜悦色以仁厚相抚劳。当时我的病情已经非常严重,意思想不再见外边的人,于是出现了纷纷扬扬的传说,与事实差别很大。刘休仁窥视我的起居情况。等他来奏启的,都不是什么急事,我心里也没有起什么疑心。我与刘休仁,亲近情爱实在非比寻常。从年纪很小的时候开始,总是相互追随在一起,情绪的向往和大的追求,也往往大体相同,受难遭挫的那些时候,每次都是默契配合,患难与共。刘休仁在南讨征战时任职都统全军,既然有功勋业绩,形状都在我心里占有很重要的地位,也可以说是无以复加的了。但刘休仁对待我,怨恨既然已经不轻,用小人无知的心胸揣度我,又多挟带了些人心向背的成分,于是由猜疑我而发展到对我存有二心,他也就自己不再得安宁。大概祸害与灾难出现的原因,都是思想没有觉悟到会出现祸害与灾难。一味地按他自己的思想和举止行动,也没有谁知道他心里的想法并帮助他。到事情不合自己初衷的时候,又反过来反复地沉思闷想,于是就不可避免地出现了近日那种自寻短见的处理办法。我在兄弟方面的情感,不能够说就没有厚伤,到刘休仁死于非命,我的悲哀伤感特别深,千念万想,不能自己,一说起他来就觉得伤心。事情的琐碎方面,自然是不能够全部写在诏书中的。担心事情不一定能够得到理解,所以想一并保全他的儿子,不想都按法律来惩治他们。作为诏书的辞令,不能不说他曾经有过想用军谋夺权的阴谋,但是还没有造成事实。因此,将情况报大家知道。

太宗与刘休仁素来相交深厚,至于要杀害刘休仁,他担心的是刘休仁的存在将会对他的后嗣产生不利。刘休仁死了,他痛心悼念到极点的时候,对人说:"我与建安年龄相近,少年时习玩随从,形影不离。景和始年间,他的功勋确实很大。但是为国家大事考虑，事情迫切，不得不清除他。痛心怀念他到了极点，不能够自己控制自己。今天只有一件事可以做，那就是不如与诸侯说明。欢乐到来的由来，落到今天这样也就是到尽头了。"因而流泪，不能自禁。

儿子刘伯融，是刘休仁妃子殷氏生的。殷氏是吴兴太守殷冲的女儿。范阳祖翻有医病的本领，姿态相貌又美丽。殷氏生了病，祖翻进里屋给她探脉，殷氏喜欢上了祖翻，于是就沟通了好事。事情败露后，殷氏被遣送回家，被赐死。伯隔历任南豫州刺史，琅邪、临淮二郡太守，宁朔将军。任广州刺史时没到官任。后停止徙到丹杨县。后废帝元徽元年，返回京都，袭封为始兴王。弟弟刘伯猷，开始出继江夏愍王刘伯禽受封为江夏王，食邑二千户。刘休仁死后，还给平民身份，与刘伯融一同被迁徙到丹杨县。后废帝元徽元年，赐爵为都乡侯。建平王景素叛逆时，杨运长等人畏惧、忌恨宗室的势力，矫称诏命赐刘伯融等人死罪。刘伯融死时十九岁，刘伯猷十一岁。

颜延之传

——《宋书》卷七三

【原文】

颜延之字延年,琅邪临沂人也。曾祖含,右光禄大夫。祖约,零陵太守。父显,护军司马。

延之少孤贫,居负郭,室巷甚陋。好读书,无所不览,文章之美,冠绝当时。饮酒不护细行,年三十,犹未婚。妹适东莞刘宪之,穆之子也。穆之既与延之通家,又闻其美,将仕之,先欲相见,延之不往也。后将军、吴国内史刘柳以为行参军,因转主簿,豫章公世子中军行参军。

义熙十二年,高祖北伐,有宋公之授,府遣一庆变殊命,参起居,延之与同府王参军俱奉使至洛阳,道中作诗二首,文辞藻丽,为谢晦、傅亮所赏。宋国建,奉常郑鲜之举为博士,仍迁世子舍从。高祖受命,补太子舍人。雁门人周续之隐居庐山,儒学著称,永初中,徽诣京师,开馆以居之。高祖亲幸,朝彦毕至,延之官列犹卑,引升上席。上使问续之三义,续之雅仗辞辩,延之每折以简要,既连挫续之,上又使还自敷释,言约理畅,莫不称善。徙尚书仪曹郎,太子中舍人。

时尚书令傅亮自以文之美,一时莫及,延之负其才辞,不为之下,亮甚疾焉。庐陵王义真颇好辞义,待接甚厚,徐羡之等疑延之为同异,意甚不悦。少帝即位,以为正员郎,兼中书,寻徙员外常侍,出为始安太守。领军将军谢晦谓延之曰:昔荀冒忌阮咸,斥为始平中书,寻徙员外常侍,出为始安太守。领军将军谢晦谓延之曰:"昔荀勖忌阮咸,斥为始平郡,今卿又为始安,可谓二始。"黄门郎殷景仁亦谓这曰:"所谓欲恶俊异,世疵文雅。"

延之之郡,道经汨潭,为湘州刺史张邵祭屈原文以致其意,曰:

恭承帝命,建旟旧楚。访怀沙之渊,得捐佩之浦,弭节罗潭,舣舟汨渚,敬祭楚三闾大夫屈君之灵。

兰薰而摧,玉贞则折。物忌坚芳,人讳明洁。曰若先生,逢辰之缺。温风迨时,飞霜急节,赢、芊遘纷,昭、怀不端,谋折仪、尚,贞蔑椒、兰。身绝郢阙,迹遍湘干。比物荃荪,连类龙鸾。声溢金石。志华日月,如彼树芬,实颖实发。望汨心欷,瞻罗思越。藉用可尘,昭忠难阙。

元嘉三年,羡之等诛,徵为中书侍郎,寻转太子中庶子,顷之,领步兵校尉,赏遇甚厚。延之好酒疏诞,不能斟酌当世,见刘湛、殷景仁专当要任,意有不平,常云:“天下之务,当与天下共之,岂一人智所能独了!”辞甚激扬,每犯权要。谓湛曰:“吾名器不升,当由作卿家吏。”湛深恨焉,言于彭城王义康,出为永嘉太守。延之甚怨愤,乃作五君咏以述竹林七贤,山涛、王戎以贵显被黜,咏嵇康曰:“鸾翮有时铩,龙性谁能驯。”咏阮籍曰:“物故不可论,涂穷能无恸。”咏阮咸曰:“屡荐不入官,一麾乃出守。”咏刘伶曰:“韬精日沉饮,谁知非荒宴。”此四句,盖自序也。湛及义康以其辞旨不逊,大怒。时延之已拜,欲黜为远郡,太祖与义康诏曰:“降延之为小邦不政,有谓其在都邑,岂动物情,罪过彰著,亦士庶共悉,直欲选代,令思愆里间。犹复不悛,当驱往东土。乃志难恕,自可随事录治。殷刘意咸无异也。”乃以光禄勋车仲远代之。延之与仲远世素不协,屏居里巷,不豫人间者七载。中书令王球名公子,遗条事外,延之慕焉。球亦爱其材,情好甚款。延之居常馨匮,球辄赡之。晋甚思皇后葬,应顺百官,湛之取义,熙元年除身,以延之兼侍中,邑吏送札,延之醉于地曰:“颜延之未能事生。焉能事死!”

闲居无事,为《庭诰》之文。今删其繁辞,存其正,著于篇。曰:

庭诰者,施于闺庭之内,谓不远也。吾年居秋方,虑先草木,故遽以未闻,诰尔在庭。或立履之方,规鉴之明,已列通人之规,不复续论。今载咸其素蓄,本乎性灵,而致之心用,夫选言务一,不尚烦密,而于于备议者,盖以纲诸情非。古语曰得为者罗之一目，而一目之罗，无时得鸟矣。此其积意之方。

道者识之公，情者德之私。公通，可以使神明加响；私塞，不能令妻子移心，是以昔之善士者，必捐情反道，合公屏私。

寻尺之身，而以天地为心。数纪之寿，常以金石为量。观夫古先垂戒，长老馀论，虽用细制，每以不朽见铭；缮筑末迹，咸以可久承志。况树德立义，收族长家，而不转经远乎？

曰身行不足遗之后人。欲求子孝必先慈，将责第悌务为友。虽老不待慈，而慈固植孝；悌非期友，而友亦立悌。

夫和之不备，或应以不和；犹信不足焉，必有不信。倘知恩意相生，情理相出，可使家有参、柴，人皆由、损。

夫人居德本，外夷民誉，言高一世，处之逾默，器重一时，礼之滋冲，不以所能干众，不以所长议物，渊泰入道，与天为人者，士之上也。若不能遗声，欲人出己，知柄在虚求，不可校得，敬慕谦通，畏避矜踞，思广监择，从其远猷，文理精出，而言称未达，论问宣藏，而不以居身，此其亚也。若乃闻实之为贵，以辩画所克，见声之取荣，谓争夺可护，言不出于户牖，自以为道义久立，才未信于仆妾，而曰我有以过人，于是感苟锐之志，驰倾解决之望，岂悟已持有识之裁，人修家之诫乎。记所云"千人所指，无病自死者也。"行近于此者，吾不愿闻之矣。

凡有知能，预有文论，若不练之庶士，校之群言，通才所归，前流所与，为得以成名乎。若呻吟于墙室之内，喧嚣于党辈之间，窥议以迷寡闻，姐语以敝要说，是短算所出，而非长见所上。适值尊朋临座，稠览博论，而言不入于高德，人见弃于众视，则慌若迷途失偶，厌如深夜撤烛，衔声茹气，腆默而归，岂识向之夸慢，祗足以成今之沮丧邪。此固少壮之废，尔其戒之。

夫以怨诽为心者，未有达无心救得丧，多见诮耳。此盖臧获之内，岂识量之为事哉。是以德声令气，愈上每高，忿言怼议，每下愈发。有尚于君子者，宁可不务勉邪。虽曰恒人，情不能素尽，故当以远理胜之，么算除之，岂可不条自异，而取陷庸品乎？

富厚贫薄，事之悬也，以富厚之央，亲贫薄之人，非可一时同处。然昔有守之无怨，安之不闷者，盖有理存焉。夫既有富厚，必有贫薄，岂其证然，时乃天道。若人皆厚富，是理无贫薄。然乎？必不然也。若谓富厚在我，则宜贫薄在人。可乎？又不可矣。道在不然，义在不可，而横意去就，谬在希幸，以为未达至分。

蚕温农饱，民生之本，躬稼难就，止以仆役为资，当施其情愿，庇其衣食，定其当治，递其优剧，出之休飨，后之捶责，虽有劝恤之勤，而无沾暴之苦。

务前公税，以远吏让，无急傍费，以息流议，量时发敛，视岁穰俭，省赡以奉己，损散以及人，此用天之善，御生之得也。

率下多方，见情为上；立长多术，晦明为懿。虽及仆妾，情见则事通；虽在畎亩，明晦则功博。若夺其常然，役其烦务，使威烈雷霆，犹不禁其欲；虽弃其大用，穷其细瑕，或明灼日月，将不胜其邪。故曰："屡焉则差，的焉则暗。"是以礼道尚优，法意从刻。优则人自为厚，刻则物相为薄。耕收诚鄙，此用不忒，所谓野陋而不以居心也。

含生之氓，同祖一气，等级相倾，遂成差品，遂使业习移其天识，世服没其性灵。至夫愿欲情嗜，宜无间殊，或役人而养给，然是非大意，不可侮也。隔奥有灶，齐候蔑寒，犬马有秩，管、燕轻饥。若能取温厚而知穿弊之苦，明周之德，厌滋旨而识寡寡之急，仁恕之功。岂与夫比股灵于草石方手足于飞走者同其意用哉。罚慎其滥，惠戒其偏。罚滥则无以为罚，惠偏则不如无惠。虽尔眇末，犹扁庸保之上，事思反己，动类念物，则其情得，而人心塞矣。

抃搏薄塞，会众之事，谐调哂谑，适坐之方，然失敬致侮，皆此之由。方其克瞻，弥丧端俨，况遭非鄙，虑将丑折，岂若拒其容而简其事，静其气而远其意，使言必净厌。宾友清耳，笑不倾抚，左右悦目。非鄙无因而生，侵侮何从而入，此亦持德之管签，尔其谨哉。

嫌惹疑心,诚亦难分,岂唯厚貌蔽智之明,深情怯刚之断而已哉。必使猜犯愚贤,则频笑入戾,期变犬马,则步顾成妖。况动容窥斧,束装滥金,又何足论。是以前王作典,明慎议狱,而僭滥易意;朱公论璧,光泽相如,而倍薄异价。此言虽大,可以戒小。

游道虽广,交义为长。得在可久,失在轻绝。久由相敬,绝由相狎。爱之勿劳,当扶其正性,忠而勿诲,必藏其枉情。辅以艺业,会以文辞,使亲不可亵,疏不可间,每存大德,无挟小怨,率此以往,足以相终。

酒酌之设,可乐而不可嗜,嗜而非病者希,病而遂眚者几。既眚既病,将蔑其正,其存其正性,纾其妄,发其唯善戒乎。声乐之会,可简而不可违,违而不背者鲜矣,背而非弊者反矣。既弊既背,将受其毁。必能通其碍而节其流,意可为和中矣。

善施者岂唯发自人心,乃出天则,与不待积,取无谋实,并散千金,诚不可能。赡人之急,虽乏必先,使施如王丹,受如杜林,亦可与言交矣。

浮华怪饰,还质之具;奇服丽食,弃素之方。动人劝慕,倾人顾盼,可以远识夺,难用近欲从。若亲其淫怪,知生之无心,为见奇丽,能致诸非务,则不抑自责,不禁自止。

夫数相者,必有之徵,既闻之术人,又验之吾身,理可得而谕也。人者兆气二德,禀体五常。二德有奇偶,五常有胜杀,及其为人,宁无叶珍。亦犹生有好丑,死有夭寿,人皆知其悬天;至于丁年乖遇,中身迁合者,岂可易地哉。是以君子道命愈难,识道愈坚。

古人耻以身为溪壑者,屏欲之谓也。欲者,性之烦浊,气之蒿蒸。故其为害,则熏心智,耗真情,伤人和,犯天性。虽生必有之,而生之行,犹火含烟而妨火,桂怀蠹而蠹残桂,然则火胜则烟灭,蠹壮则桂折。故性明者欲简,嗜繁者气惛,去明节惛,难以生矣。是以中外群圣,建言所黜,儒道众智,发论是除。然有之者不患误深,故药之者恒苦术浅,所以毁道多而于义寡。顿尽诚难,每指可易,能易每指,亦明之末。

廉嗜之性不同,故畏慕之情或异,从事于人者,无一人我之心,不以己之所善谋人,为有明矣。不以人之所务失我,能有守矣。已所谓然,而彼定不然,栾棋之蔽,悦彼之可,而忘我不可,学颦之蔽,将求去敝者,念通怍介而已。

流言谤议,有道所不免,况在阙薄,难用算防。接应之方,言必出己,可信不素积,嫌间所袭,或性不和物,尤怨所聚,有一于此,何处逃毁。苟能反悔在我,而无责于人,必有达鉴,昭其情远,识迹其事。日省吾躬,月料吾志,宽默以居,洁静以期,神道必在,何恤人言。

谚曰,富则盛,贫则病矣。贫之病也,不唯形色粗厌,或亦神心沮废;岂但交友疏弃,必有家人诮让。非廉深识远者,何能不移其植。故欲蠲忧患,莫若怀古。怀古之志,当自同古人,见通则忧浅,意远则怨浮,昔有琴歌于编蓬之中者,用此道也。

夫信不逆彰,义必幽隐,交赖相尽,明有相照。一面见旨,则情固丘岳,一言中志,则意入渊泉。以此事上,水火可蹈,以此托友,金石可弊,岂待充其荣实,乃将议报,厚之筐筐,然后图终。如或与立,茂思无忽。

禄利者受之易,易则人之所荣,蚕穑者就之艰,艰则物之所鄙。艰易既有勤倦之情,荣鄙又间向背之意,此二涂所为反也。以劳定国,以功施人,则役徒属而擅丰丽,自理于民,自事其生,则督妻子而趋耕织。必使陵侮不作,悬企不萌,所谓贤鄙处宜,华野同泰。

人以有惜为质,非假严刑,有恒为德,不慕厚贵。有惜者,以理葬;有恒者,与物终。世有位去则情尽,斯无惜矣。又有务谢则心移,斯不恒矣。又非徒若此而已,或见人休事,则勤薪结纳,及闻否论,则处彰离贰,附会以从风,隐窥以成衅,朝吐面誉,暮行背毁,昔同稽款,今犹叛戾,斯为甚矣。又非唯若此而已,或凭人惠训,藉人成立,与人余论,依人扬声,曲存,禀仰,甘赴尘轨。衰没畏远,忌闻影迹,又蒙弊其善,毁之无度,心短彼能,私树己拙,自崇恒辈,罔顾高识,有人至此,实蠹大伦。每思防避,无通间伍。

　　睹惊异之事，或涉流传；遭卒迫之变，反恩安顺。若异从已发，将尸谤人，迫而又赶，愈使失度。能夷异如裴楷，处逼如裴遐，可称深士乎。

　　喜怒者有性所不能无，常起于褊量，而止于弘识。然喜过则不重，怒过则不威，能以恬漠为礼，宽愉为器，则为美矣。大喜荡心，微抑则定，甚怒烦性，小忍即歇。故动无衍容，举无失度，则物自悬，人将自止。

　　习之所变亦大矣，敢唯蒸性染身，乃将移智易虑。故曰："与善人民，如人芷兰之室，久而不知其芬。"与之化矣。"与不善人居，如鲍鱼之肆，久而不知其臭。"与之变矣，是以古人慎所与处。唯夫金真玉粹者，乃能尽而不污尔。故曰："丹可灭而不能使无赤，石可毁而不可使无坚。"苟无丹石之性，必慎浸染之由。能以怀道为念，必存从理之习。道可怀而理可从，则不议贫，议所乐尔。或云贫何由乐？"此未求道意。道者，瞻富贵同贫贱，理固得而齐。自我丧之，未为通议，苟议不丧，夫何不久？

　　或曰，温饱之贵，所以荣生，饥寒在躬，空曰从道，取诸其身，将非笃论，此又通理所用。凡养生之具，岂间定实，或以膏腴夭性，有以菽藿登年。中散云，所足在内，不由于外，是以称礼而食，贫岁愈嗛；量腹而炊，丰家余餐，非粒实息耗，意有盈虚尔。况心得优劣，身获仁富，明白人素。气志如神，虽十旬九饭，不能令饥，业席三属，不能为寒。岂不信然。

　　且以己为度者，无以自通彼量。浑四游而斡五纬，天道弘也。振河海而载山川，地道厚也。一情纪而合流贯，人灵茂也。昔之通乎此数者，不为剖判之行，必广其风度，无挟私殊，博其交道，靡怀曲异。故望尘请友，则义士轻身，一遇拜亲，则仁人投分。此伦序通允，礼俗平一，上获其用，下得其和。

　　世务虽移，前休未远，人之适主，吾将反本。夫人之生，暂有心识，幼壮骤过，衰耗惊及，其间夭郁，既难胜言，假护存遂，又云无几，柔丽之身，亟委土木，刚清之才，遽为丘壤，回遑顾慕，虽数纪之中尔。以此持荣，曾不可留，以此服道，亦何能平。进退我生，游观所达，得贵为人，将在含理。含理之贵惟神与交，幸有心灵，义无自恶，偶信天德，逝不上惭。欲使人沈来化，志符往情哲,勿谓是赊,日凿斯密。著通此意,吾将忘老,如曰不然,其谁与归。偶怀所撰,略布众条;若备举情见,顾未书一。赡身之经,另在田家节政;奉终之纪,自著燕居毕义。

刘湛诛,起延之为始兴王浚后军谘议参军,御史中丞。在任纵容,无所举奏,迁国子祭酒、司徒左长史,坐启买人田,不肯还直,尚书左丞荀赤松奏之曰:"求田问舍,前贤所鄙。延之唯利是视,轻冒陈闻,依傍诏恩,拒捍余直,垂及周年,犹不毕了,昧利苟得,无所顾忌。延之昔坐事屏斥,复蒙抽进,而曾不悛革,怨诽无已。交游阗茸,沈迷曲蘖,横兴讥谤,诋毁朝士。仰窃过荣,增愤薄之性;私恃顾盼,成强梁之心。外示寡求,内怀奔竞,士禄祈迁,不知极已,预谦班筋,肆骂上席。山海含容。每存遵养,爱兼雕虫,未忍遐弃,而矢放不节,日月弥著。臣闻声问过情,孟轲所耻,况声非外来,问由己出,虽心智薄劣,而高自比拟,客气虚张,会无愧畏,岂可复弼亮五教,增曜台阶。请以延之讼田不实,妄干天听,以强凌弱,免所居官。"诏可。

复为秘书监,光禄勋,太常。时沙门释慧琳,以才学为太祖所赏爱,每召见,常升独榻,延之甚疾焉。因醉白上曰:"昔同子参乘,袁丝正色,此三台之坐,岂可使刑余居之。"上变色。延之性既偏激,兼有酒过,肆意直言,曾无遏隐。故论者多不知云,居身清约,不营财利,布衣蔬食,独酌郊野,当其为适,傍若无人。

二十九年,上表自陈曰:"臣闻行百里者半于九十,言其末路之难也。愚心谓为虚,方今乃知其信。臣延之人薄宠厚,宿尘国言,而雪效无从,荣牒增广,历尽身雕,日叨官次,虽容载有涂,而防秽滋积。早欲启请余算,屏敝丑老。但时制行及,归慕无赊,是以腼冒衍非,简息干黩。耗歇难支,质用有限,自去夏侵暑,入此秋变,头齿眩疾,概括痼渐剧,手足冷痹,左胛尤甚。素不能食,倾向减半,本犹赖服食,比倦悸远晚,年疾所摧,顾景引日。臣班叨首卿,位尸封黄,肃祇朝校,尚恶匪任,而陵庙众事,有以疾急,宫府勤慰,转阙躬亲。息奂庸微,过宰近邑,回泽肢降,实加将监,乞解所职,随就药养。

伏愿圣慈,特垂矜许。禀恩明世,负报冥暮,仰睦端闱,上恋罔极。"不及,明年致事。

元凶弑立,以为光禄大夫,先是,子竣为世祖南中郎咨议参军。及义师入讨,竣参定密谋,兼造书檄,劝召延之,示以檄文,问曰:"此笔所造?"延之曰:"竣之笔也。"又问:"何以知之?"延之曰:"竣笔体,臣不容不识。"劭又曰:"言辞何至乃尔。"延之曰:"竣尚不顾老父,何能为陛下。"劭意乃释,由是得免。

世祖登阼,以为金紫光禄大夫,领湘东王师。子竣既贵重,权倾一朝,凡所资供,延之一无所受,器服不改,宅宇如旧,常乘羸牛笨车,逢竣卤薄,即屏往道侧。又好骑马,遨游里巷,遇知旧辄据鞍索酒,得酒必颓然自得。常语竣曰:"平生不喜见要人,今不幸见汝。"竣起宅,谓曰:"善为之,无令后人笑汝拙也。"表解师职,加给亲信三十人。

孝建三年卒,时年七十三,追赠散骑常侍、特进,金紫光禄大夫如故。谥曰宪子。延之与陈郡谢灵运俱以词彩齐名,自潘岳、陆机之后,文士莫及也,江左称颜、谢焉。所著并传于世。

竣别有传,竣弟测,亦以文章见知,官于江夏王义恭大司徒录事参军,蚤卒。太宗即位,诏曰:"延之昔师训朕躬,情契兼款。前记室参军、济阳太守夐伏勤蕃朝,绸缪恩旧,可擢为中书侍郎。"夐,延之第三子也。

【译文】

颜延之字延年,琅琊临沂地方人,曾祖叫颜含,官至光禄大夫。祖父颜约,官至零陵太守。父颜显,官至护军司马。

颜延之少年时期孤苦贫困,住在城脚边上,街道居室都十分简陋,喜欢读书学习,什么书都看,所写文章的优美漂亮,超过当时所有的人。喜欢喝酒,不拘小节,到了三十岁,还没有结婚。妹妹嫁给了东莞刘宪之,即刘穆之的儿子。刘穆之既然与颜延之通婚姻之好,又听说他的美名,让他做官,想先见见颜延之,颜延之竟然不去相见。后将军、吴国内史刘柳以他为代理参军,并兼为主簿,再为豫章公世子代理参军。

义熙十二年,高祖北伐,有授予宋公的命令,官府派遣一使者庆贺这一非常的使命,并拜为起居舍人。颜延之和同府王参军都奉命出使到洛阳。路中作了两首诗,文采辞藻优美华丽,被谢晦、傅亮所称颂。宋建国后,奉常郑鲜之举荐他为博士,不久升为世子舍人。宋高祖即位,补授为太子舍人。雁门人周续之隐居庐山,以儒学著称于世。永初中,下诏征至京师,建立学馆让他居住。宋高祖亲自登府,朝廷中杰出名士都前往探视。当时颜延官位还很低,但被周续之引到尊贵的上席。高祖曾派人问周续之三事,周续之宏辞博论,颜延之每每把他的宏论化为简要之言。既然多次阻挫周续之,高祖便派人还让他自我敷演解释,颜延之言辞简洁,理论畅达,没有一个人不称颂的。官升为尚书仪曹郎,太子中舍人。

当时尚书令傅亮自己认为文辞立意优美,一时没有谁能赶上他。颜延之恃才不服,认为不在他之下,傅亮对此十分嫉恨。庐陵王义真十分喜欢文辞义理,对待颜延之很厚爱,徐羡之等人怀疑颜延之为异己分子,心中十分不高兴。少帝即位,任命他为正员郎,兼中书,不久迁为员外常侍,出京为始安太守。领军将军谢晦对颜延之说:"从前荀勖忌恨阮咸,把阮咸放至始平郡,现在您又做了始安太守,可称得上是二始。"黄门郎殷景仁也评说道:"这就是世俗憎恶俊才奇能,流鄙毁斥文雅之才啊!"

颜延之赴郡为官,途中经过汨潭,为湘州刺史张邵写了一篇祭屈原的文章以表达自己的心意。文章说:

兰草因幽香而受摧残,玉石因贞洁而被毁坏。物质忌讳的是坚定、芳香;人世间所嫉妒的是明节与高洁。从前的屈原先生,正赶上时辰不对,温煦的风雨迟迟不来,飞霜急切地来到。赢姓与芊姓两国发生纠纷,秦昭公与楚怀王行尚不正,计谋为张仪、靳尚所阻挠,贞洁被子椒及子兰所污损,身体离开了楚国的国都,足迹踏遍湘江的河边。自拟比喻为荃草香荪,类同自我为龙凤鸾鸟,声名超越金石,壮志节比日月更明亮,就像那溢香的大树,不断地开花,结果。眺望着汨罗水啊,心里十分感慨,瞻望着汨罗江涛,民绪翻腾。借此或许可以赶追,明白的忠心不会缺乏。

元嘉三年,徐羡之等被杀掉,颜延之被征为中书侍郎,不久又转为太子中庶子,再过不久,领步兵校尉之衔,赏赐和待遇都很丰厚。颜延之喜欢喝酒,不拘小节,不能圆滑地待人处世,看到刘湛、殷景仁这些人身居要职高位,心中很是不平,常说:“天下的事情,应当和天下的人一起分享,难道是一个人的智能可以担当得起的吗?”言辞很激扬慷慨,总是触犯权贵显要。曾对刘湛说:“我的身份和制服不变化,只适合做您家的佣人。”刘湛对此十分愤恨,把这句话讲给彭城王义康,被派出当了永嘉太守,颜延之十分悲怨愤恨,于是写下了《五君咏》这首诗以表达对竹林七贤的同情。山涛、王戎因为地位辚贵而被贬黜,诗中歌咏稽康说:“鸾鸟的翅膀有时被击落,但是飞龙的本性又有谁能驯服?”题咏阮籍是这样写的:“死去并不值得理论,人走上这样的穷途末路怎能不悲叹!”题咏阮咸有这样的名句:“多次推荐不为官,一次出山便当了太守。”题咏刘伶说:“韬略精明却每天酣醉,谁知道不是荒唐的宴饮。”这四句,大概是自述。刘湛和彭城王义康因为他言辞不谦逊,非常愤怒。当时颜延之已经拜官,想罢黜他到边鄙之郡为官。太祖下诏书给义康说:“降罪颜延之到小地方不能说是好的政务,有人推举他在大都城邑之中,难道触动人情,罪责过失彰明较著,这也是士人百姓所共同知道的,还不如选择一人代替他,让他在乡里间思过。如果仍然不顺从,那么就把他赶到东土,表示难以宽恕,这样就可以根据心意安排录用了,殷景、刘湛也没什么其他想法了。”于是就用光禄勋车仲远代替颜延之。颜延之与车仲远平素很合不来,闭门住在街道城中,不参与世间之事达七年之久,中书令王球是一位名公子,遗弃俗事追求世外,颜延之很仰慕。王球也很爱惜他的才华,两人情意相投。颜延之平常过日子常常很缺乏,王球经常供给他。晋恭思皇后安葬,按事须安排冥事百官,湛之根据义熙元年的授官表,授延之为兼侍中。办事的小官吏前去信送札,正赶上颜延之喝醉了,把函札扔在地上说:

"我颜延之不能事奉活人,怎么能去侍奉死人?"

闲居没什么事,写了一篇《庭诰》的文章,现在删掉那些繁杂的言辞,保存那些正顺之语,著录于本篇之中,文章说:

《庭诰》这篇文章,是把它用于闺门家庭之中的,讲得不是很远的意思。我的年龄虽近壮年,却优先考虑到草木,所以于是把这些琐碎的见闻,告诉你们在家中的人,至于立身行道的端正,规等鉴别得明白,已经列在通人的规则中了。不再接着论述。现在所记载的都是平常的积累,根据心灵性情,而致之于思考与行动。选择语言一定要一致,不讲求烦繁细密,至于周备的议论,大概是用来招致各种非难之情,古语说:"捕得鸟的是罗网的一目,但一目的罗网是无法捕得鸟儿的。这就是积累的方法。"

道义是智识的公理,情感是道德的私意,公理通达,可以让神明更加尊尚,私意阻塞,就不会让妻儿子女变心。所以从前那些善于做人的人,一定抛弃私情曲意,走上正道,符合公理,去掉私心。

八尺的身材,却以天地之事挂在心中,几十年的生命,常常用金石来比量。考察从前古贤者留下来的教训,先辈长老的议论,虽然体用细微,但是却是不朽之言而为人所牢记。所做的都是微言细行,但都可永远地继承,何况建立品德道义,聚集一家一族,却不思考得长远一些吗?

又说自身行动不足以留下来给后人,想让儿子孝顺一定要自己慈祥,如果责怪弟弟不敬兄那么则先要亲友。即使孝顺不需要父辈慈祥,但慈祥的长辈能培养孝悌之子;孝悌并不依靠兄长的友爱,但友爱能促成孝悌。

和睦得不完备,有时回报的也是不和睦,就像信誉不足,别人也一定不会讲信誉一样。假若知道恩爱和情意相互依存,情和理并在,那样的话,可以使家家都有曾参、高柴,人人都变成了子由,闵损了。

内心之中以德为本,对外则不要追求大众的夸誉,言论高于当时,自己处世更加沉默;为一时所器重,体味更加冲和淡泊,不要用自己所擅长的去干扰别人,更不要以自己的长处去议论别人,以深沉而又平和之姿处世,和大自然合而为一，这是士人中的上等人。假若不能遗弃声价，想让人超出自己，知道权柄靠虚求，不可以强求得到。尊敬爱慕那些谦虚通达的人，害怕迥避骄傲不恭的人，考虑到广泛的选择，以便实现自己的远大谋略，文采斐然，道理明白，但是，仍然说没有表达清楚，论说对答十分如意，却不居其功，这算上是稍次一点的人，至于那种听到一点事情感到很宝贵，便用来辩论区别其他不能者，看到声誉可以带来荣耀，便说可争夺得来。所说所论流行尚没有超出里巷之中，却自以为道理意义早已建立，才华不能被仆人妻妾所推信，却认为自己超乎一般的人。于是这样感到苟且愉快的志趣，却尽情发泄不愉快的意味，难道知道已经应该有识之士所裁议，并受到修持家道者的训诫？这就是前人所说的"千个人指责他没有生病也会死亡"的那种人，行为类于这种所述的人，我不愿意听说这种人了。

凡是有知识才华的人，必定会有文采理论，但是显得像不精明的普通百姓，对大众言论进行考校，通达之人便十分推崇，前贤名流也很赞赏，怎么会不成名立业？假若只有墙室之中叹息哀号，在朋党之中喧哗吵闹，私下地议论以迷惑见闻稀少的人，像妲妇一样胡说八道以抵挡警要之言，这便是那些短谋算计的产生者，而不是远见卓识的发生地。正赶上尊贵的朋友促坐在一起，便不断地讲述，杂乱地论说，但所说却没有一点厚德论，被大多数人所抛弃，那么便慌慌然像迷失道路，没有朋友，黑暗地来如同在深夜撤掉蜡烛，低头默声，忍气不语，自己不声不响地回家了，难道知道从前的夸张胡说，只成了今天自己沮丧的根源吗？这本来是少壮时代所忌讳的事，你们都应该加以警戒。

那种把怨恨诽谤记在心上的人，没有可能达到也无心去计较得与失，往往被讥诮，这就是小人一类的行为，难道是有度量见识的做法吗？所以说道德声誉名声，越发展越高，怨言愤慨，越发展越多，有志向于成为一名有道德之人的，难道能不努力去做吗？即使是普通人，情感上不一下能够纯洁，所以应用大道理去教导、开发，把细小的考虑除去，怎能不追求标新立异，而自我变成一位庸俗之才？

富贵家厚，贫穷财薄，这是明明白白的事情，用富厚的身份，去亲近贫薄的人，不可能一时安然相处。但是从前有的人守持着没什么怨恨，安心也没什么不快的，大概有道理在中间了。既然世上有富贵，那么就一定会有贫穷，难道这是偶然之事，实是天理所然。假若人人都富有，那道义上讲就没有贫困，对吗？那是一定不可能的事。假若说我应该富贵，别人应该贫困，可以吗？那肯定不可以，道理和事义都不可能，却硬性地舍弃或追求这些，侥幸盼望着意外出现，认为是没有达到真正的满足。

蚕丝温暖农夫吃饱，这是民众生存的根本，亲自去养蚕种田恐很困难，只要使用仆役就可以了，对仆役者应该根据他们心中的情愿，提供足够的衣服，确定哪些应予处治，变换艰难处境，使其能得以休息、安享，而不从者则加以谴责、鞭打，即使有劝勉体恤的勤劳，却没有温和或曝晒的艰苦。

务必要在规定之前交纳公税，以便不去受到官吏的谴责，不要急于其他的花销，以便平息流俗的议论。根据时节发放救助，了解收成进行安排，节省丰侈用来充实自己，减少散失以真正给人以好处，这就是运用大自然的长处，驾驭民生的关键。

统治下民办法很多，以体恤情绪为最佳；建立尊长办法也很多，区分显晦最为关键。即使对待仆人妻妾，体恤情意事情便通达；即使在田野之中，能区别善恶就有功绩。假若夺去了他的正常原则，使唤他们让其感到烦杂，即使用威风利雨，万钧雷霆，尚且禁止不了他们的欲望；即使舍弃大的效面，只用其细微末节，即使明照日月，也不能抵挡其邪。所以说："谨小慎微反而容易差失，明白正确则容易昏暗。"所以礼道很讲究悠闲，法制讲求严刻，悠闲那么人们自然会宽厚，严刻则人们互相刻薄。耕种收获确实很鄙浅，但这种事情确实不可变换，这就是所谓虽居野鄙却不把他放在心上。

有生命的民众，都是来自一样的气息，等级不相同，于是产生了差异，于是使事业和习性改变了人们的天性本质，世态服饰改变了人们的性情灵气，至于意愿欲望情感嗜好，应该没有什么差别，有的使唤别人并养活别人，但是是非非的轮廓，不应该不分清。住房的角落里有炉灶，齐侯就不害怕寒冷了，狗马有一定的粮食供给，管、燕就把饥饿看得很轻。假若能穿得温暖厚实而知道穿得很坏的人的苦处，则具有明圣周公一样的德行。厌恶美味而知道贫困的焦急，则具有仁义宽恕的功德。难道和那些把肌肤之痛看若草木，把手足之情视若飞禽走兽的人一样的用意吗？惩罚注意的是过滥，恩惠注意的是偏颇。惩罚太滥就无法真正起到惩罚作用，恩惠偏颇还不如不施恩惠。即使很细微枝少，尚且能遍及普通人身上；做事总是从自己的角度考虑，每每顾及大众，那么就能得到人情，而人心容易阻塞了。

赌博一类的游戏，是大家相聚娱乐的事情，讲笑话调谐，是相处为伴的事情，但是失去尊敬招致侮辱都是从这里产生的。正当克制自己的眼光，反而更加丧失了端正庄严之态，何况遭到非难鄙弃，连思虑也被丑化损坏，难道比得上一开始便拒绝那种样子并简化这样的行为，把心意静下来，从长计议地加以考虑，让自己的讲话一定正直简要，与朋友相处清廉，连笑也不至于东歪西倒，周围左右都很愉快幸福，是非责难就无从产生，侮辱侵害又何从而来呢？这也是保持高德的关键，你们应该多加注意啊！

嫌惑产生疑心，诚实也很难分别，难道只有敦厚之貌会掩蔽智识的明白，深情厚意害怕刚劲的决断吗？一定会让人猜测怨恨，愚蠢成贤明，那样就会啼笑皆非，期望狗马相变，那么一举一动都成妖怪，更何况行动容易误会为偷斧，穿戴衣服容易被怀疑为偷了金，这也难道值得一论。因此前代王候制作法典，申明注意言义决断，而反对随便改初衷，朱公论说璧玉，光泽颜色相同，但是厚与薄价值就不一样。这样的话虽然较重，但是可以用来借鉴小的方面。

交游之道虽然十分广泛，但交友之道以义气为长。得到友情在于长久坚持，失去友情在于轻薄绝情，能长久是由于相互敬重，断绝情谊则多由轻薄相狎，友爱不要太过分，应当扶持正常的秉性，忠诚但不能告诫，心中一定怀有枉情,从艺事上加以帮助,通过文辞加以交流,那样会亲近而不会亵渎,疏阔也不可远隔,总是记住好的方面,不要把小怨挂在心上,大概这样下去,是能够相为始终的。

酒宴的摆设或参加,可以高兴而不可嗜爱,一嗜爱而不生痛病的人是很少的,因生病而犯过失的人也是很多的。既易犯错又易生病,就会损害其本来之性,假若保存他的本来之态,去掉他随意发作的一面,只有加以善意的警戒! 欢愉高兴的聚会,可以简化但不可失意,一旦失意而朋友不相背弃的是很少有的事,相互反目而没有弊病的事是很反常的事,既反目又有伤害,一定会遭到伤毁。一定要针对住困难而又能加以节制,心意便为和中正了。

善于施布的人难道只是发自自己内心,这也是出于天意。给予的时候用不着积累,取用时无求谋划,一散就是千金,这是不可能的事情。救济别人的急难,即使贫乏也一定要优先,假使布施像王丹,接受像杜林一样,也就可以谈论交往之事了。

浮华怪异的装饰,是毁灭本质的器具,奇服异食,是抛弃朴素的方式。打动人的可以劝化别人爱慕,征服人的使人眷恋,可以让人远离识夺,但难以接近随心所欲。假若看那些淫怪之事,便知道没有放在心上,因为看到了奇丽的事,能够放在次要,那么这样不能自我贵显,也用不着禁绝而自己停止了。

术数想象,是确实存在的事情,既从术数者那儿听到过,又在我身上实验过,道理可以论说,一个人身上有阴阳二德,并秉承了金、木、水、火、土五常之性。二德有奇偶,五常则有胜有杀,等到做为人,难道就没有会合和灾异,也就像人生下来的好与丑之分,死去寿命有长有短,人都知道这种差异象天一样大。至于碰上差失不平,一生赶上机遇,难道可能变易吗? 因此有道德的人得到真理很难,但追求真理更加坚定。

古代的人把身体看成山溪沟壑是一种耻辱,这讲的是屏弃欲望的做法。欲望是本性的烦杂污浊,也是气的蒸化,所以欲望的为害容易熏蚀人的心智,减耗人的真情,伤害人的和气,损坏人的天性、虽然欲望生下来就有,然而那么火胜利烟火就会熄灭,而虫壮大桂树就会折毁。所以性情明白的人欲望简单,嗜好多的人气色昏暗,去掉明智就昏暗,难以生存下去了。因此中外的许多圣人,阐发言论却被罢黜,儒道各位明智者,讲布言论却遭废除。然而有的人不担心失误太深,所以治疗的人经常担心方法太小,所以以毁伤道义的很多而追求道义的少。突然除去确实是一件很难的事情,每次指出便能改易,能够改易便进一步指出,也是明白之人。

廉洁嗜爱的本性不相同,所以敬畏爱慕的情感有所差别,从事于人的人,没有一种别人和自己的心态,不用自己所擅长的去考虑别人,也就算得上是明智了。不把别人所从事的看作是我的损失,也算得上是能有所守持了。自己认为对的,那别人一定认为不对,这是不明的弊端。高兴别人的成功,却忘了自己的失误,这是鹦鹉学舌的弊病,应该追求除去弊病,追求通达,自己惭愧罢了。

流俗之言,诽谤之语,是有道之人所难以免除的事,更何况在朝廷乡野之中,难于加以算计防止。接应的办法,言论一定出自自我,有的信誉没有平素积累,更嫌别人加以袭击;有的本性与物不相和,更是怨恨所聚,有一件如此,到那里去逃避毁劫。假若能够自我反躬责难,却不责求于别人。一定会有超人的识鉴,昭显他的远大情致,识论他的事业,每天反省自己,每个月考虑自我志向,宽厚沉默地生活,清静安静地期待,神明之道一定存在,那里用得着计较别人的言语。

谚语说:"富贵就兴盛,贫困就病倒。贫困者的生病不仅仅形象颜色粗糙黑,有时神态心情也沮丧。"不仅只是交往的朋友疏远抛弃,也一定会遭朋友挖苦讽刺。不是廉洁而又识见卓远的人,又怎么能改变更换他的本来?所以想到除掉忧苦与患难,最后的办法是怀念古旧。怀念古旧的想法,自己应当同古人一样。见解通达就忧虑小,意向太远怨恨就会产生。从前有在草棚之中弹琴唱歌的人,用的就是这种办法。

信义不会违背却很隐讳,交往靠信义来支持,明白相互照管。一次见面就明白意思,那么感情像山丘一样牢固,一句话表达了志向,则意气如不断的深泉,凭这个来事奉皇上,即是入于水火之中也可蹈践,凭这种信义服托朋友,金石也会损坏,难道有待充其荣华与藏实,于是将讨论报答,把篮子筐筐充实一些,然后才考虑到结果。如果得到确立,美好的思念不会丧失。

俸禄与财利得到容易,容易是人所引以为荣的事,养蚕种地是一件艰难的事情,艰难之事所以去做的人很鄙贱。难和易既然有勤劳和厌倦的因素,荣幸和鄙贱又有相互违背之意,这就是二条道路的相反。根据劳累来安定国家,执照功绩来施予人们,那么使役徒属却能得到丰富艳丽。自己埋头于民众中,自己养活自己,那么安排妻子并让他耕种纺织,如此这样就使欺凌与侮辱不会产生,担心挂念不会萌发,这就是所说的贤明与鄙贱相处适宜,中原与野鄙平安无事。

人应该以珍惜为本质,不用借助于严酷的刑法;有恒心为有道德,不贪慕富厚与显贵。珍惜的人,按照情理安排丧事;有恒心的人,和事物相始终。世上有的人离开位置便情意丧失;这是不讲珍惜的人。又有一种职务变易心也改换,这就是不讲恒心的人。又不仅仅如此而已。有的看到别人有好事,就不断地去祈求结交收纳,等到听到不好的言论,于是就明显地与人离开,像风一样地附会,暗暗地构成矛盾,早上当面讲出来赞誉的话,晚上便背着毁谤别人。从前是一样的行止,如今却完全相背戾,这也太过分了,又不仅只是这样罢了,有的靠别人的教导,依赖别人而成立,听到别人的一点论说,依靠别人而散播开来,委屈地生存、恭敬地对待,甘心情愿地愿意死在车轮灰尘之下。一旦对方衰没,就害怕地远离,忌讳听到看到影子踪迹,并且还掩盖从前的好处,无休止地诋毁。心里十分看不上别人的能力,而暗暗地树立自己的拙失。在同辈中自我推崇一点也不顾及别人的高明之论。有人这样为人处世,实实是人伦中之大害,常常想加以防止回避,不要还他在乡间中通行。

看到惊奇怪异的事情,有的是涉及到流俗的传播遇到突然的变化之后,反而觉得安然理顺了。假若差异从自己发生,拿空白的事情去诽谤别人,因迫促而又变换,更加失去衡度。能够对待相异之见像裴楷,处于逼迫在地位像裴遐,可以称得上是有识之士了。

高兴还是发怒是有性情的人所不能免除的事,常常是从狭隘小量里产生的,但往往为广识博通所阻止。但是高兴太过分就不庄重,发怒太过分就不威严,能够以恬情淡漠为本体,宽和愉快为器量,那就很好了。特别高兴动荡人心,稍微抑制就安定了,特别愤怒烦乱性情,稍加忍受便能停止。所以能行动而没有过分的举措,做事也不会失当,那样人的行为举止都将自我端正、规范。

习俗改变人也太大了,难道只是将身体性情改易变换而已,并且还将改变人的智慧与思虑。所以说:"和好的人住一起,像进入了幽香的兰草之室,过久了也就不知道兰草的香味了。"是和兰草到一起去了。"和不好的人生活在一起,像进入了臭鱼摊之中一样,过久了就不知道自己的臭味了。"也是跟着变化了。所以古人很注意和他在一起的人。只有那些真正的金子与纯粹的玉石,才能完全而不被污损,所以说:"红色可以不掉却不能让它没有红色,石头可以让它毁掉而不可能不让它坚硬。"假若没有红色与石头那样的品性,一定要注意不被侵害和习染。能够以求道为信念,必定会保存有求理的心,道可以追求,理可以顺从,那就不讨论贫困,而讨论快乐,有的人说:"贫困又何从快乐?"这是没有懂得追求道的本意。到这东西,看到富贵和贫贱都一样,按理说都一样应该得到。我丧失了它,不能说是通达之说,假若不丧失,又为什么不快乐高兴?

有人说:"温暖饱和之所以可贵,在于可以护卫身体,饥饿寒冷在你身上,空喊着去求道,从他身上去索取,又恐怕不是实在的道理,这又是通用的道理。"凡是养生的方法,难道有什么准确的把握,有的因为膏腴腻味而灭掉了天性,有的因为吃麦子菽子而长寿。嵇中散说:"充足的在里面,而不是从外来的。所以根据身体去吃饭,贫困之年更加注意。根据胆量而吃,充裕之家也就会有余尽,并不是一粒米有什么浪费,用意是有一个盈和虚的感觉。况且心里得到优或劣,身体获得仁义富义,明明白白地素食志气如神,即使一百天吃九顿饭,不会感到饥饿;垫上三层木板,也不会感到饥寒,难道不感到可信吗?"

况且用自己作为衡量标准的人,没有办法去度量别人。使四游昏昏然,并使五纬运转,这是天道的宏大;振动江河并负载山川,这是地道的方厚;汇一情感并汇合民众,这是人的灵智广茂。从前明白知道这个道理的人,不去做分剖判别的行为,一定会弘扬得风度,不要挟带着私人情分,广泛地去交求朋友,不要怀有什么曲异之心。所以看到车子的灰尘再请朋友,那么正义之士会轻视;一碰面便结拜成亲,那么仁义之人会减少情份。这就是人伦秩序的通达公允,礼貌习俗平衡一致,上面得以使用,下面得以和睦。

世道虽然变化,美好的前景并不很远,一般人的迎合主上之道,我则将反行其道。一个人生下来以后,慢慢有了思想和知识,幼年、壮年匆匆而过,衰弱损耗突然会来临,这中间丧命失寿的,既难以说清楚,即使得以生存下来,又有几个人?柔弱美丽的身体急急地送入了土木之中,刚直清正的人才,突然变成了山丘土壤,回顾思考不过在几十年之中的事情。凭这个去保存荣幸,怎么可以保留;靠这些去追求道义,又怎么能平等?我生是进是退,游顾观望所及,得以尊贵做人,也是事理之中。事理的可贵,只有和神明相交,庆幸有一点心灵,确实不能自我厌恶,偶然相信上天之德,过去了的也不惭愧。想要让人来感化,志向符合前代哲人,不要说赊借,每天开通就变得厚密了。写下这些用来表达这个意思,我就会忘记自己年老,如果说不是这样,那将与谁一起回去?偶然写下来这些东西,略微写下了几条,假若详细著明情感与见识,恐怕不及万一。考虑到自己人微身轻,主要在农家力政,奉命归终之时,自己写下来打发清闲日子。

刘湛杀掉后,提升颜延之为始兴王浚后军咨议参军,御史中丞,在位上十分悠闲,没有什么业绩,后升国子祭酒、司徒左长史,因为犯了买了人家田地,不肯付钱的罪,尚书左丞荀赤松上奏说:"求得田地,寻找房屋,前代贤人很瞧不起。颜延之唯利是图,轻率冒昧,随意胡说,依靠仗恃圣上的恩赐,强行抗拒归还多余的钱财,已经达将近一年了,仍然没有完结。贪求小利小得,不注意影响。颜延之从前因犯错误而被放弃,再次蒙恩得以提拔,却不想改正错误,反而不断地抱怨诽谤,交游一些下等之人,沉迷在喝酒之中,随意地讥刺诽谤,诋毁朝廷官员,实在过于荣显,增加了他愤嫉薄世的本性,私下地依靠左右,成了蛮横之士。外表显得没什么索求,心里面却在不断的计谋,希望俸禄不断增加,已经到了不知止境的地步,参加朝宴国度,在酒席上举杯随意肆骂。山川和大海是宽容的,总照顾到那些养尊处优的人,加之以他又有雕虫小能,还不忍心把他抛弃,但是骄傲放达,不加节制,一天比一天更加明显。我听说名誉超过了实际情况,那是孟轲感到耻辱的事情,更何况声誉不是从外求得,就像问题由自己提出一样。虽然心智既薄且劣,却自以为高得不得了。故作客气其实是在虚张声势,却并没有一点点惭愧或害怕,难道还可以再对人伦五教有所帮助,为圣上朝廷带来光辉吗?请求以颜延之争讼土地不实随意打扰皇上,倚强欺弱,应该免除他现在的官职。"皇帝同意了。

又升为秘书监,光禄勋,太常。当时沙门释慧琳,因为有才学而被太祖所赏识爱惜,每次被召见,常常被赐一个人独坐,颜延之很嫉恨。因此借酒对皇上说:"从前同事三人做事,袁丝正色。这里是三台大夫的座位,怎么可以让受过刑的人去坐它。"皇上脸色都变了。颜延之性格既很偏颇过激,加上有醉酒的过失,故意随口说出来,没有半点掩盖的意思,所以论说的人大都不评说他。生活居住很清廉节约,不追求财产利益,穿着布衣服吃着粗茶淡饭,常常一个人在郊外喝酒,当他喝得痛快时,旁边像没有人一样。

二十九年,上表自陈说:"我听说行百里路走到九十里才走完一半,讲的是后半的艰难,我心里经常认为是虚的,到现在才知道那是真的。臣延之人虽无才,却受宠不少。过去受到了国家的重托,但年纪已大,身体枯朽,每天的地方在这个任上,虽然道路很宽广,但一天比一天更加妨事。因此厚颜冒昧地掩盖自己的过失,不顾冒坏,消耗难以支撑,体质也十分有限,从去年夏天中暑后,到了这个秋天的变化,头疼眼花,越严重了,脚和手都很凉,左肩尤其厉害,连素食也不能吃,近来减少了一半的食量。本来还依靠吃寒食散,近来更加疲倦心跳。年龄和疾病推促,看到影子想到太阳,我白白地当了朝廷要员,白白地占位置,空受封典,严肃地对待朝廷,尚且感到惭愧,更何况陵庙之事很多,有时因疾病而荒怠,宫廷官府拜见慰问,不能亲自参加,儿子颜奂很平庸弱小,过去曾当过郊区的小官,转达的恩泽已经享受,实际上任命为将监官,请求他解除他的官,跟随我一块为我服药。诚恳地希望皇上圣明慈祥,特别地加以照顾考虑。在生禀受了皇上大恩,在晚年和来世再相报答。仰望企盼着皇位,敬慕依恋没有止境。"不允许明年退休。

元凶杀了皇帝即位,任颜延之为光禄大夫。这之前他的儿子颜竣提任过世祖南中郎咨议参军,等到义师进入讨伐,颜竣参加制定商量计划,并兼任起草文书告檄。到邵召颜延之,把檄文拿给他看,问道:"这字是谁写的?"颜延之说:"颜竣的笔迹。"又说:"怎么知道的?"颜延之说:"颜竣有笔迹字体,我不能不熟悉知道。"刘劭又说:"语言怎么会到这程度?"颜延之说:"颜竣连父母都不顾怎么能顾及陛下?"刘邵心里才宽一点,于是才得以幸免。

世祖即位,以他为金紫光禄大夫,领湘东王师,儿子颜竣既然贵重,权力倾倒朝廷,凡是所有的供奉,颜延之一点也不接受,器物衣物不变改,住宅和房屋一样,经常坐着瘦牛赶的笨车,碰上颜竣出巡的仪仗队,便停住靠在路边。又喜欢骑马,在路上居民区里漫游,碰到朋友故旧便扶着马鞍要酒喝,得到酒以后便高兴得不得了。经常对颜竣讲:"平生不喜欢见到显要的人,现在不幸遇上了你。"颜竣搬了家,(颜延之)说:"好好做吧,不要让后人耻笑你的笨拙。"上表解除湘东王师之职,受封加爵亲友三十人。

孝建三年逝去,时年七十三。追憎散骑常侍,特进,金紫光禄大夫像从前一样。谥为宪子，颜延之和陈郡谢灵运都以文辞华彩著名当时，自从潘岳、陆机以后，文人学士没有一人赶得上，长江下游并称为颜、谢，所写的东西都流传于世。

颜竣另外有传记，竣的弟弟名测，也因为文章而知名当世，做官做到江夏王义恭大司马录事参军，早年死去，太宗即位，下诏说："颜延之从前是我的志师，亲自教育培养我，感情深厚，前记室参军，济阳太守夋勤恳地事奉为太子的官府，很有功德恩情。可以提拔为中书侍郎。"夋，颜延之第三儿子。

宗越传

—— 《宋书》卷八三

【原文】

宗越,南阳叶人也。本河南人,晋乱,徙南阳宛县,又土断属叶。本为南阳次门,安北将军赵伦之镇襄阳,襄阳多杂姓,伦之使长史范凯之攷次氏族,辨其高卑,凯之点越为役门。出身补郡吏。

父为蛮所杀,杀其父者尝出郡,越于市中刺杀之。太守夏侯穆嘉其意,擢为队主。蛮有为寇盗者,常使越讨伐,往辄有功。家贫无以市马,常刀楯步出,单身挺战,众莫能当。每捷,郡将辄赏钱五千,因此得市马。后被名出州为队主。世祖镇襄阳,以为扬武将军,领台队。元嘉二十四年,启太祖复求次门,移户居冠军县,许之。二十七年,随柳元景北伐,领马幢,隶柳元怙,有战功,事在《元景传》。还补后军参军督护,随王诞喜之曰:"汝何人,遂得我府四字。"越答曰:"佛狸未死,不忧不得谘议参军。"诞大笑。

随元景伐西阳蛮。因值建义,转南中郎长兼行参军,新亭有战功。世祖即位,以为江夏王义恭大司马行参军、济阳太守,寻加龙骧将军。臧质、鲁爽反,越率军据历阳。爽遣将军郑德玄前据大岘,德玄分遣偏师杨胡兴,刘蜀马步三千,进攻历阳。越以叔骑五百于城西十余里拒战,大破斩胡兴、蜀等。爽平,又率所领进梁山拒质。质败走,越战功居多。因追奔至江陵。时荆州刺史朱修之未至,越多所诛戮,又逼掠南郡王义宣子女,坐免官,系尚方。寻被宥,复本官,追论前功,封筑阳县子,食邑四百户。迁西阳王子尚抚军中兵参军,将军如故。

大明三年,转长水校尉。竟陵王诞据广陵反,越领马军隶沈庆之攻诞。及城陷，世祖使悉杀城内男丁，越受旨行诛，躬临其事，莫不先加捶挞，或有先鞭其面者，欣欣然若有所得，所杀几数千人。四年，改封始安县子，户邑如先。八年，迁新安王子鸾抚军中兵参军，加辅国将军。其年，督习州、豫州之汝南、新蔡、汝阳、颍川四郡诸军事，宁朔将军、司州刺史，寻领汝南、新蔡二郡太守。

前废帝景和元年，召为游击将军，直阁。顷之，领南济阴太守，进爵为侯，增邑二百户。又加冠军将军，改领南东海太守，游击如故。帝凶暴无道，而越及谭金、童太壹并为之用命，诛戮群公及何迈等，莫不属心竭力，故帝凭其爪牙，无所忌惮。赐与越等美女金帛，充物其家。越等武人，粗强识不及远，咸一往意气，皆无复二心。帝将欲南巡，明旦便发，其夕悉听越等出外宿，太守因之定乱。明晨，越等并入，上抚接甚厚，越改领南济阴太守，本官如故。越等既为废帝尽力，虑太宗不能容之，上接待虽厚，内并怀惧。上亦不欲使其居中，从容谓之曰："卿等遭罹暴朝，勤劳日夕，苦乐宜更，应得自养之地。兵马大郡，随卿等择。"越等素已自疑，及闻此旨，皆相顾失色，因谋作难。以告沈攸之，攸之具白太宗，即日收越等下狱死。越时年五十八。

越善立营阵，每数万人止顿，越自骑马前行，使军人随其后，马止营合，未尝参差。及沈攸之代殷孝祖为南讨前锋，时孝祖新死，众并惧。攸之叹曰："宗公可惜，故有胜人处。"而御众严酷，好行刑诛，睚眦之间，动用军法。时王玄谟御下亦少恩，将士为之语曰："宁作五年徒，不逐王玄谟。玄谟尚可，宗越杀我。"

【译文】

宗越，南阳叶县人。本来是河南人，晋朝发生混乱的时候，迁居南阳宛县，后来统一整理户籍，又归属于叶县。宗越的家族本来是南阳的次等门节，安北将军赵伦之镇之襄阳，襄阳人中间不够列入门第氏族的杂姓很多，赵伦之委派他的长史范觊之整理排列氏族，辨别高低，范凯之把宗越贬黜成为服役的低等门户。宗越就开始出仕为郡中的小吏。

宗越的父亲被蛮人所杀死，杀死他父亲的人曾经来到郡城，宗越在集市上刺死了他。太守夏侯穆赞赏他有孝心又勇敢，提升他做了队主。蛮人发生劫掠行为,常常派宗越前去征讨,每次出兵就建立功劳。由于家里贫穷没有钱买马,宗越经常手持刀和盾牌步行而出,单身作战,许多敌兵都没有人能阻挡他。每次战胜,郡中的将领就赏赐五百钱,宗越就凭这些赏钱购买了匹马。后来被征召,到州里当了队主。宋孝武帝刘骏没有即位以前镇守襄阳,任命宗越为扬武将军,率领都督府的禁卫部队。元嘉二十四年,宗越启奏宋文帝要求恢复次等门第,把户籍迁移属于冠军县,得到批准。元嘉二十七年,跟随柳元景北伐,率领骑兵,隶属于柳元怙部下,立下战功,这段事情记载在《柳元景传》中。回军南下以后出任后军参写督护,随王刘诞当时任后将军、雍州刺史,跟宗越开玩笑说:"你说什么人,竟得到了我府里的四个字官衔。"宗越回答说:"佛狸(托跋焘)只要不死,我不愁不能得到咨议参军。"刘诞听了大笑。

宗越随同柳元景征伐西阳蛮人。因为碰上宋孝武帝起兵讨伐杀死父亲宋文帝的太子刘劭,宗越转为南中郎长兼行考军,在新亭之战立下战功。孝武帝即位,任命宗越为江夏王刘义恭的大司马行参军、济阳太守,不久又加封龙骧将军。臧质、鲁爽起兵反叛朝廷,宗越领兵占据历阳。鲁爽派遣将军郑德玄前进占据了大岘,郑德玄派遣部分兵力,由杨胡兴、刘蜀率领骑兵、步兵三千人,进攻历阳。宗越领骑兵、步兵三千人在历阳城西边十多里处抵御,大破杨胡兴、刘蜀的兵马,斩杀了他们。鲁爽被平定以后,又率领自己的部队开进梁山抵御臧质。臧质败逃,以宗越的战功居多。宗越乘势追赶到江陵。当时荆州刺史朱修事没有到达,宗越大肆杀戮,同时又逼迫劫取南郡王刘义宣的子女,因此而获罪,关在政府的作坊里做苦工。不久被赦免,官复原职,又追计从前的功劳,官号照旧不变。

大明三年,转为长水校尉。随王刘诞改封竟陵王,据有广陵造反,宗越率领骑兵在沈庆之的指挥下攻打刘诞。等到广陵城攻陷,孝武帝命令把城内的男性成年人全部杀光,宗越奉旨具体执行,亲自办理,对被杀的人无不先加以殴打,有的还鞭打他们的脸部,高高兴兴得好像得到了什么,被他杀死的总共有几千人。大明四年,改封为始安县子,食邑的户数和以前一样。

这一年，已被任命为督司州、豫州的汝南、新蔡、汝阳、颍川四郡诸军事，宁朔将军，司州刺史，不久又兼任汝南、新蔡二郡太守。

前废帝景和元年，召进京城任命为游击将军、直阁。不久，兼任南济阳太守，晋升爵位为侯，增加食邑二百户。又加封为冠军将军，改兼南东海太守，游击将军的官号不变。前废帝凶暴无道，而宗越和谭金、童太壹都为他出力卖命，诛戮许多官员以及擒捉何迈等人，无不尽心竭力，所以前废帝依靠着他的这些爪牙帮凶，得以肆无忌惮。赐给宗越等人美女、金钱、绢帛，充满了他们的家里。宗越等都是武人，粗豪强悍，缺乏远见，都是凭着意气用事，顾前不顾后，没有明确念头。前废帝准备到南方荆州湘州去，第二天一早就出发，那天夜里全部听任宗越等人离开宫中到外面住宿，宋明帝因此而能发动政变杀了前废帝。第二天早晨，宗越等人一起进宫，明帝对他们厚加安抚，宗越改兼南济阴太守，原来的官职不变。宗越等人既已为前废帝卖尽力气，担心宋明帝不能够容下自己，明帝对待他们虽然很优厚，他们心里却都感到恐惧。明帝也不想让他们再在京城里做官，就很随便地跟他们说："你们碰上了暴虐的皇帝，早晚辛苦劳累，苦乐应该对换一下，应该得到奉养自己的地方。兵马富足的大郡，可以随你们自己挑选。"宗越等人自己素来就有疑虑，一听到这一旨意，都互相看着脸上变了颜色，因此而计划造反作乱。他们把这一计划告诉沈攸之，沈攸之一一向明帝禀告，当天就拘捕了宗越等人下狱处死。当时宗越五十八岁。

宗越善于安排布置军营的位置，几万人行军宿营，宗越自己骑马在前，让军队跟在后边，边走边指挥，马停下来，军营也就安置完毕，从来没有过参差不齐。等到沈攸之代替殷孝祖为前锋将领征讨义兴一带反对宋明帝的部队。当时殷孝祖刚刚战死，部下都很恐惧。沈攸之叹息说："宗公可惜了得，他本来就有胜过别人的地方。"但是宗越统治军队十分严酷，喜欢用刑诛杀，一点小事情，动不动就军法从事。当时王玄谟对待部下也严厉少恩，将士们为此编出几句话说："宁可做上五年囚徒，不去跟随王玄谟。王玄谟还过得去，宗越却是要杀我。"

隐逸传

——《宋书》卷九三

【原文】

《易》曰："天地闭，贤人隐。"又曰："遁世无闷。"又曰："高尚其事。"又曰："幽人贞吉。"《论语》"作者七人"，表以逸民之称。又曰："子路遇荷蓧丈人，孔子曰：隐者也。"又曰："贤者避地，其次避言"。又曰："虞仲、夷逸，隐居放言。"品目参差，称谓非一，请试言之。夫隐之为言，迹不外见，道不可知之谓也。若夫千载寂寥，圣人不出，则大贤自晦，降夷凡品，止於全身远害，非必穴处岩栖，虽藏往得二，邻亚宗极，而举世莫窥，万物不睹。若此人者，岂肯洗耳颍滨，皭皭然显出谷之志乎。遁世避世，既贤人也。夫何适非世，而有避世之因，固知义惟晦道，非曰藏身。至於巢父之名，既是见称之号，号曰裘公，由有可传之迹，此盖荷蓧之隐，而非贤人之隐也。贤人之隐，义深於自晦，荷蓧之隐，事止於违人。论迹既殊，原心亦异也。身与运闭，无可知之情，鸡黍宿宾，示高世之美。运闭故隐，为隐之迹不见，违人故隐，用致隐者之目。身隐故称隐者，道隐故曰贤人。或曰："隐者之异乎隐，既闻其说，贤者之同於贤，未知所异？"应之曰："隐身之於晦道，名同而义殊，贤人之於贤者，事穷於亚圣，以此为言，如或可辨。若乃高尚之与隐者，三避之与幽人，及逸民隐居，皆独往之称，虽复汉阴之氏不传，河上之名不显，莫不游贪厉俗，秉自异之姿，犹负揭日月，鸣建鼓而趋也。"陈郡袁淑集古来无名高士，以为《真隐传》，格以斯谈，去真远矣。贤人在世，事不可诬，今为《隐逸篇》，虚置贤隐之位，其馀夷心俗表者，盖逸而非隐云。

宗炳字少文，南阳涅阳人也。祖承，宜都太守。父繇之，湘乡令。母同郡师氏，聪辩有学义，教授诸子。

炳居丧过礼，为乡闾所称。刺史殷仲堪、桓玄并辟主簿，举秀才，不就。高祖诛刘毅，领荆州，问毅府谘议参军申永曰："今日何施而可？"永曰："除其宿衅，倍其惠泽，贯叙门次，显擢才能，如此而已。"高祖纳之，辟炳为主簿，不起。问其故，答曰："栖丘饮谷，三十余年。"高祖善其对。妙善琴书，精于言理，每游山水，往辄忘归。征西长史王敬弘每从之，未尝不弥日也。乃下入庐山，就释慧远考寻文义。兄臧为南平太守，逼与俱还，乃於江陵三湖立宅，闲居无事。高祖召为太尉参军，不就。二兄蚤卒，孤累甚多，家贫无以相赡，颇营稼穑。高祖数至饩赍，其后子弟从禄，乃悉不复受。

高祖开府辟召，下书曰："吾忝大宠，思延贤彦，而《免罝》潜处，《考盘》未臻，侧席丘园，良增虚伫。南阳宗炳、雁门周续之，并植操幽栖，无闷巾褐，可下辟召，以礼屈之。"于是并辟太尉掾，皆不起。宋受禅，徵为太子舍人，元嘉初，又徵通直郎；东宫建，徵为太子中舍人，庶子，并不应，妻罗氏，亦有高情，与炳协趣。罗氏没，炳哀之过甚，既而辍哭寻理，悲情顿释，谓沙门释慧坚曰："死生之分，未易可达，三复至教，方能遣哀。"衡阳王义季在荆州，亲至炳室，与之欢宴，命为谘议参军，不起。

好山水，爱远游，西陟荆、巫，南登衡岳，因而结宇衡山，欲怀尚平之志。有疾，还江陵，叹曰："老疾俱至，名山恐难遍睹，唯当澄怀观道，卧以游之。"凡所游履，皆图之于室，谓人曰："抚琴动操，欲令众山皆响。"古有《金石弄》，为诸桓所重，桓氏亡，其声遂绝，唯炳传焉，太祖遣乐师杨观就炳受之。

炳外弟师觉授亦有素业，以琴书自娱。临川王义庆辟为祭酒，主簿，并不就，乃表荐之，会病卒。

元嘉二十年，炳卒，时年六十九。衡阳王义季与司徒江夏王义恭书曰："宗居士不救所病，其清履肥素，终始可嘉，为之恻怆，不能已已。"

子朔，南谯王义宣车骑参军。次绮，江夏王义恭司空主簿。次昭，郢州治中。次说，正员郎。

周续之字道祖,雁门广武人也。其先过江居豫章建昌县。续之年八岁丧母,哀戚过於成人,奉兄如事父。豫章太守范宁于郡立学,招集生徒,远方至者甚众,续之年十二,诣宁受业,居学数年,通《五经》并《纬》《候》,名冠同门,号曰:"颜子"。既而闲居读《老》《易》,入庐山事沙门释慧远。时彭城刘遗民遁迹庐山,陶渊明亦不应徵命,谓之寻阳三隐。以为身不可遣,余累宜绝,遂终身不娶妻,布衣蔬食。

刘毅镇姑孰,命为抚军参军,征太学博士,并不就。江州剌史每相招请,续之不尚节峻,颇从之游。常以嵇康《高士传》得出处之美,因为之注。高祖之北讨,世子居守,迎续之馆于安乐寺,延入讲《礼》,月馀,复还山。江州剌史刘柳荐之高祖曰:

臣闻恢耀和肆,必在兼城之宝;翼亮崇本,宜纡高世之逸。是以谓濒佐周,圣德广运,商洛匡汉,英业乃昌。伏惟明公道迈振古,应天继期,游外畅於冥内,体远形于应近,虽汾阳之举,辍驾於时艰;明扬之旨,潜感於穷谷矣。

窃见处士雁门周续之,清真贞素,思学钩深,弱冠独往,心无近事,性之所遣;荣华与饥寒俱落,情之所慕,岩泽与琴书共远。加以仁心内发,义怀外亮,留爱昆卉,诚著桃李。若升之宰府,必鼎味斯和;濯缨儒官,亦王猷遐缉。臧文不知,失在降贤;言偃得人,功由升士。愿照其丹款,不以人废言。

俄而辟为太尉掾,不就。高祖北伐,还镇彭城,遣使迎之,礼赐甚厚。每称之曰:"心无偏吝,真高士也。"寻复南还。高祖践阼,复召之,乃尽室俱下。上为开馆东郭外,招集生徒。乘舆降幸,并见诸生,问续之《礼记》"傲不可长""与我九龄'、'射於矍圃'三义,辨析精奥,称为该通。续之素患风痹,不复堪讲。乃移病钟山。景平元年卒,时年四十七,通《毛诗》六义及《礼论》《公羊传》,皆传于世。无子。兄子景远有续之风,太宗泰始中,为晋安内史,未之郡,卒。

王弘之,字方平,琅邪临沂人,宣训卫尉镇之弟也。少孤贫,为外祖徵士何准所抚育。从叔献之及太原王恭,并贵重之。晋安帝隆安中,为琅邪王中军参军,迁司徒主薄。家贫,而性好山水,求为乌程令,寻以病归。桓玄辅晋,桓谦以为卫军参军。时琅邪殷仲文还姑孰,祖送倾朝,谦要弘之同行,答曰:"凡祖离送别,必在有情,下官与殷风马不接,无缘扈从。"谦贵其言。母随兄镇之之安成郡,弘之解职同行,荆州刺史桓伟请为南蛮长史。义熙初,何无忌又请为右军司马。高祖命为徐州治中从事史,除员外散骑常侍,并不就。家在会稽上虞。从兄敬弘为吏部尚书,奏曰:"圣明司契,载德惟新,垂鉴仄微,表扬隐介,默语仰风,荒遐倾首。前员外散骑常侍琅邪王弘之,恬漠丘园,放心居逸。前卫将军参军武昌孰希林,素履纯洁,嗣徽前武。并击壤圣朝,未蒙表饰,宜加旌聘,贲于丘园,以彰止逊之美,以袪动求之累。臣愚谓弘之可太子庶子,希林可著作郎。"即征弘之为庶子,不就。太祖即位,敬弘为左仆射,又陈:"弘之高行表於初筮,苦节彰于暮年,今内外晏然,当修太平之化,宜招空谷,以敦冲退之美。"元嘉四年,征为通直散骑常侍,又不就。敬弘尝解貂裘与之,即着以采药。

性好钓,上虞江有一处名三石头,弘之常垂纶於此。经过者不识之,或问:"渔师得鱼卖不?"弘之曰:"亦自不得,得亦不卖。"日夕载鱼入上虞郭,经亲故门,各以一两头置门内而去。始宁沃川有佳山水,弘之又依岩筑室。谢灵运、颜延之并相钦重,灵运与庐陵王义真笺曰:"会境既丰山水,是以江左嘉遁,并多居之。但季世慕荣,幽栖者寡,或复才为时求,弗获从志。至若王弘之拂衣归耕,逾历三纪;孙淳之隐约穷岫,自始迄今;阮万龄辞事就闲,纂成先业;浙河之外,栖迟山泽,如斯而已。既远同羲、唐,亦激贪厉竞。殿下爱素好古,常若布衣,每意昔闻,虚想岩穴,若遣一介,有以相存,真可谓千载盛美也。"

弘之四年卒,时年六十三。颜延之欲为作诔,书与弘之子昙生曰:"君家高世之节,有识归重,豫染豪翰,所应载述。况仆托慕末风,窃以叙德为事,但恨短笔不足书美。"诔竟不就。

昙生好文义,以谦和见称。历显位,吏部尚书,太常卿。大明末,为吴兴太守。太宗初,四方同逆,战败奔会稽,归降被宥,终於中散大夫。

孔淳之字彦深，鲁郡鲁人也。祖恢，尚书祠部郎。父粲，秘书监徵，不就。淳之少有高尚，爱好坟籍，为太原王恭所称。居会稽剡县，性好山水，每有所游，必穷其幽峻，或旬日忘归。尝游山，遇沙门释法崇，因留共止，遂停三载。法崇叹曰："缅想人外，三十年矣，今乃倾盖于兹，不觉老之将至也。"及淳之还反，不告以姓。除著作佐郎，太尉参军，并不就。

居丧至孝，庐于墓侧。服阕，与徵士戴颙、王弘之及王敬弘等共为人外之游。敬弘以女适淳之子尚。会稽太守谢方明苦要入郡，终不肯往。茅室蓬户，庭草芜径，唯床上有数卷书。元嘉初，复徵为散骑侍郎，乃逃于上虞县界，家人莫知所之。弟默之为广州刺史，出都与别。司徒王弘要淳之集冶城，即日命驾东归，遂不顾也。元嘉七年，卒，时年五十九。默之儒学，注《谷梁春秋》。

刘凝之字志安，小名长年，南郡枝江人也。父期公，衡阳太守，兄盛公，高尚不仕。凝之慕老莱、严子陵为人，推家财与弟及兄子，立屋于野外，非其力不食，州里重其德行。州三礼辟西曹主簿，与秀才，不就。妻梁州刺史郭铨女也，遣送丰丽，凝之悉散之亲属。妻亦能不慕荣华，与凝之共安俭苦。夫妻共乘薄笨车，出市买易，周用之外，辄以施人。为村里所诬，一年三输公调，求辄与之。有人尝认其所著屐，笑曰："仆著之已败，令家中觅新者备君也。"此人后田中得所失屐，送还之，不肯复取。

元嘉初，徵为秘书郎，不就。临川王义庆、衡阳王义季镇江陵，并遣使存问，凝之答书顿首称仆，不修民礼，人或讥焉。凝之曰："昔老莱向楚王称仆，严陵亦抗礼光武，未闻巢许称臣尧、舜。"时戴颙与衡阳王义季书，亦称仆。

荆州年饥，义季虑凝之馁毙，饷钱十万。凝之大喜，将钱至市门，观有饥色者，悉分与之，俄顷立尽。性好山水，一旦携妻子泛江湖，隐居衡山之阳。登高岭，绝人迹，为小屋居之，采药服食，妻子皆从其志。元嘉二十五年，卒，时年五十九。

翟法赐，浔阳柴桑人也。曾祖汤，汤子庄，庄子矫，并高尚不仕，逃避徵辟。矫生法赐。少守家业，立屋於庐山顶，丧亲后，便不复还家。不食五谷，以兽皮结草为衣，虽乡亲中表，莫得见也。州辟主簿，举秀才，右参军，著作佐郎，员外散骑侍郎，并不就。后家人至石室寻求，因复远徙，违避微聘，遁迹幽深。寻阳太守邓文子表曰："奉诏书徵郡民新除著作佐郎南阳翟法赐，补员外散骑侍郎。法赐隐迹庐山，于今四世，栖身幽岩，人罕见者。如当逼以王宪，束以严科，驰山猎草，以期禽获，虑至颠殒，有伤盛化。"乃止。后卒于岩石之间，不知年月。

沈道虔，吴兴武康人也。少仁爱，好《老》《易》，居县北石山下。孙恩乱后饥荒，县令庾肃之迎出县南废头里，为立小宅，临溪，有山水之玩。时复还石山精庐，与诸孤兄子共釜庾之资，困不改节。受琴于戴逵，王敬弘深敬之。郡州府凡十二命，皆不就。

有人窃其园菜者，还见之，乃自逃隐，待窃者取足去后乃出。人拔其屋后笋，令人止之，曰："惜此笋欲令成林，更有佳者相与。"乃令人买大笋送与之，盗者惭，不取。道虔使置其门内而还。常以捃拾自资同捃者争穟，道虔谏之，不止，悉以其所得与之，争者愧恶，后每争，辄云："勿令居士知。"冬月无复衣，戴颙闻而迎之，为作衣服，并与钱一万。既还，分身上衣及钱，悉供诸兄弟子无衣者。乡里年少，相率受学。道虔常无食，无以立学徒，武康令孔欣之厚相资给，受业者咸得有成。太祖闻之，遣使存问，赐钱三万，米二百斛，悉以嫁娶孤兄子。徵员外散骑侍郎，不就。累世事佛，推父祖旧宅为寺。至四月八日，每请像。请像之日，辄举家感恸焉。道虔年老，菜食，恒无经日之资，而琴书为乐，孜孜不倦。太祖敕郡县令随时资给。元嘉二十六年，卒，时年八十二。

子慧锋，修父业，辟从事，皆不就。

雷次宗字仲伦，豫章南昌人也。少入庐山，事沙门释慧远，笃志好学，尤明《三礼》《毛诗》，隐退不交世务。本州辟从事，员外散骑侍郎，征，并不就。与子侄书以言所守，曰：

夫生之修短，咸有定分，定分之外，不可以智力求，但当于所禀之中，顺而勿率耳。吾少婴羸患，事钟养疾，为性好闲，志栖物表，故虽在童稚之年，已怀远迹之意。暨于弱冠，遂托业庐山，逮事释和尚。于时师友渊源，务务训弘道，外慕等夷，内怀俳发，于是洗气神明，玩心坟典，勉志勤躬，夜以继日。爰有山水之好，悟言之欢，实足以通理辅性，成夫亹亹之业，乐以忘忧，不知朝日之晏矣。自游道餐风，二十余载，渊匠既倾，良朋凋索，绩以衅逆违天，备尝荼蓼，畴昔诚愿，顿尽一朝，心虑荒散，情意衰损，故遂与汝曹归耕垄畔，山居谷饮，人理久绝。

日月不处，忽复十年，犬马之齿，已逾知命。崦嵫将迫，前涂几何，实远想尚子五岳之举，近谢居室琐琐之勤。及今耄未至惛，衰不及顿，尚可厉志於所期，纵心于所托，栖诚来生之津梁，专气莫年之摄养，玩岁日於良辰，偷余乐于将除，在心所期，尽于此矣。汝等年各成长，冠娶已毕，修惜衡泌，吾复何忧。但愿守全所志，以保令终耳。自今以往，家事大小，一勿见关，子平之言，可以为法。

元嘉十五年，徵次宗至京师，开馆于鸡笼山，聚徒教授，置生百余人。会稽朱膺之、颍川庾蔚之并以儒学，监总诸生。时国子学未立，上留心艺术，使丹阳尹何尚之立玄学，太子率更令何承天立史学，司徒参军谢元立文学，凡四学并建。车驾数幸次宗学馆，资给甚厚。又除给事中，不就。久之，还庐山，公卿以下，并设祖道。二十五年，诏曰："前新除给事中雷次宗，笃尚希古，经行明修，自绝招命，守志隐约。宜加升引，以旌退素。可散骑侍郎。"后又徵诣京邑，为筑室於钟山西岩下，谓之招隐馆，使为皇太子诸王讲《丧服》经。次宗不入公门，乃使自华林东门入延贤堂就业。二十五年，卒於钟山，时年六十三。太祖与江夏王义恭书道次宗亡，义恭答曰："雷次宗不救所疾，甚可痛念。其幽栖穷薮，自宾圣朝，克己复礼，始终若一。伏惟天慈弘被，亦重矜愍。"

子肃之，颇传其业，官至豫章郡丞。

朱百年，会稽山阴人也。祖恺之，晋右卫将军。父涛，扬州主簿。百年少有高情，亲亡服阕，携妻孔氏入会稽南山，以伐樵采箬为业。每以樵箬置道头,辄为行人所取,明旦亦复如此,人稍怪之,积久方知是朱隐士所卖,须者随其所堪多少,留钱取樵箬而去。或遇寒雪,樵箬不售,无以自资,辄自搒船送妻还孔氏,天晴复迎之。有时出山阴为妻买缯彩三五尺,好饮酒,遇醉或失之。颇能言理,时为诗咏,往往有高胜之言。郡命功曹,州辟从事,举秀才,并不就。隐迹避人,唯与同县孔觊友善。觊亦嗜酒,相得辄酣,对饮尽欢。百年家素贫,母以冬月亡,衣并无絮,自此不衣绵帛。尝寒时就觊宿,衣悉夹布,饮酒醉眠,觊以卧具覆之,百年不觉也。既觉,引卧具去体,谓觊曰:"绵定奇温。"因流涕悲恸,觊亦为之伤感。

除太子舍人,不就。颜竣为东扬州,发教饷百年谷五百斛,不受。时山阴又有寒人姚吟,亦有高趣,为衣冠所重。义阳王昶临州,辟为文学从事,不起。竣饷吟米二百斛,吟亦辞之。

百年孝建元年卒山中,时年八十七。蔡兴宗为会稽太守,饷百年妻米百斛,百年妻遣婢诣郡门奉辞固让,时人美之,以比梁鸿妻。

王素字休业,琅邪临沂人也。高祖翘之,晋光禄大夫。素少有志行,家贫母老。初为庐陵国侍郎,母忧去职。服阕,庐陵王绍为江州,亲旧劝素修完旧居,素不答,乃轻身往东阳,隐居不仕,颇营田园之资,得以自立。爱好文义,不以人俗累怀。世祖即位,欲搜扬隐退下,下诏曰:"济世成务,咸达隐微,轨俗兴让,必表清节。朕昧旦求善,思悼薄风,琅邪王素、会稽朱百年,并廉约贞远,与物无竞,自足皋亩,志在不移。宜加褒引,以光难进。并可太子舍人。"大明中,太宰江夏王义恭开府辟召,辟素为仓曹属,太宗泰始六年,又召为太子中舍人,并不就。素即屡被徵辟,声誉甚高。山中有蚿虫,声清长,听之使人不厌,而其形甚丑,素乃为《蚿赋》以自况。七年,卒,时年五十四。

时又有宋平刘睦之、汝南州韶、吴郡褚伯玉,亦隐身求志。睦之居交州,除武平太守,不拜。韶字伯和,黄门侍郎文孙也。筑室湖熟之方山,徵员外散骑侍郎,征北行参军,不起。伯玉居剡县瀑布山三十余载,扬州辟议曹从事,不就。

　　关康之字伯愉，河东杨人。世居京口，寓属南平昌，少而笃学，姿状丰伟。下邳赵绎以文义见称，康之与之友善。特进颜延之见而知之。晋陵顾悦之难王弼易义四十余条，康之申王难顾，远有情理。又为《毛诗义》，经籍疑滞，多所论释。尝就沙门支僧纳学算，妙尽其能。竟陵王义宣自京口迁镇江陵，要康之同行，距不应命。元嘉中，太祖闻康之有学义，除武昌国中军将军，蠲除租税。江夏王义恭、广陵王诞临南徐州，辟为从事、西曹，并不就。弃绝人事，守志闲居。弟双之为臧质车骑参军，与质俱下，至赭圻病卒，瘗於水滨。康之其春得疾困笃，小差，牵以迎丧，因得虚劳病，寝顿二十余年。时有间日，辄卧论文义。世祖即位，遣大使陆子真巡行天下，使反，荐康之“业履恒贞，操勖清固，行信闾党，誉延邦邑，栖志希古，操不可渝，宜加徵聘，以洁风轨”。不见省。太宗泰始初，与平原明僧绍俱徵为通直郎，又辞以疾。顺帝升明元年，卒，时年六十三。

　　史臣曰：“夫独往之人，皆禀偏介之性，不能摧志屈道，借誉期通，若使值见信之主。逢时来之运，岂其放情江海，取逸丘樊，盖不得已而然故也。且岩壑闲远，水石清华，虽复崇门八袭，高城万雉，莫不蓄壤开泉，仿佛林泽。故知松山桂渚，非止素玩，碧润清潭，翻成丽瞩。挂冠东都，夫何难之有哉？”

【译文】

　　《周易》说：“天地闭合，贤人隐去。”又说：“避世隐居则无烦恼。”又说：“应该把隐居看作高尚的事情。”又说：“隐士是很纯真圣洁的。”《论语》说：“隐士有七人。”用“作者”来称隐士。又说：“子路碰到荷蓧丈人，孔子说：‘这是一位隐士。’”又说：“圣贤之人首先是选择地方居住，其次是避免说一些不该说的话。”又说：“虞仲、夷逸，隐居而敢说话。”这些人的具体情况各有不同，称呼也不一致，请允许我们来阐述。“隐”这个词的意义，是指行迹不露于外，思想主张不被外人得知。至于千年以来没有什么新闻，不出一个圣人，则是大贤大德的人自己隐藏起来，把自己降到和凡人同等的地位，行为仅限于保全身心，远离灾祸罢了，不必一定要住山洞睡岩石，虽然隐藏了以往的品行,表现出另一副模样,接近了最高尚最伟大的人物,也是全世界都看不见,全人类都不曾听说的。像这些人,怎么肯在颍水边上洗耳朵,明明白白地做出这样俗气的事情。逃避社会,避开尘世,就是贤人。

针砭时弊,有一定的避世的原因,仅仅知道义就是隐蔽自己的主张,这不叫作藏身。至于巢父的名声,就像用来称呼他的大号,就是"裘公",因为有可以传颂的事迹,他的隐居就像《论语》中荷蓧丈人一类的隐居,而非贤人的隐居。贤人的隐居,是把自己隐藏得更深一些,荷蓧丈人的隐居,则仅仅是避开社会上的人。他们的行为不同,心中的想法也不一致。自己的运气不好,知道不可能飞黄腾达,隐居种田,反而可以显示出超尘脱俗的高姿态。没有运气,所以隐居,隐居的行迹不明显,用避开人的方式来隐居,使人一下就看出了隐士的面目。形体上的隐居被称为隐者,道德思想上的隐居被称为贤人。有人说:"'隐者'和'隐'的不同,已经听说了;'贤者'和'贤'相同,不知它们的区别在什么地方?"回答说:"形体隐居和隐蔽思想、主张,说起来相同但是实际上不同,贤人和贤者相比,可以拿亚圣来说明问题,以此作比,它们的区别也许可以分辨。至于高尚的人和隐者,避时、避地、避言的人和独居之人,以及隐姓埋名而隐居的人,都有独往独来的叫法,虽然汉阴之姓不流传,河上之名不显扬,也不会不激励贪婪和庸俗的人奋发自强,身负重任,一往无前。"陈郡人袁淑汇集古来无名高士的事迹,写成《真隐传》一书,受传闻的影响,和真实的情况相距甚远。贤人仍然活着,事迹不可不真实。现在著录《隐逸》这篇列传,把"贤隐"的位子空着。其他一般的人,大都是"逸"而不是"隐"的。

宗炳,字少文,是南阳涅阳人。祖父宗承,曾任宜都太守。父亲宗繇之,任湘乡令。母亲是同郡人师氏,为人聪慧正义,学识丰富,亲自教授子女。

宗炳为父母服丧时十分哀恸,受到乡里人们的称赞。刺史殷仲堪、桓玄都提拔他担任主簿一官,又推荐他出任秀才,他都推辞了,没有就任。高祖杀了刘毅,统领了荆州,问刘毅的咨议参军申永道:"现在施政可以采取些什么措施?"申永说:"清除你和仇敌之间的宿怨,加倍地给他们恩惠,同地方上各阶层人物搞好关系,提拔有才能的人,像这样就行了。"高祖采纳了他的意见,任命宗炳为主簿,宗炳没有应征。问他为什么,他回答说:"住山林喝泉水,已经三十多年了。"高祖认为他说得不错。宗炳擅长琴棋书画,精通学问道理,每每游历山水,都乐而忘返。征西长史王敬弘每次跟他出去,都日落而返。后来到了庐山,跟着和尚慧远学习如何考释、寻究文章辞义。哥哥宗臧是南平太守,逼着宗炳和他一道回来,于是就在江陵之湖盖房居住,宗炳闲居在家,无所事事。高祖召他为太尉参军,他也没有就任。二哥很早就去世了,留下的孩子较多,家累很大,宗炳自己又很穷,无法帮助他们,于是开始耕田种地。高祖多次接济他们,后来家族中有人做官了,就不再接受救济了。

高祖打开官府大门公开招聘,下诏书说:"我身为天子,想要延聘贤明的人士,然而《免置》一诗所描述的贤士还隐姓埋名地生活着,《考盘》一诗提到的隐者也还没有出仕做官,我把高位让给这些人,现在它们却空着。南阳人宗炳、雁门人周续之,都是以幽居独处来培养自己的情操,不厌烦耕田种地的农家生活。可下令征召他们,以礼让他们出来做官。"于是一起征召他们为太尉掾,他二人都没有应诏。宋朝替代晋掌权后,征召宗炳为太子舍人;元嘉初年,又征他为通直郎;东宫太子得势后,又征召他为太子中舍人和庶子,都没有应征。妻子罗氏,也有高尚的情怀,和宗炳趣味相投。罗氏死后,宗炳十分悲痛,不久停止了哭泣,用佛理自遣,悲哀的情绪立即减轻了许多。对和尚慧坚说:"生与死的区别,不容易明白,再三地思考,才能排遣心中的悲哀。"衡阳王刘义季在荆州时,亲自到宗炳的家里,和他一起喝酒,任命他为咨议参军,仍然没有接受。

宗炳爱好山水,喜欢远游,向西到过荆巫地区,向南登过衡山,在衡山上盖屋居住,也怀有前人向子长隐居之志。后有病回到了江陵,叹息道:"年纪大了,病也来了,名山大川恐怕难以全部看完了,只有沉静自己的心境,提高自己的修养,睡在床上游历它们吧。"凡是他所游历过的地方,都画成图,贴在室内墙壁上,对人说:"我弹琴奏乐,要让众山都发出回响。"古有《金石弄》一曲,为桓氏家族所器重,桓氏衰亡后,这支曲子就失传了,只宗炳还能弹奏。太祖派乐师杨观跟宗炳学这支曲子。

宗炳的表弟师觉授也有超脱清素的品性,用琴书来自我愉悦。临川王刘义庆让他担任祭酒和主簿二职,他都不去上任,于是刘义庆上表向皇帝推荐他。就在这时,他生病而死。

元嘉二十年,宗炳去世,时年六十九岁。衡阳王刘义季给司徒、江夏王刘义恭写信说:"宗居士不去改变他所不满的东西,他行迹超凡脱俗,一生品行值得褒扬。我为他的逝世感到悲哀,不能控制自己啊。"

宗炳的长子宗朔,南谯王刘义宣的车骑参军。次子宗绮,江夏王刘义恭的司空主簿。三儿子宗昭,郢州治中。小儿子宗说,正员郎。

周续之,字道祖,是雁门广武人。其祖先南渡长江迁居到南昌建昌县。续之八岁时母亲去世,他的哀痛比成年人还厉害,敬奉哥哥如同对待父亲一样。豫章太守范宁在家乡兴办学校,招收学生,从远方来的人很多,续之当时十二岁,也到范宁这儿来学习,在学校学了几年后,精通《五经》和与经书相对的各种《纬》书以及记录历时天象的《候》书,成绩在同学中名列前茅,被称为"颜回"。接着闲居在家,读《老子》《周易》,去庐山跟和尚慧远学佛,当时彭城人刘遗民在庐山隐居,陶渊明也不听从皇帝的征号,这三个人被称为"浔阳三隐"。并且认为自己不可能入仕被使唤,其他的拖累应该断绝,所以终身没有娶妻,穿布做的衣服,吃粗疏的食物。

刘毅统治姑孰地区,任命他为抚军参军,皇帝又征召他为太学博士,都没有就任。江州刺史每次邀请,续之不认为自己很了不起,跟着他游玩。常认为嵇康的《高士传》材料来源很有意思,因此为它作了注。高祖往北讨伐时,他的儿子在京城留守,接续之去安乐寺中设馆教学,讲授《礼》经,一个多月后,又回到山里。江州刺史刘柳向高祖推荐续之,说:

我听说弘扬卞和的技能，一定是得到价值连城的玉石；基础雄厚羽翼亮泽，适合远续太平盛世的美德。所以渭水边的姜太公辅助周朝，使得天子的贤德广为传播；商山四皓匡辅汉朝，帝王的业绩于是才昌盛。我个人认为陛下您比古人更有思想、更正确，顺应天命接管朝政，注重内心修养以使自己豪爽与丰富，应付各种琐事而使自己超远、高迈，汾阳侯的举止，是在时世艰难之中礼贤下士，器重隐士贤人的洪恩，深深地感动了深山穷谷里的人。

我认为隐士雁门人周续之纯真素雅，善于思考，学识渊博，二十来岁即避世隐居，心里不为世间琐事所困扰，出于本性，他不追求荣华富贵，也不以饥寒交迫为耻，心里所追求的只是隐居山林的淡泊生活和琴棋书画上有所造诣。加上他的仁爱发自内心，正义表现于行动，热爱昆虫、花卉，善待桃树、李枝。如果任命他一官半职，一定会使官员之间关系和睦，政绩显著；这样的清廉儒者，也是王道昌盛所需要的。臧文有所不足，失误在没有认识到贤人的作用；言偃颇得人心，功劳在于提拔任用了优秀人士。愿您洞察他们的内心和真正的道德品质，不要因人废言。

不久皇帝提拔他为太尉椽，没有就任。高祖北伐，返回时驻扎在彭城，派遣使者请他出来，对他很尊敬并赐给他很多礼物，常常称赞他："心术很正，也不吝啬，是一个真正高尚的人。"不久就回到南边去了。高祖即位后，又一次征召他，于是带领全家前来应征。高祖为他在东郊建了一个学馆，招收学生传授经典，自己常常坐着车子去到他的学馆，接见各位学生，问周续之"懒不可长""与我九龄""射于矍圃"三个典故的意义是什么，周续之的回答分析精确、理解深透全面。续之一向患有风痹症，不再能够承受教学后，移居钟山养病。景平元年去世，时年四十七岁。精通《毛诗》六义和《礼论》《公羊传》，所著文章皆传于世，身后无子。哥哥的儿子景远有续之的风范，太宗泰始年间，任命为晋安内史，没有到任即死去。

王弘之，字方平，是琅邪临沂人，宣训卫尉王镇之的弟弟。弘之少时即成为孤儿，家里贫穷，被外祖父——一个不受朝廷征聘的人——何准所收养，叔父王献之和太原人王恭都很器重他。晋安帝隆安年间，任琅邪王中军参军，后升任司徒主簿。家里很穷，但生性爱好自然山水，要求调任乌程令，不久因为有病而回到家乡。桓玄辅佐晋朝，桓谦任他为卫军参军，当时琅邪人殷仲文将去姑孰，全朝廷的人都给他送行，桓谦邀请弘之和他一起去送行，弘之回答说："凡是给离别的人饯行送别，一定是因为有感情或有交情，我和殷仲文没有任何往来，没有理由跟您一同前往。"桓谦认为他说得很对。母亲随着哥哥王镇之到了安成郡，弘之辞了官职和他们一起同去。荆州刺史桓伟请他出任南蛮长史；义熙年初，何无忌又请他出任右军司马；高祖任命他为徐州治中从事使兼员外散骑常侍，他都没有就任。家居会稽郡上虞县。堂兄敬弘是吏部尚书，上书皇帝说："圣上明鉴，官各有职，治好国家只有革新。您应该了解隐居遁世之士，表彰宣扬正直耿介之人，不用说话就能引导社会风尚，蛮荒远野之人没有不佩服您的。前员外散骑常侍王弘之，恬然生活在山林，纵情逸志于隐居。前卫将军参军郭希林，一向纯洁正直，是前代伟人的后裔。他二人一并隐居当世，没有受到任何表彰，应该给予旌奖和礼聘，弘扬隐居的意义，表彰、宣扬退出和谦逊的美德，以去除动辄就要有所贪求的弊病。我认为弘之可任太子庶子一职，希林可以担任著作郎。"皇帝于是征召弘之为太子庶子，没有就任。太祖即位后，敬弘任左仆射，又陈述说："弘之年轻时即品行高洁，晚年后仍然艰苦勤恳，当今内外安定，天下太平，应该做些使天下太平的工作，应该征召、褒奖深山穷谷中的隐居之士，以敦促淡泊、谦退风气的形成。"元嘉四年，皇上征召他为通直散骑常侍，又没有就任。敬弘曾脱下自己的貂裘皮袄给他，他即穿着去山里采药。

弘之生性喜欢垂钓，上虞江有一个地方叫作三石头，弘之常在这儿钓鱼。从这儿路过的人不认识他，有人问："钓鱼的，钓了鱼卖不卖？"弘之说："还没有钓到；就是钓到了，也不卖。"傍晚时带着鱼到了上虞城里，经过亲朋故旧的门口，各放一两条鱼而离去。始宁县沃川附近有很好的自然风景，弘之在那儿依据山势建造房屋。谢灵运、颜延之都很钦佩器重他，灵运曾写信给庐陵王义真说:"会稽境内山清水秀,所以江南高层次的隐士,很多都隐居在会稽境内。然而近代人爱慕荣华富贵,深处隐居的人很少,或者是因为有才而被朝廷征召,不能够依据自己的意志行事。至于王弘之,则能掸去身上的灰尘,归耕田亩,从事农桑,已经很多年了;孔淳之能隐居在穷乡僻壤,从年轻时起直到现在;阮万龄辞去官职,闲居在家,完成了父辈著书立说的事业;浙河之外,隐居避世的人,也就这几位罢了。他们的行为和远古的伏羲、唐尧一样,也能够激励贪婪的人锐意进取。殿下您素爱淡泊,思念古人,常常像平民一样,每次回想过去听说的名人,都想到深处岩穴之士,如果派人去慰问、鼓励他们,真可以称为千载称誉的盛事了。"

去世时年龄六十三岁。颜延之想为他写一篇悼念文章,写信给他的儿子昙生说:"你父亲高风亮节,思想清楚,认识正确,文章著述也很丰富,历史应该有所记述。何况我很仰慕他的风范,并以著书立说,传播道德为职业。只是才气不足,不一定能够写好。"这篇悼念文章终究没有写成。

昙生喜欢钻研文章辞义,以谦和著称。曾担任过显赫的职务:吏部尚书、太常卿。大明末年,任吴兴太守。太宗初年,东西南北四方都有叛乱,昙生战败后逃到会稽,归降后被判无罪,最后的官职是中散大夫。

孔淳之,字彦深,是鲁郡鲁县人。祖父孔恢,曾任尚书祠部郎。父亲孔粲,被征为秘书监,没有就任。淳之从小情趣高尚,爱好经书典籍,受到太原人王恭的称赞。家住会稽剡县,生性喜爱幽峻,每次游玩,都要踏遍那儿的山水,有时十多天还记不得返回。有一次游历名山,碰到和尚法崇,法崇让他留下,于是他在那儿住了三年。法崇叹息道:"我想象世外的生活,已经三十年了,现在我们在这儿一见如故,一点也不知道老之将至。"一直等到淳之返家,也没有告诉自己的姓氏。后任命淳之为著作佐郎、太尉参军,都没有就任。

为父母服丧时竭尽孝道,在墓边盖房居住。守完孝后,和不受朝廷征聘的人戴颙、王弘之及王敬弘等一起游历山水。敬弘把女儿嫁给淳之的儿子孔尚。会稽太守谢方明苦苦邀请他们去他的郡里,最终他们还是不肯去。他们的住处是茅草盖的房子,蓬草搭的窗户,庭园杂草丛生,小路都被淹没了,只有床上有几本书。元嘉初年,皇帝又征召淳之为散骑侍郎,于是他逃离了上虞县境,家里的人都不知道他到哪里去了。弟弟孔默之任广州刺史,临行时和他告别。司徒王弘邀请淳之在冶城与他会合,想要带他回家,他没有理睬。元嘉七年去世,时年五十九岁。淳之是儒家学者,给《春秋谷梁传》作过注。

刘凝之,字志安,小名长年,是南郡枝江人。父亲刘期公,任衡阳太守;哥哥盛公,性情高傲,没有做官。凝之倾慕老莱子、严子陵的为人,把家里的财产赠送给弟弟和侄子,在荒郊野外盖房子,不是自己劳动得来的食物不吃,州里的人都很推崇他的德行。州里多次尊敬地推举他任西曹主簿,推荐他出任秀才,他都没有就任。妻子是梁州刺史郭铨的女儿,陪嫁很丰厚,凝之全部分散给了亲友。妻子也能不羡慕荣华富贵,与凝之一起安于勤俭艰苦的生活,夫妻二人一起坐着竹子做的粗陋的车子,到集市上去购物和卖掉多余的产品,所得钱财除了应付日用以外,全部施舍给别人。受村里人的陷害,一年要交三次公粮,只要让他交他就交。有人误认他所穿的木拖鞋是自己的,他笑着说:"这双我穿坏了,现在让家里的人找一双新的给你。"后来这个人在田里找到了遗失的那双木拖鞋,把凝之的那双送去还给他,他不肯再要了。

元嘉初年,皇帝征他为秘书郎,没有就任。临川王刘义庆、衡阳王刘义季镇守江陵,一起派遣使者去慰问他,凝之回信署名时自称仆人,以臣子的身份行事,有人讽刺这一点。凝之说:"过去老莱子对楚王自称仆人,严陵也和光武帝分庭抗礼,没有听说巢父、许由对尧、舜称臣。"当时戴颙信,也称仆。

荆州有一年粮食歉收,刘义季想到凝之可能会饿死,赠给他十万钱。凝之非常高兴,把钱拿到集市的入口处,看见面有饥色者,都分送给他们,一会儿工夫钱就用完了。生性爱好山水,一天早晨带妻子开始泛游江湖,隐居在衡山南面。登上崇山峻岭,在荒无人迹的地方盖了小房子,住在里面,采药炼丹,修身养性,妻子依从他的志愿行事。元嘉二十五年去世,时年五十九岁。

翟法赐,浔阳柴桑人。曾祖名翟汤,翟汤的儿子名翟庄,翟庄的儿子名翟矫,这几个人都行为高尚,不入仕做官。逃避皇帝的征召和王公大臣们的推荐提拔。翟矫生了儿子法赐。

法赐年轻时经管家业,在庐山顶上盖了房子,父母去世后,便不再回家。不吃五谷粮食,拿兽皮用草联结作为衣服,即便是乡亲邻里或自己的姑表至亲,也没有人能看见他。州里提拔他任主簿,推举他任秀才、右参军、著作佐郎、员外散骑侍郎,都没有就任。后来家人到他所住的石室去找他,他逃到了更远的地方,因为要回避征召,所以必须遁迹山林。寻阳太守邓文子上表说:"奉皇帝之命征召郡民新提拔的著作佐郎南阳人翟法赐,补员外散骑侍郎一官。法赐隐居庐山,到现在已经更替四朝了,栖身于幽深的岩石中,很少有人能见到他。如果用王法来逼迫他,用礼义制度来约束他,带着军队上山去逮捕他,恐怕会伤害他的性命,这样做对国家的形象也有所伤害。"于是作罢。后来他不知何年何月死于岩石中。

沈道虔是吴兴武康人。年轻时即有仁爱之心,喜欢《老子》《周易》,住在县城北面石山脚下。孙恩暴动后粮食紧缺,县令庾肃之把他接去县城南面废头里,为他盖了小房子。房屋临水,可以欣赏自然山水。他还是经常回到石山的旧宅,和已死兄长的几个儿子一起过着贫困的生活,然而他虽贫穷,却不改变自己高尚的节操,跟着戴逵学习弹琴,王敬弘非常敬佩他。郡里州里十二次要任命他出来做官,他都没有同意。

有人到他的园子里偷菜,他回去后刚好碰见,赶紧自己躲起来,等小偷拿足走了才出来。有人要拔他房屋后面的笋子,他让人劝阻他们,说:"可惜这些笋子了,我想让它们长成竹林。另外有些好的笋子送给你们。"于是让人去买大笋送给那些人。小偷感到很惭愧,没有要。道虔派人把笋子送到他们家里。常有到田里去拾麦穗来补贴生活的人发生争抢的事,道虔劝他们不要抢,他们不听,这时他就把自己拾得的稻麦穗全给他们。这些争抢的人感到很不好意思。后来每有争抢总是说:"别让居士知道。"冬天没有厚衣服,戴颙听说后把他接去,为他制作了衣服,并且给他一万块,回来后,把身上的衣服和钱都分给了没有衣服的侄子们。乡里的小孩子都跟着他学习。道虔常常没有粮食,无法使他的学生完成学业。武康令孔欣之给了他很大资助,使他的学生都能学有所成。太祖听说后,派人来慰问他,赏给他三万钱、二百斛米,帮助他哥哥的子女们完成婚事。征召他为员外散骑侍郎,没有就任。几代人都相信佛教,把祖上的旧宅改建为佛寺,每到四月八号,都要请佛像,那一天总是全家人都诚心诚意。道虔年纪大了后,总是吃素,还经常连日常生活也维持不了。然而他仍以读书、弹琴为乐,勤恳认真,孜孜不倦。太祖下令让郡里县里随时都要给他资助。元嘉二十六年去世,时年八十二岁。

儿子慧锋,继承了父亲的业绩,任命他为从事,也不就任。

雷次宗,字仲伦,是豫章南昌人。年轻时即上庐山,事奉和尚慧远,志向远大,喜爱学习,对于《周礼》《仪礼》《礼记》和《毛诗》特别了解。隐居避世,断绝和社会上人事的来往。本州任命他为员外散骑侍郎和从事,他都没有接受。给子侄写信表明他的操守:

人生长短,都是有定数的。定数以外的事,不能够凭智力去强求。但应当在上天所规定的人生旅途中顺顺当当,而不要轻率行事。我从小就生病,主要做的事情就是养病,生性喜欢清闲,有志于生活在尘世之外,所以还在年纪很小的时候,便已有了遁世隐居的意思。到了二十来岁,把自己托付给佛祖,到庐山事奉和尚。那个时候我的师友和一切有关系的人教导我要弘扬正道,对外要仰慕同辈人的积极进取,对自己要严格要求,有不懂的地方,就要让别人来启发。于是我振奋精神,潜心学习研究经书典籍。勉励自己要勤劳诚恳,夜以继日地工作不停。素来爱好自然山水,又常体会到领悟会意的快乐,这两种爱好实在能够帮助我明白道理,对我的性格形成也有帮助。并使人成就了勤勉不倦的大业,以此为乐,忘记了忧愁,不知道一天即将过去,太阳就要下山了。自从游历山中,餐风露宿已有二十多年,名人既已离开,好朋友又逐渐减少,加以祭礼祷告,送往迎来又不合礼法,倍感冷落与艰辛。过去的诚心诚愿,一个早晨就荡涤殆尽。心意荒芜散漫,情绪衰落,受到伤害。所以和你们一起在田间种地,住深山喝泉水,久已断绝了社会上的各种人事关系。

日月如梭,十来年工夫眨眼间就过去了。和狗马一样不值钱的生命已经过了四十岁。暮年即将来临,前途而能怎样,实在向往向子平暮年攀登五岳的壮举,也想和他一样摆脱家务琐事的牵累。到现在年纪虽大了,但还没有昏颠;身体衰弱了,但还没有垮掉,还可以在自己所希望的事情上增强信心,随心所欲地做自己想做的事情,保持诚实是通往来生的桥梁,心情舒畅是暮年生活的营养。在美好的时光中玩味岁月的意义,在即将逝去的日子里仔细体会美好的人生。我心里所希望的,全部都在这儿。你们都已成人,也都已嫁夫取妇,立志于隐居,我还有什么顾虑呢?只愿能够实现自己的志愿,平平安安,终此一生罢了。从今以后,家里的大小事情,都与我无关,向子平说的话,可以作为我的准则。

元嘉十五年,皇帝征召雷次宗去京城,在鸡笼山设立学馆,招集学生讲授经典,招有学生百十来人。会稽人朱膺之、颖川人庾蔚之也因为通晓儒学,在那儿监督学生学习。当时全国的最高学府太学还未建立,皇帝留心艺术事业,命令丹阳尹何尚之创立玄学,太子率更令何承天创立史学,司徒参军谢元创立文学,四门学科一并建立。皇帝多次亲临次宗学馆,俸禄和供给都很丰厚。又提升他为给事中,他没有就任。很久以后,要回庐山。公卿以下的官员,都设宴饯行。元嘉二十五年,皇帝下诏书说:"前新提拔的给事中雷次宗,特别崇尚古人,通晓经籍,行为高尚,自己拒绝了征召,坚持隐居。应该加以提拔,以奖励退让与淡泊。可以任他为散骑侍郎。"后来又征诏他到京城去，为他在钟山西边岩下造了房屋，叫作"招隐馆"，让他给皇太子和其他皇子讲授《丧服》经。次宗没有从正门中进去，乃使自己从华林东门直接进入延贤堂讲授。元嘉二十五年，死于钟山，时年六十三岁。太祖给江夏王刘义恭的信中说到次宗已死，义恭回信说，"雷次宗死于他所患的疾病，很是可惜。他幽居深山老林，自以为是世外之人，勉励自己恢复古代的礼义制度，始终如一。我认为皇帝应该施恩于他，对他应表示同情。"

儿子雷肃之，继承了他的事业，做官做到豫章郡丞。

朱百年是会稽山阴人。祖父朱恺之，是晋朝的右卫将军，父亲朱涛，任扬州主簿。百年年轻时就有清高的情怀，父母死后他服完了应尽的孝，就带着妻子孔氏到了会稽南山，以砍柴和采集箬叶为职业，每每把柴火和箬叶放在路边，总是被别人拿走。第二天仍然这样。人们有点奇怪。很久才知道这是朱隐士在卖柴。需要的人能拿多少拿多少，取了柴火、箬叶把钱留下就离开了。有时碰上严寒或大雪，柴火和箬叶卖不出去，无法生活，总是自己撑着船把妻子送回娘家，天晴后再把她接回来。有时还跑出山阴县境为他的妻子买几尺丝绸，喜欢喝酒，喝醉了有时就遗失了丝绸。很能讲道理，时常写诗，往往有高超的语句。郡里任命他为功曹，州里提拔他为从事，乡里推举他为秀才，都没有就任。避人隐居，只和同县人孔觊来往。孔觊也喜欢喝酒，两人一起喝酒，总要喝个够。百年家一向贫困，母亲死在冬季，死了后都没有棉衣穿，从此他自己也不再穿棉衣。曾在很冷的时候到孔觊家去住宿，所穿衣服仍然只有双层布的，喝醉了酒睡着了，孔觊用被子给他盖上，百年没有感觉到。醒来后把被子掀开，对孔觊说："棉被真是暖和啊。"因而泪流满面，十分悲痛。孔觊也为他感到难过。

提升他为太子舍人，没有就任。颜竣治理东扬州时，下令发给朱百年俸禄稻谷五百斛，他没有接受。当时山阴还有一个贫寒之士姚吟，也有高雅的兴趣爱好，被当时的各级官员所器重。义阳王刘昶亲临东扬州时，举荐他为文学从事，没有就任。颜竣发给姚吟俸禄二百斛米，他也没有接受。

朱百年于孝建元年死于山中,时年八十七岁。蔡兴宗任会稽太守时,赠给朱百年的妻子一百斛米,百年妻子派使女到郡里去说明她坚决不要。当时的人很赞扬她的作法,把她比作梁鸿的妻子孟光。

王素,字休业,是琅邪临沂人,高祖父王翘之,是晋代的光禄大夫。王素年轻时即有远大的志向,家里贫穷,母亲年纪也大了。起初任庐陵国的侍郎,后因为为母亲守孝,辞去了职务。服完孝时,庐陵王刘绍治理江州,亲朋旧友劝王素把老家旧房子修葺整理一下,王素没有同意。而是只身一人到东阳郡去了,去那儿隐居,没有做官。从事一些农业生产,以此作为生活来源。喜欢欣赏古人文章的意义,不为当时社会上的风俗舆论所左右。世祖即位后,想要搜罗宣扬隐居退让之人,下诏书说,"治理社会,成就经国大业,都要使隐居避世的人名声显扬;规范社会风俗,形成谦让的风气,一定要表彰清高正直有节操的人,我时时刻刻都在寻求这样的人,总想着使民风淳朴。琅琊人王素、会稽人朱百年,都廉洁、简约、纯洁、超远,与世人无争,满足于农耕生活,坚定不移,应该加以褒奖,以勉励后进之人。两个都可以任命为太子中舍人。"大明年间,太宰江夏王刘义恭公开招聘。任命王素为仓曹属,太宗于泰始六年,又征召他为太子舍人,都没有就任。王素因为多次受到征召,名声大振。山里有百足虫,叫声清脆悠长,听了后不让人讨厌,但它的外貌却很丑,王素于是写了《蚿赋》一文,用百足虫来比喻自己。泰始七年去世,时年五十四岁。

当时还有宋平人刘睦之、汝南人州韶,吴郡人褚伯王,都隐居以求实现自己的志向。睦之住在交州,提升为武平太守,没有就任。州韶字伯和,黄门侍郎州文的孙子,在湖熟的方山中盖房居住,皇帝下诏任命他为员外散骑侍郎,兼北行从事,没有就任。伯玉住在剡县瀑布山三十多年。扬州郡提拔他为议曹参军,他没有就任。

关康之,字伯愉,是河东郡杨县人。世代居住在京口,老屋在南平昌。年轻时即有志于努力学习,姿态外表潇洒伟岸。下邳人赵绎当时以文章著称,康之和他关系很好。他特别把康之推荐给颜延之。晋陵人顾悦之挑出王弼注《周易》四十条,说是有问题,康之为王弼申辩,反驳顾悦之,很有道理。又著有《毛诗义》,对经籍中的可疑点和讲不通的地方,都作了辨析和解释。曾经跟和尚支僧纳学习数学,很能掌握其中的奥妙。竟陵王刘义宣从京口迁到江陵,治理该郡,邀请关康之和他一起去,关康之没有从命。元嘉年间,太祖听说康之有学问有思想,任命他为武昌国的中军将军,并免除他的租税。江夏王刘义恭、广陵王刘诞视察南徐州时,任命他为从事、西曹,都没有就任。他断绝任何人事往来,立志隐居。弟弟双之是臧质的车骑参军,和臧质一起南下,到赭圻时病故,埋在河流的边上。康之就在那年春天也生了重病,稍好一点,就带人去把弟弟的灵柩迎回家乡,因为这件事而得了虚劳病,在床上睡了二十多年。一有空闲,总是在床上咀嚼文义,发表议论。世祖即位,派遣特使陆子真巡视全国,回京后,推荐关康之,说他:"坚持隐居,质朴纯正,廉洁执着,风格高尚,道德品行在邻里乡间受到称赞,名声还传到了其他地方,立志向古人学习,他的高风亮节没有人能比得上,应该加以征召聘用,以引导社会风俗走向纯朴。"没有被聘任。太宗泰始初年,和平原人明僧绍一起被征召为通直郎,又借口有病推辞了。顺帝升明元年去世,时年六十三岁。

史臣说:那些独来独往的人,禀性都有点偏执、耿直,不能剥夺他们的理想,使他们屈服于自己的意志。要借招贤纳士来树立自己的威信,一定要有使他们信服的手段。如果让他们碰上值得信赖的君主,碰到太平盛世,他们怎么会放荡于湖海之上,游于山林之间呢?他们大概也是因为不得已才这样的。并且山林寂静旷远、水清石华,住在那儿的隐士贤人,都志趣高雅、学识渊博,即使高楼大厦中人及八品之官,也没有不积蓄土地,引来泉水,设法和隐居挂上钩的,或以隐士自居,或以和他们结交而骄傲自豪。所以我们明白松山桂水,不只是向来游玩的地方,处在深山老林中的人,也许反而成为世人瞩目的对象。所以辞官远离京城,又有什么困难呢?

慧琳传

——《宋书》卷九七

【原文】

佛道自后汉明帝，法始东流，自此以后，其教稍广，自帝王至于民庶，莫不归心，经诰充积，训义深远，别为一家之学焉。元嘉十二年，丹阳尹萧摹之奏曰："佛化被于中国，已历四代，形像塔寺，所在千数，进可以系心，退足以招劝。而自顷以来，情敬浮末，不以精诚为至，更以奢竞为重，旧宇颓弛，曾莫之修，而各务造新，以相姱尚。甲第显宅，于兹殆尽，材竹铜绦，糜损无极，无关神祇，有累人事，建中越制，宜加裁检，不为之防，流遁未息。请自今以后，有欲铸铜像者，悉诣台自闻，兴造塔寺精舍，皆先诣在所二千石通辞，郡依事列言本州；须许报，然后就功，其有辄造寺舍者，皆依不承用诏书律，铜宅林苑，悉没人官。"诏可。又沙汰沙门，罢道者数百人。

世祖大明二年，有昙标道人与羌人高阇谋反，上因是下诏曰："佛法替，沙门混难，未足扶济鸿教，而专成逋薮。加奸心频发，凶状屡闻，败乱风俗，人神交怨。可付所在，精加沙汰，后有违怨，严加诛坐。"于是设诸条禁，自非戒行精苦，并使还俗。而诸寺尼出入宫掖，交关妃后，此制竟不能行。

先是晋世庾冰始创议，欲使沙门敬王者，后桓玄复术其义，并不果行。大明六年，世祖使有司奏曰："臣闻遂宇崇居，非期宏峻，拳跪盘伏，非止敬恭，将以施张四维，缔制人宇。故虽儒法枝派，名墨条分，至于崇亲严上，厥由靡爽。唯浮图为教，易自龙堆，反经提传，训遐事远，练生莹识，恒俗称难，宗旨缅谢，微言沦隔，拘文蔽道，在末弥扇。遂乃陵越典度，偃倨尊戚，失随方之眇迹，迷制化之渊义，夫佛法以谦俭自牧，忠虔为道，不轻比丘，遭人斯拜，目连桑门，遇长则祀，宁有屈膝四辈，而简礼二亲，稽颡耆腊，而直体万乘者哉。故咸康创议，无兴载述，而事屈偏尝，道挫余分。今鸿源遥洗，君流仰镜，九仙羹实，百神耸职，而畿辇之内，舍弗臣之氓，陛席之间，延抗礼之客惧非所以澄一风范，详示景则者也。臣等参议，以为沙门接见，比当尽虔敬之容，依其本俗，则朝徽有序，乘方兼遂矣。"诏可。前废帝初，复旧。

世祖宠姬殷贵妃薨，为之立寺，贵妃子子鸾封新安王，故以新安为寺号。前废帝杀子鸾，乃毁废新安寺，驱斥僧徒，寻又毁中兴、天宝诸寺。太宗定乱，下令曰："先帝建中兴及新安诸寺，所以长世垂节，弘宣盛化。顷遇昏虐，法像残毁，师徒奔进，甚以矜怀。妙训渊谟，有扶名教。可招集旧僧，普各还本，并使材官，随宜修复。

宋世名僧有道生。道生，彭城人也。父为广戚令。生出家为沙门法大弟子。幼而聪悟，年十年，便能讲经。及长有异解，立顿悟义，时人推服之。元嘉十一年，卒于庐山，沙门慧琳为之诔。

慧琳者，秦郡秦县人，姓刘氏。少出家，住冶城寺，有才章兼外内之学，为庐陵王义真所知，尝著均善论，其词曰：

"有白学先生，以为中国圣人，经伦百世，其德弘矣，智周万变，天人之理尽矣，道无隐旨，教罔遗筌，聪睿迪哲，何负于殊论哉！有黑学道士陋之，谓不照幽冥之途，弗及来生之化，虽尚虚心，未能虚事，不逮西域之深也。于是白学访其所以不逮云尔。

白曰："释氏所论之空，与老氏所言之空，无同异乎？"黑白："异。释氏即物为空，空物为一。老氏有无两行，空有为异。安得同乎。"白曰："释氏空物，物信空邪？"黑曰："然。空又空，不翅于空矣。"白曰："三仪灵长于宇宙，万品盈生于天地，孰是空哉？"黑曰："空其自性之有，不害因假之体也。今构郡材以成在大厦，罔专寝之宝，积一豪以致合抱，无檀木之体，有生莫俄顷之留，泰山蔑累息之固，兴灭无常，因缘无主，所空在于性理，所难据于事用，吾以为娱矣。"白曰："所言实相，空者其如是乎？"黑曰："然。"白曰："浮变之理，交于目前，视听者之所同了邪？"解之以登道场，重又以轻异学，诚未见其渊深。"黑曰："斯理若近，求之实远。夫情之所重者虚，事之可重者实。今虚其真实，离其浮伪，爱欲之惑，不得不去。爱去而道场不登者，吾不知所以相晓也。"白曰："今析豪空树，无口垂荫之茂，离材虚室，不损轮奂之美，明无常增其惕荫之，陈若偏笃其竞辰之虑。贝锦以繁采发辉，和羹以盐梅致旨，齐侯追爽鸠之乐，燕王无延年之术，恐和合之辩，危脆之教，正足恋其嗜好之欲，无以倾其爱竞之惑也。"黑曰："斯固理绝于诸华，坟素莫之及也。"白曰："山高累卑之辞，川树积小之咏，舟壑火传之谈，坚白唐肆之论，盖盈于中国矣，非理之奥，故不举以为教本耳。子固以遗情遗累，虚心为道，而据事剖析者，更由指掌之间乎。"黑曰："周、礼为教，正及一世，不见来生无穷之缘，积善不过子孙子度，累恶不过余殃之罚，报效止于荣禄，诛责极于穷贱。视听之外，冥然不知，良可悲矣。释迦关无穷之业，拔重关之险，陶方寸之虑，宇宙不足盈其明，设一兹之救，君生不足胜其化，叙地狱则民惧其罪，敷天堂则物观其福，指泥洹以长归，乘法身以遐览，神变无不周，灵泽靡不覃，先觉翻翔于上世，后悟腾鹜而不绍，坎井之局，何以识大方之家乎。"白曰："固能大其言矣，今效神光无径寸之明，验灵变罔纤介之异，勤诚者不睹善救之貌，笃学者弗克陵虚之实，徒称无量之夸，孰见期颐之叟，咨嗟金刚之固，安觌不朽之质。苟于事不符，宜寻立言之指，遗其所寄之说也。且要天堂以就善，曷若服义而蹈道，惧地狱以敕身，孰与从理以端心。礼拜以求免罪，不由祗肃之意，施一以徼百倍，弗乘无吝之情。美泥洹之乐，生耽逸之虑，赞法身之妙，肇好奇之心，近欲未弭，远利又兴，虽言菩萨无欲，群生固以有欲矣。甫救交敝之氓，永开利竞之俗，澄神反道，其可得乎。"黑曰："不然。或不示以来生之俗，何以权其当生之滞。物情不能顿至，故积渐以诱之。夺此俄顷。要彼无穷，若弗劝春稼，秋穑何期。端坐井底，而息意庶虑者，长渝于九泉之下矣。"白曰："异哉！何所务之乖也。道在无欲，而以有欲要之，北行求郢，西征索越，方长迷于幽都，永谬滞于昧谷。辽辽闽、楚，其可见乎。所谓积渐者,日损之谓也。当先遗其所轻,然后忘其所重,使利欲日去,淳白自生耳。岂得以少要多,以粗易妙,俯仰之间,非利不动,利之所荡,其有极哉。乃丹青眩媚绿之目,土木夸好壮之心,兴糜费之道,单九服之财,树无用之事,割群生之急,致营造之计,成私树之权,务劝化之业,结师党之势,若节以要厉精之誉,护法以展陵竟之情,悲矣。夫道其安寄乎。是以周、孔敦俗,弗关视听之外,老、庄陶风,谨守性分而已。"黑曰:"三游本于仁义,盗跖资于五善,圣迹之敝,岂有内外,且黄、老之家,符章之伪,水祝之诬,不可胜论。子安于彼,骇于此,玩于浊水,违于清渊耳。"白曰:"有迹不能不敝,有术不能无伪,此乃对人所以桎梏也。今所惜在作法于贪,遂以成俗,不正其敝,反以为高耳。全若淫妄之徒,世自近鄙,源流蔑然,固不足论。黑曰:"释氏之教,专救夷俗,便无取于诸华邪?"白曰:"曷为其然。为则开端,宜怀属绪,爱物去杀,尚施周人,息心遗荣华之愿,大士布兼济之念,仁义玄一者,何以尚之。惜乎幽旨不亮,末流为累耳。"黑曰:"子之论善殆同矣,便事尽于生乎?"白曰:"幽冥之理,固不极于人事矣。周、孔疑而不辨,释迦辨而不实,将宜废其显晦之迹,存其所要之旨。请尝言之。夫道之以仁义者,服理以从化,帅之以劝戒者,循利而迁善。故甘辞兴于有欲,而灭于悟理,淡说行于天解,而息于贪伪。是以示来生者,蔽亏于道、释不得已,杜幽暗者,冥符于姬、孔闭其兑。由斯论之,言之者未必远,知之者未必得,不知者未必失,但知六度与五教并行,信顺与慈悲齐立耳。殊涂而同归者,不得守其废轮之辙也。"

论行于世。旧僧谓其贬黜释氏,欲加摈斥。太祖见论赏之,元嘉中,遂参权要,朝廷大事,皆与议焉。宾客辐凑,门车常有数十辆,四方赠赂相系,势倾一时。注《孝经》及《庄子·逍遥篇》、文论,传于世。

【译文】

佛教自从后汉明帝开始,法术才开始向东方流传,从此以后,佛教逐渐流传广泛,从帝王至民众百姓,没有不归化信仰的。经文训诂积累很多,教训意义既深渊又广远,单独成为一门学问了。元嘉二十年,丹阳尹萧摹之上奏说:"佛教教化流传到中国,已经经历了四个朝代,佛像佛塔,现存的以千计算。进可以维系心灵,退能够招劝民众。但最近以来,感情上敬重那些轻浮枝末的东西,不把精心至诚当作最好的选择,反而把奢侈境尚看得更重。旧的庙宇荒废了,不曾去修理他们,却各自只顾制造新的庙宇,以竞相夸耀。高院显宅,在这里差不多没有了,木材竹料、铜钉铁料,消耗花费没有止境,对神明没什么关系,却对人间带来烦累,建造得超过规定的,应该加以裁减检束,不对此加以防止,流传放失不会停止。请求从今以后,打算铸造铜像的,都应该向官廷中报告,兴建佛塔佛寺精舍,都要先到所在的太守处说明,郡里按规定应该报告所在的州,经得同意。然后才能动工兴造。如果有擅自建造佛寺佛塔精舍的,都按违反不接受诏书的律条办理,铜制门宅林木寺院,都没收归官。"皇帝同意,还挑选了沙门并罢免和尚数百人。

世祖大明二年,有一个叫昙标道人和羌人高阇合谋造反,皇上因此下诏书说:"佛法讹误,沙门混杂,不能够扶持救济大教,反而专门成了逃犯的藏身之地。加之以奸心不断发生,凶恶之状多次听说,败坏扰乱风俗习惯,人和神之间产生了怨恨,可以交给当地官僚,精心加以挑选淘汰。以后有违犯的,严格加以诛杀论罪。"于是设立了许多条令禁款,假若不是守戒习法精心勤苦的,都让他还俗,但因各个寺里的僧尼进入宫廷,和后妃往来相通,这种制度最后没有实行。

以前晋代的庾冰开始建议,想让和尚尊敬皇帝,后来桓玄再次重述这个意思,都没有真正实行。大明六年,世祖让主管的官吏上奏说:"我听说深院高楼大宅,并不是期待有多宏伟壮丽,抱拳下跪匍匐,并不就是恭敬,将是用来施用天下,管理世界,统治民众。所以虽然儒家法家分枝异派,名学墨家各自相异,至于看重亲属、尊敬长辈,这一点是没有什么差异的。独有浮图作为宗教,来自遥远的西域沙漠,不合中土常规,遵从传承的旧事,生命意识精诚超脱,普通民众难以称说,思想学说不断衰微、限隔,加以文字限制掩盖了其道义,在其末流尤难流传。于是就超越常规法度,把亲戚尊辈看得较轻,丧失了从众的明道,迷失了教化的深义。佛法靠谦虚节俭自我管理,以忠厚虔诚为本分,不轻视比丘,碰到人就礼拜。目连是一个桑门和尚,看到长辈便讲礼,哪里有因事而屈从于所有的人,因守道而不顾其他?现在大道源长流广,人们都仰视相观,九仙送宝,百神尽职,便是京城内外,舍弃不臣服的人们,在朝廷官府之间,延揽抗礼的人,恐怕不是所以用来纯化风俗世态,榜样规则。我们建议:认为沙门互相接见,当有虔诚礼敬的态度,应当按照他原来的本来习俗,那样则朝廷制度有序,驾驭有方了。"皇帝同意了,前废帝初年,又恢复旧态。

世祖宠爱的妃子殷贵妃死了,为她立了一座寺庙,贵妃的儿子子鸾封为新安王,所以用新安作为寺号。前废帝杀掉子鸾,于是毁掉新安寺,驱赶僧徒,不久又毁了中兴、天宝几个寺庙。太宗平定混乱,下令说:"先帝建造中兴及新安几座佛寺,是用来长久地垂范佛义,宣传教义的作用。不久碰上了昏乱的虐臣,法像被残毁,师徒走散流失,非常地可怜。精妙的训教深沉的教义,非常有助于扶植教义。可以招集从前的旧僧,让他们都回到原来的位上,并且派上材料官,根据需要加以修复。

宋代著名的僧人有道生。道生,彭城地方人。父亲是广戚令。道生出家为沙门,是法大的弟子,小时候聪明颖悟,年仅十五,就能讲诵经典,等到长大了有不同的见解,并且马上悟到新义,当时人很推崇他。元嘉十一年,死在庐山,沙门慧琳为他写了一篇悼文。

慧琳,秦郡秦县人,俗姓刘氏,从小出家,住在冶城寺,有文章才学,兼通儒学与佛典,被庐陵王义真所赏识,曾写下《均善论》,那篇文章的内容是:

有一位白学先生,自己认为是中国的圣人,治理整治天下有百世,他的道德很高大了,智识能应服所有变化,天和人的道理都通了,道义也没什么隐含的意义,教旨也没有什么遗忘的地方,聪明睿智圣哲,那里有负于特异之论。有一位黑学道士认为他很浅陋,认为不能照及幽冥的道路,更不能化及来生,虽然追尚虚心,但不能使事归虚化,没有得到西域佛教的精深之旨。

所以白学先生请教他不能达到的地方。

白学先生说："释氏所论的'空'和老氏所说的'空'没有什么差别吗?"黑学道士说："有差别,释氏把万物看作是空的,空就是物合而为一。老氏把有和无看作是两途,空和有互不相同,怎么能说两学相同?"白学先生说："释氏以物为空,万物真的是空的吗?"黑学道士说："确实是空的,空空归无,不仅是全空了。"白学先生说："天、地、人生长在宇宙之中,万事万物充满了天地之间,怎么能说是空的?"黑学道士说："空指的是它本性的空无,不因为他所假借的外体而相害,现在买许多材料用来构成大厦,不在乎它占住的事实。积累一丝一毫而成合抱之大,并没有檀木的本体。

生命不计较一会儿的停留,泰山看不上一点点的稳固,兴起与不亡没有固定,因缘没有所主,所谓空是性理之空,所谓难是事理之难,我认为没有什么错误了。"白学先生说："所说的实相,空是讲的这个吗?"黑学道士说："对的。"白说："浮变之理,交错出现在眼前,这是看到听到的人所都了解的。解说的人靠此来登上道场,看重者凭此轻弃异学,确实是没有看到它的渊深之理。"黑说："这个道理很浅,探求起来确实很遥远。感情所看重的东西是虚的,事实中所看重的是实在的。现在把真实的东西看得很虚,把浮伪的东西离去。爱心和欲望的迷惑,不得不除去。爱心丧失就会不登道场,我不知道了用什么来想明白。"白说："现在把树离析为毫丝,无法体现茂树的垂阴之功,把树木离析,房室空掉,不会损害车轮的美。明无经常增加他爱惜光阴的情怀,陈若偏偏笃信时间竞争的顾虑,贝锦因为繁美有光彩而产生光辉,和羹因为盐梅而产生美味,齐侯追求爽鸠的快乐,燕王没有延年的办法,害怕和合的分辩,危险害怕的教,正好能够爱恋他的嗜好与欲望,没有办法让他倾尽爱竟之心地迷惑。"黑说："这固然从理论上看与华人不相同,文献典籍没有能够赶上。"白说："山高不辞让卑小之地,大川不弃小河之流,有关舟和河川的谈说,坚白唐肆的议论,大概充满中国了。并不是理论的深奥,所以不举例作为教本。您本来用遗情弃累,虚心向道,但是按事进行剖析的人，犹如在指掌之间。"黑说："周、孔作为一教，只关心一世，看不到来生那无穷无尽的缘分，积累的善行也不超过子孙的福庆，积累的过失也不超过剩下的殃害的惩罚，报答功效只限于荣禄，谴责最严重的就是让他贫困低贱，在看到见到的世界以外，其他一点也不知道，真是太可悲了。释迦关系到无穷无尽的事业，拨开重重险关，考虑及点点滴滴，宇宙之内不足以充斥他的光明，设立一个慈悲的救济主，万世群生不足以受尽他的教化，讲到地狱民众就害怕他们自己的罪恶，叙及天堂那么人民高兴喜欢得到幸福，指泥洹为长归之地，乘借法身用来远览博观，神变没有不周到的，灵验恩泽没有不及遍的，先觉者飞翔在上世，后来醒悟得飞腾而紧跟。坎井之中的人，用什么去理解大方之家的人？"白说："确实能夸大他的话了，现在检效神光没有一寸一尺的光明，验实灵异变化没有一丝一毫的奇异，勤奋诚实的人见不到好报的样子，踏实学习的抵不上做虚弄假的人，只知道称无量之寿，又有谁见到八九十岁的老人？感叹金刚的坚固，又有谁见到过不朽的形体？假如和事情不相符，应该寻求立言的意旨，遗落他所依托的学说。况且拿天堂用来激发人们行善，哪里比得上信服道义而追求秉从义理？顶礼膜拜去求得免除罪责，不用真正地端正萧严施舍一点好事去求得百倍的好处，没有不加吝啬的情怀。爱慕泥洹的快乐，产生着沉醉逸乐之心，赞叹法身的奇妙，也产生了好奇之心。新近的欲望没有满足，获得长远的利益之心又产生了。虽然说菩萨没有欲望，普通民众本来就充满了欲望了。刚开始救助受苦的民众，却永远打开了竞逐利益的习俗。清澄求道，难道可以得到吗？"黑说："不是这样的。假若不用来生的愿望去显示，怎么可以权衡今生的滞耗，人情不能突然获得满足，所以积渐去诱导他们，夺去这短暂人生，去达到无穷的生命。假若不辛勤地去春播，秋天收获又有何期？正坐在井底之下，不考虑普通之利，那将永远丧沦在九泉之下了。"白说："真奇怪啊！为什么所追求的竟这样不同，道本来处在无欲之上，却要用有欲之道去探求他，往北去要想找达南方之郢，往西行却在期待抵越，正会永远地迷困在幽都，停滞于昧谷了。

那辽远的闽,楚之地,又怎么可以见得到? 所说的渐积,是在一天天地减损。应该首先丢掉那些轻的,然后才去丢掉重的,让利益和欲望之心一天天地减,真醇洁白之心自然产生了。怎么能用小的去求得多的,用粗的去换取精妙的,在俯仰之间,无利不动,利益所带来的变化哪里还有止境啊? 于是用丹青来满足媚俗世俗的心态,大兴土木来夸饰喜欢强壮的心态,大行浪费之道,花掉了亲属的财产,干些没有用的事情,搜割民众的营生所急,以达到建成刹宇的目的,借助手中的权力,来达到劝化的功业,结聚师徒党羽的力量,苦守节操用来达到厉精的名誉,借护法来展示斗竞之情,真是太可悲了啊! 道又怎么去寄托? 因此周公、孔子敦劝世俗,不关系到视听之外的事情,老、庄虽然风尚,也谨慎地属守性分罢了。”黑说:“连游侠、游说、游行者都秉乎仁义,盗跖虽坏,也借用仁、义、礼、忠、信五善,圣迹的开放,岂有什么内、外之分。况且黄老之家,符咒章醮的伪枉,水祝的诬,不可以说尽了,你对他们没什么奇怪,却对此深感惊异,是在浊水之中游玩,却不习惯见到清水罢了。”白说:“有影迹就不能没有过失,有道术就不能没有伪行,这就是圣人所以有所限制,现在叹息的是作法而有失于贪,并因此而成为习俗,不端正这种失弊,反而认为很高深了。至于荒淫荒诞之徒,世间本来就很鄙视,源流也很轻蔑,本来就不值得去说他。”黑说:“释氏之教,专门救助夷人习俗,难道就对华众没有什么作用?”白说:“怎么是这样的? 要做的话就要注重开端,就应该有所属意,爱护民众不事杀伐,追求布施与周济,把荣华之心去掉,广布兼济之心,仁义玄一之人,又靠的是什么。可惜啊! 真正的创意不明白,末流反而造成累赘了。”黑说:“你的论述好的方面大概相同,适当的事情难道只限于人生吗?”白说:“幽冥之理,固然不止是限于人事一途了。周公、孔子怀疑而不加辩论,释迦辩论却不实在,应当废除那些明白或者晦涩的事情,保存那些精要之论,请让我说一番,那些以仁义为训导的,会服从理念以教化民众。用劝诚去统帅民众的,因利而为善。所以说美好的言辞产生于欲望,而消灭在理悟之中。游说言说流行在天解,而熄灭在贪伪之中,因此所以显亦来生的,掩蔽在道、释不得已,绝幽冥的,暗地里符合姬发、孔子而改变其开始,从这方面来说,说的人未必很远,知道的也未必能得到,不知道的不一定失去,只要知道六度和五教一起大行天下,信顺和慈悲一起立身,不同的道路而走向同一目标,不应该守住始发的迹象了。"

　　论说流行当世,旧的僧人认为他贬低了释氏,想加以排弃。太祖看见了很赞赏它,元嘉年中,于是参加权要机关,朝廷中大事,都得以一块讨论,来往宾客车辆很多,门口的车经常有数十辆,四面八方赠送交通相联系,权力势位倾倒一时,注释过《孝经》以及《庄子·逍遥游篇》、文论,流传于世。